事业单位建设的文化协同

Cultural Synergy
in the Construction of Public Institutions

李晓蕙　张志刚　著

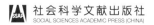

社会科学文献出版社
SOCIAL SCIENCES ACADEMIC PRESS (CHINA)

目　录

第二篇　事业单位的改革嬗变与建设目标

第三篇　事业单位建设的文化路径和文化协同效应

 绪　论

事业单位与文化协同的关系

"用笔不灵看燕舞，行文无序赏花开"，这是在古代先贤中流传的治学雅句。它寓意人们撰文著述当依规而行、循序展开。在文思不畅、运笔不灵之时，可观看燕子灵动飞舞的英姿，可欣赏花开有序的铺排，如此我们定会茅塞顿开、幡然醒悟，犹如拨云见日。

事业单位建设的学术研究从何处入手？是按照时间的节点从头梳理、逐步推进，还是按照体制重塑的层级从低到高？面对事业单位建设研究论述的连篇累牍，面对经验案例的层出不穷，采用何种研究视角、运用什么方法？这些是我们刚研究事业单位建设问题时感到困惑的问题。经过深入阅读思考之后，我们决定另辟蹊径，选择从未有人涉足的文化研究视角，研究事业单位建设的文化协同效应，期望这个研究能够获得良好的效果。

一　文化协同研究释义

事业单位建设是系统工程，包括创立、改革、发展等诸多环节，是国家建设的重要组成部分。从新中国成立以后，初创事业单位到现在，已经经历了70多个春秋。事业单位成为为推动国家制造和改善生产条件，为发展国民经济、保障人民文化生活、增进社会福利等各方面服务的重要部门，为国家教育、科技、文化、卫生、体育等多项事业的发展做出了巨大贡献，创造了辉煌的业绩。

事业单位建设从不同角度可以分为不同的内容层次。从结构上，可以分为物质设施建设、规章制度建设和精神文化建设三个方面。从内容上，可以分为环境设施建设、体制机制建设、规章制度建设、思想文化建设等

方面。从历史上，可以分为创建、发展、改革、重塑、完善几个方面。限于研究的能力和水平，我们不能对事业单位建设的众多问题进行研究，而是本着有所为、有所不为的原则，着重研究事业单位的改革、体制机制建设、去行政化、思想文化建设和文化协同等几个问题。

事业单位改革是事业单位建设的重点。由于事业单位领域较广、种类繁多，改革涉及教育、科技、文化、卫生、体育等多个领域，牵动政府、社会组织、企业等多类组织，引发公共利益、私人利益等多元利益格局的变化，因而，它不仅是持续时久的改革，也是影响广泛的改革。在改革的程度上，事业单位的改革不仅涉及管理体制、运行机制、组织编制问题，而且涉及精神、观念、心理等问题。由于事业单位从事的服务涉及文化艺术、知识传播、教育培训、发明创造、医疗健康、休闲娱乐，因而，事业单位的改革更关乎社会公益事业建设等问题。所以，研究建设必然要研究改革，研究改革要看到发展。这就使事业单位的改革更需要具有重塑性和创新性。

我们选择了文化协同的视角来研究事业单位建设，强调事业单位建设文化协同能产生文化协同效应（synergy effects）。我们主张用文化重塑价值、振奋精神，用文化润滑刚性改革机制，消弭冲突，让人们清晰认识事业单位改革，欣然接受改革，将改革变为圆融畅达的舒心工程，将事业单位建成中国特色公益组织，让社会看到事业单位改革、建设的成效。

文化协同是一个很容易引起人们的兴趣又很难搞清楚的问题。社会发展越成熟，人们对文化的渴求就越强烈。无论是现代社会治理还是公共治理都是不可忽略文化、期待文化协同的治理过程。对文化的关注、分析和运用是考察组织管理思想水平和业务水平的重要内容。我们衷心希望对事业单位建设文化协同的研究能够抛砖引玉，引起事业单位领导和管理工作者、研究事业单位和其他社会组织的管理学界，以及重视和悉心关注文化协同研究的专家的热切关注，期待人们能像重视政府文化和企业文化一样，高度重视事业单位的文化建设，特别是在推进事业单位改革的过程中，看到文化协同的良好效应。

事业单位文化协同研究，涉及管理学、文化学、传播学、社会学等多个领域，不仅与事业单位的举办者政府有着千丝万缕的联系，而且与社会公益事业建设者有着密切的关系。同时，事业单位的改革涉及行政领域、社会领域、企业领域等，涉及行政体制、管理机制等诸多问题，如果再对其文化问题进行研究，那么难度会更大。

二　事业单位建设文化协同研究的对象

文化协同，是从企业管理中移植过来的概念，指一定的企业组织在合并、整合、再造、重塑的过程中，通过认识和分析，超越差异，对制度、观念、伦理、习惯等方面进行重塑和再造，达到组织认可，组织成员接受、心理服从、行为配合的良好状态，从而推进组织战略目标实现、组织结构和管理方式优化、策略机制手段顺利运行的过程。

推进文化协同，主要看中的是文化协同所带来的效应，这个效应是指在组织变革的过程中，用新的文化整合、改造、替代旧的组织文化的过程，也是文化扩散、渗透和同化的过程中所产生的结果和带来的影响。从质量上看，文化协同效应有优劣、大小之分，关键取决于两个层面的因素。一是原来的组织文化被新的组织认同的程度。认同程度越高，文化的协同效应就越大。二是组织各方文化的差异程度。文化的差异程度越大，就越容易造成文化冲突，需要整合的内容越多，文化同化、包容、融合的困难越大，花费的时间可能越长，产生文化协同效应的速度就越慢。

事业单位建设文化协同，就是在事业单位建设的过程中，按照一定的组织文化建设规律，通过文化建设和文化重塑的活动，用一定的精神、价值、道德、观念、习惯等文化因素感染熏陶组织成员，达到消弭冲突、减小差异、接纳改革、润滑刚性改革机制的目的，将包括改革的建设变为圆融畅达的舒心工程的过程。事业单位建设文化协同效应解决的不是事业单位建设本身的问题，而是改革如何顺利进行的问题，作为改革辅助性手段维护改革的成果，让改革成果"软着陆"、改革目标顺利实现。

事业单位建设为什么需要文化协同？文化协同要干什么？往哪里去？这与事业单位的改革有联系。我国事业单位改革萌芽于改革开放之后，初始于1992年党的十四大，改革方案"顶层设计"完成于2011年，深化改革过程到2023年仍在继续进行。在历经了30多个春秋的事业单位改革过程中，已经解决了长期困扰的体制的宏观架构和制度安排问题，明确了方法、程序和环节的机制。目前来看，在实践中的关键任务是实现刚性体制改革的"软着陆"、"中国特色公益服务体系"建设基础工程的全面展开。

在事业单位改革和建设取得辉煌成就的过程中，仍然面临着很多尚未解决的问题。诸如，改革后的事业单位归属于社会组织，被纳入社会组织的管理序列，怎样保证在实行政事分开后事业单位在没有政府部门行政管理权限直接约束下，凭借公共伦理规范、公益文化精神向市场有偿地提供公共物品和公益服务；如何防止事业单位建设刚性体制执行中耗时过多、成本过高、效率过低、风险增加、公益不彰、制度"坚硬"、政策"锐利"等问题；如何消除事业单位建设推进中的传统的依附政府形成的行政伦理障碍、改革后因心理落差巨大而滋生的抵制情绪激化等文化冲突和组织危机；经过事业单位建设，保留在事业单位领域继续从事公益服务的事业单位怎样体现公益属性；在事业单位的建设中怎样实现公益文化的重塑；等等。这些问题直接影响着改革的成效，甚至成为建设的瓶颈问题。把这些问题提升到理论研究的层面，就是科学研究的主要问题。

科学研究的主要问题也叫"科学问题"，是需要透过现象发现的本质问题，也是需要经过思考和提炼后发现、提出和解决的关键问题。无论是自然科学研究，还是社会科学研究，发现的问题越有价值，研究的意义就越大。科学哲学家卡尔·波普尔（Karl Popper）曾经说过，准确地提出一个问题，问题就解决了一半。然而，对于何谓科学问题，学术界却众说纷纭、莫衷一是。其中代表性的观点有这样几种：一是科学知识和科学实践中需要解决而尚未解决的问题；二是科研预期与新发现之间的冲突和矛盾问题；三是科研已知和未知的矛盾问题、理想与能力的差距问题；四是科学中的问题或矛盾关系；五是科学问题，概括起来说就是"你要做什么"的问题，凡是有价值的问题都是科学问题。科学研究就是要解答问题或者解决问题。科学问题可以以特殊问句的形式表达①。

在现代科学研究领域，科学问题一般来源于科学技术实践，社会科学问题则主要来源于社会生产实践。事业单位建设中的科学问题主要来自事

① 沈振东：《论科学问题的意义标准》，《科技进步与对策》2012年第21期。

业单位建设的实践。探讨事业单位建设推进中的文化协同及其效应问题应当成为科学研究的题中之义。我们对事业单位建设推进中的文化协同研究这个问题的提炼考虑了三个原则。一是研究问题的真实性。就是说这个问题可以用科学的论证加以解释、解答和解决。二是研究问题的待解决性。与自然科学问题相比，社会科学问题的复杂性要更强一些，不仅牵涉经济、政治、文化等外在的显性问题，也涉及心理、情感、需求等内在的隐性问题。有些问题看起来研究到了，但其实没有或没有完全解决，成为似是而非的问题；而且随着社会的变化以及改革的推进，可能有些问题还会需要重新认识、重新研究，甚至本来不是问题的问题又可能成为新问题，于是就需要新的探讨和研究。三是研究方向的正确性。也就是说，社会科学中的科学问题主要来自实践，通过科学思维可以解决。事业单位建设推进中的文化协同及其效应问题由于涉及的领域广泛、社会组织众多，虽然很难通过实证求解，但是，即使是模糊的社会问题，也完全可以探索出清晰的发展路径，形成有意义的管理举措。

在梳理关于事业单位建设的研究文献时，我们并未见到关于文化协同的研究文献，只见到了关于文化研究的相关文献。这些文献对我们确定事业单位文化协同研究对象具有重要的借鉴意义。

第一，事业单位文化建设意义的研究。研究者认为文化建设"是事业单位提高公共服务水平，强化核心竞争力，实现事业单位分类改革的重要课题"，希望将文化建设看作一项长期的任务[①]。而且，"随着社会的进步以及政府机构改革的不断深化，事业单位对组织文化建设的需求也日益凸显"，应当着重改变目前事业单位组织文化建设研究中专门性理论和应用研究不充分的状况，把在事业单位实行系统的组织文化建设当作全新的课题来做[②]。

第二，事业单位建设不仅涉及"行政伦理的更新重置"，还涉及公益文化的建设。在传统体制下，不仅要解决公益服务质量不尽如人意的问

① 段艺婷：《事业单位组织文化建设模式研究》，《企业文化》（下旬刊）2017 年第 33 期，第 235 页。

② 廖东华：《事业单位组织文化建设模式研究》，《群文天地》2012 年第 24 期，第 267 页。

题，还应该奠定"起码的信任基础"，在公益活动中，体现"互助的文化、自发的爱心"①。面对事业单位建设的现状，"公共组织文化创新重新被提上议事日程"，"文化再造又是组织走向创新的重要支点"，"文化再造与公共组织变革之间存在着相辅相成的重要关系"②。事业单位组织文化再造就是要形成以"公共服务理想"和"公共精神"为基础的价值观体系③。

第三，事业单位文化重塑的研究。事业单位文化重塑的动力来源于改革，其也是改革所需要的辅助手段。不论是在改革中保留的，还是需要重组的事业单位，由于旧的组织结构的变化势必会引起文化的变化，可能会引起原先的、相沿成习的组织文化与新的、进步的组织文化的冲突，甚至影响事业单位建设的进行和未来的发展，成为障碍机制。因此要改变这种现状，就必须进行事业单位文化重塑。而且，从改革的深刻性来说，事业单位的改革历经了30多年，不仅仅是因为体制机制的改革比较困难，也有来自习惯的、思维定式的、组织精神等层面的阻力。因此，我们认为"用文化视角分析和诊断事业单位建设症结，以柔性的文化方法协同刚性的管理体制突破，对于推动事业单位去行政化改革将大有裨益"④。

第四，国家将中国特色公益服务体系建设作为事业单位的改革目标，蕴含着强烈的文化建设色彩。2011年，《关于分类推进事业单位改革的指导意见》发布，将事业单位建设的目标确立为"到2020年，建立起功能明确、治理完善、运行高效、监管有力的管理体制和运行机制，形成基本服务优先、供给水平适度、布局结构合理、服务公平公正的中国特色公益服务体系"，引起了理论界的热烈讨论。有人将公益的内涵解读为社会公众的福祉或公共利益，有人将公益称作善举。公益服务由道德性、文化性和动力性等特性组合而成。其中，道德性体现为献爱心，文化性体

---

① 蒋璟璟：《事业单位改革如何能有"好的结果"》，http://pinglun.youth.cn/wztt/201204/t20120417_2138883.htm。
② 卓晓宁：《绩效管理视域的文化再造：公共组织创新之路》，《中共南京市委党校学报》2011年第6期。
③ 梁润冰：《跨越官僚制再造组织文化——我国公共部门"企业家文化"的构建》，《云南行政学院学报》2003年第2期。
④ 张志刚：《事业单位去行政化改革的文化分析》，《东北大学学报》（社会科学版）2015年第1期，第56页。

现为以先进文化为指导，动力性体现为政府推动性、企业生产助动①。同时，还要提升公益服务机构能力，建设立体化的监管体系，"提高组织公信力"②。

　　第五，文化协同的研究。在事业单位建设的研究中，没有见到对文化协同及其效应的研究。文化协同及其效应的思想最初来自企业管理的研究，特别是在企业组织合并的研究中，可以看到很多协同治理、文化协同的研究。国外学者谈论的协同思想其实在很多时候都在强调文化协同，认为文化协同可以起到"增效"作用。"文化协同增效"最早是由加拿大学者阿德勒（Adler）提出的观点③。美国的哈里斯（Harris）与罗伯特·莫朗（Robert Moran）认为"文化协同增效"可以促进跨文化交流④。德国心理学家亚历山大·托马斯（Alexander Thomas）认为，适应模式、价值观、规则、行为方式等文化元素如果以某种方式组合起来，将产生"总和的价值要大于各元素的个别价值之和"的效应⑤。我国学者欣然接纳了协同论并为该理论的植入做了说明："西方学者在治理中论及的协同合作、资源共享的观点，可以应对转型期政府在改革传统公共行政一元性与碎片化时面临的挑战。在治理的诸多形态中，协同治理之所以被我国学者接受并得到关注，不仅源于理论与现实的双重呼唤，还与我国传统文化中潜在的协同合作理念密不可分。"⑥ 有的学者在谈到非营利组织（non-profit organization，NPO）文化建设时，强调可以将组织文化作为非营利组织的"基本价值观和行为规范"，并强调这是组织管理创新、充满活力、持续发展的内在源泉，倘若以共同价值观为指引，那么就可以统一员工思想、统一员

---

① 刘勇、张虎：《公益营销：通过做好事把事情做得更好》，中国经济出版社，2011，第22～23页。

② 宋世明：《公益服务机构发展的国际经验》，《决策探索》（下旬刊）2012年第12期。

③ Adler, N. J. *International Dimensions of Organizational Behavior*（Boston：Kent Publishing Company，1986），pp. 95 - 117.

④ Harris, P. R., and Moran, R. T. *Managingcultural Differences：High-Performancestrategies for Today's Global Manager*（Houston：Gulf Publishing Company，1989），pp. 2 - 4.

⑤ Thomas, A. Psychology of Intercultural Learning and Action. In：A. Thomas. Eds. Cross-culture Psychology：An Introduction（Gttingen：Horgrefe, Verlag für Psychologie，1993）pp. 377 - 424. 转引自冉杉、Hora Tjitra《跨文化行为心理学——文化取向心理学第四方向》，《心理学探新》2008年第2期，第21～24页。

⑥ 孙萍、闫亭豫：《我国协同治理理论研究述评》，《理论月刊》2013年第3期。

工意志、规范员工行为，引导员工完成组织使命。只有按照这样去做，才能在非营利组织中创造出能产生新构想的组织气候，实行有效的管理。当然，组织文化管理也要提升新水平，形成适应新使命、新情境的新理念，构筑新的文化构体、文化秩序、文化指令，并将其作为管理系统中的制衡力量，而且还可以以此协调各利益相关方①。有的学者在谈到作为事业单位的大学的协同创新（synergy innovation）时还强调要形成"协同文化"，认为"协同创新的最高形态是形成协同文化"，"协同文化就是以'协同'作为成员共同信念和行为准则的文化"，协同不仅仅是先进的理念，也是"科学的方法"，更是"主动的态度"②。

三　事业单位建设文化协同研究的目的和意义

事业单位建设的文化协同研究的目的，主要涉及两个方面。一是通过对事业单位全方位的文化协同研究，探索推动事业单位体制分类改革顺利进行的机制和方法，化解矛盾，消弭冲突，将改革工程变为圆融畅达的文化工程和舒心工程。二是为事业单位在改革后的文化整合、文化重塑、文化建设提供理论思维和实践参考，深入研究事业单位的凝聚力、挖掘文化软实力，构建核心价值、职业伦理、愉悦心理等文化诸因素良性互动的事业单位发展模式，凸显公益精神，体现"以德治事"，打造幸福文化家园，这契合了新时代中国特色社会主义文化建设的要求。这两个方面具有密切的关系，前者从预防性或修补性的角度展现了事业单位建设推进中的文化协同的目的，后者则从积极建设的角度探讨和研究了事业单位建设推进中如何展现文化协同的效应。

事业单位建设推进中的文化协同研究具有十分重要的意义。

第一，着力解决事业单位建设中迫切需要、管理中非常重要但一直被忽略的文化建设、文化重塑和文化协同问题。通过分析事业单位中的精神状态、文化潜力，探讨价值、伦理、心理等文化诸因素良性互动的事业单

---

① 李霞、于胜道：《非营利组织文化协同治理研究》，《长春工业大学学报》（社会科学版）2014 年第 26 期。

② 李晓明：《培育协同文化　提升大学科技园创新绩效》，《中国高等教育》2014 年第 18 期。

位发展模式，解决事业单位从传统的行政管理体系剥离后精神家园调整、组织价值观改变、团队精神重建的问题。

第二，用包含圆融制度、润滑机制、消弭冲突的组织文化机制来参与改革、协同治理，改变高成本、低效率、单一线性的传统管理模式，推动事业单位建设成功。我们力图通过对事业单位的文化协同效应、协同模式和协同机制的多项研究，为事业单位文化协同及其效应的实现提供理论观点和方法路径的参考。通过探讨发挥"柔性"组织文化的协同效应，为化解由刚性体制改革造成的组织危机、修补体制改革漏洞提供策略。研究润滑刚性改革的机制和方法，将改革工程变为圆融畅达的文化工程、舒心工程、公益工程。

第三，柔化政府的改革政策，使得事业单位建设更富有人情味，体现人文关怀、人本精神，从而使员工更易于接受改革成果。研究事业单位文化建设的特点和规律，营造适合组织成员工作与发展的组织文化，调动事业单位成员的积极性，激发思想智慧和创造活力，打造温馨家园。

第四，以文化的协同助推功能，实现事业单位建设"软着陆"，充分体现改革的社会效益，传播公益服务精神，为推动我国顺利完成中国特色公益服务体系建设贡献绵薄之力。

事业单位建设文化协同研究除具有社会意义之外也具有一定的学术意义。

首先，用文化研究的视角拓宽事业单位研究的思路。在目前检索的文献中，尚未出现事业单位体制改革和建设文化协同的文章，所见多为企业合并中的文化协同研究。我们尝试将文化协同研究方法向事业单位建设研究移植，力图根据事业单位的具体情况探索文化协同研究的新思路。在研究中，我们形成了较为完整的事业单位建设文化协同方案。这个方案包括建设的意义和价值、文化重塑的内容和路径、文化冲突的消弭、去行政化改革障碍的文化分析、事业单位纳入公益服务体系后新格局的建构、文化协同的综合动力分析等。

其次，用管理思想史的视角梳理公共管理中的事业单位的问题。为了论证文化协同的必然性和可行性，我们从管理思想史出发，考察了文化协同思想的来龙去脉，寻找文化协同伴随企业管理成功的经验，以充分的信心论证公共管理领域的事业单位文化协同管理问题，力图推动公共管理领域事业单位文化协同管理的发展。

再次，进行事业单位文化重塑研究。事业单位文化重塑就是要在单位范围内形成奋斗目标、建立精神支柱、树立价值观、明确行为规范，使组织健康发展。事业单位的改革包含着大量的文化因素的重组、重建的任务。事业单位文化重塑的水平可以反映出重组、重建的水平。对于经过合并、重组或保留在社会组织系列中的公益事业单位组织来说，通过对组织理念、思想境界、精神追求、价值取向、职业伦理、作风影响等文化因素的分析，凝聚新的精神力量，努力使事业单位文化建设、文化重塑的研究为事业单位发展提供精神动力。而且，要在事业单位文化重塑的过程中，把对现实组织旧文化问题的批判与改革后对未来组织新文化建设的憧憬结合起来研究。从传统体制中走出来的事业单位存在很多需要解决的问题，分类改革其实并不复杂，难度最大的是推动其文化重塑变革，因为改革之后的事业单位的文化地位十分重要。因此，我们极力呼吁借改革之机，实现旧文化的扬弃，促进新文化的诞生，助力中国特色公益服务体系建设。

最后，事业单位建设文化协同效应的应用研究。我们通过对事业单位建设的概览性考察，分析了事业单位建设中组织文化的冲突及其原因，特别是去行政化问题所面临的文化障碍因素，总结了事业单位文化协同的"四种效应"、文化协同的"四种模式"、文化协同效应综合动力系统的"五个力"，期待事业单位建设文化协同研究能收到良好的效果。我们认为，事业单位建设文化协同效应的应用研究就是要探讨事业单位建设的精神文化建设与体制机制建设问题。体制机制建设属于管理实践方面，精神文化属于思想精神方面。这两个方面既有区别又有联系。管理中有文化，文化中有管理。找出事业单位的文化理念，用文化理念协同改革，通过文化重塑巩固改革成果，这是十分理想的建设过程。

四 事业单位建设文化协同研究的方法

我们致力于事业单位建设的文化协同研究，采用的研究视角是文化与文化协同；在研究方法上，采用的是文化研究。

文化研究和文化是两个既有联系又有区别的概念。除作为物质和制度层面的文化以外，作为可以与管理相协同的文化，往大了说指的是精神理念、思维方式和价值观，往小了说指的是传统风俗、行为习惯。改变文化，就是要实现从改变习惯到转变思想的跨越。文化研究作为方法，重在价值分析、制度构建，尤其是在文化协同管理的过程中，重点挖掘文化协同管理的独立实用功能、辅助协助功能、内在联系功能和外在影响功能。在普遍性的改革过程中，在通用的制度建构的过程中，在重视"细节决定成败"的现代管理理念中，使用文化研究的方法，可以在一些诉诸心灵的、不可计量的层面，获得意想不到的效应，建设有机的、高度柔性的、符合人性的、能持续发展的组织，达到化解矛盾、消弭冲突、稳定组织的效果。当然，文化研究的方法并不是孤立使用的，还应当与规范分析方法、系统分析方法、资料分析方法和调查研究方法相结合，使研究体现具体、真实、可靠的特点。

社会科学中的文化研究方法兴起于 20 世纪 60～70 年代，英国伯明翰大学当代文化研究中心利用这个方法有了研究方向和学术成果。伯明翰学派（the Birmingham School）的代表人物有理查德·霍加特（Richard Hoggart）、雷蒙德·威廉斯（Raymond Williams）、斯图亚特·霍尔（Stuart Hall）。

伯明翰学派是西方当代文化批评及美学学派，以研究通俗文化和媒体而著称。其研究方法比较贴近社会实际，研究路径给后人留下了深刻印象，研究领域涉及哲学、社会学、美学、文艺、影视、新闻、广告、音乐、语言、时尚、习俗、信仰等。其对这些领域的研究被认为是抓住了 20 世纪人类精神生活诸领域的核心问题即文化问题。

伯明翰学派的文化研究结合了社会学、文化人类学等学科，重点研究工业社会中的文化现象，涉足的领域非常广，几乎横跨全部人文学科和社会学科，联系最紧密的是文学、人类学、社会学和大众传播学四大学科。文化研究关注的是某个现象与意识形态、社会阶级等方面的关联性问题。这个学派认为，文化已经不能再是"精英文化"，而应该是普通人的日常生活，应该是大众的、平民的文化。这是"一种新的大众文化研究范式从此闪耀于学术舞台"，"半个世纪以来，伯明翰学派从英国走向世界，成为全球社会变革的重要推动力量"。"对伯明翰学派的借鉴和反思几乎成为各国文化发展的理论驿站","中国实施文化强国战略以来,文化研究领域呈现方兴未艾的发展势头,对伯明翰学派的关注和研究也在不断升温。开阔视野,借鉴他山之石无疑是繁荣中国文化研究的重要路径"①。伯明翰学派的文化研究虽然关注的不是公共管理问题,但是其研究的视角和方法,尤其是它对人在生产中和社会中的地位研究、人的精神世界与社会意识形态的关系研究、社会非主流文化和亚文化与主流文化的关系研究、人的文化认同研究、大众传媒文化在国家和民族意识中的协同分析与研究等,却对公共管理有着借鉴意义,可以移植过来。

在管理学领域,采用文化研究等社会科学的研究方法的实例不胜枚举。20 世纪 30 年代,经过了著名的霍桑实验后,人们将心理学和社会学引进了管理学领域,使管理学研究打开了新视野、登上了新台阶,其中包含着文化协同研究。早在管理学历史上形成的研究模式中,文化协同研究就已初见端倪。从德国社会学家马克斯·韦伯(Max Weber)的行政组织管理理论、法约尔的一般管理理论、梅奥的人际关系理论、道格拉斯·麦格雷戈的 XY 理论、马斯洛的需要层次理论、赫茨伯格的双因素理论,到亚当斯的公平理论、斯金纳的强化理论、弗鲁姆的期望理论、卢因的群体动力理论等都包含着文化协同研究的意蕴。可见,管理学初兴的时期堪称用文化解读经济、诠释管理、协同创新的时期。

到了 20 世纪 70 年代末,文化协同管理实践、文化协同研究已经蔚然成风。威廉·大内(William Ouchi)的《Z 理论》、特伦斯·迪尔(Terrence E. Deal)和艾伦·肯尼迪(Allen Kennedy)合著的《公司文化》(*Corporate Culture*)、理查德·帕斯卡尔和安东尼·阿索斯合著的《日本企业管理艺术》(*The Art Japanese Management*)、托马斯·彼得斯和罗伯特·沃特曼合著的《追求卓越》(*In Search of Excellence*)被合称为企业文化研究的四重奏。在管理学界,20 世纪 60 年代安索夫提出"协同效应"的概念后开始使用"文化协同"概念,甚至很多人做出了详细的理论阐述。吉尔特·霍夫斯塔德(Geert Hofstede)教授写了《文化的影响力》《文化与

---

① 陈慧平:《伯明翰学派"大众文化"的三大特征及其借鉴意义》,《国外社会科学》2014年第 3 期。

主题：思想的远见》《跨越合作的障碍：多元文化与管理》系列专著。特罗姆皮纳斯撰写了《驾驭文化的浪潮》。莫朗在《跨文化组织的成功模式》及《文化协合的管理》著作中，探讨了"文化一体化"问题，指出协同效应模型"2 + 2 > 5"。

　　由此可见，在管理学领域，文化与管理协同的研究已经具有了相当高的水平。西北大学公共管理学院刘文瑞教授指出，"在管理的情境因素中，文化最难把握"，"即便是训练有素的学者也难以理出其科学化的逻辑关系"。于是，有些人甚至出现了排斥文化研究的倾向，热衷于波普尔式的假设与验证，这从一定层面上"构成了文化研究的难点，也制造了人文与科学之间的藩篱，影响了二者的相互交流"。但是，"文化研究又能够在相当一部分学者中达成共识，形成共同的概念体系和表达方式"，"不管对文化怎样看，它确确实实存在着，而且影响着管理活动。所以，研究管理，回避不了文化问题"①。武汉工程大学管理学院吕力教授认为，管理艺术中包含着人的思想观念、情感意志、行为操守，具有非量化性和非确定性特点，不可能用自然科学的方式加以描述说明，研究文化对管理的影响，必须采用"理解"或"诠释"的方法，而不能采用"客观"的解释，"如果实证研究企图将包括文化在内的所有情境变量化，将其纳入一个函数中去，以此来解释所有的管理行为，对于管理学的发展而言，可能是一种'致命的自负'"②。这是十分深刻并具有远见的见解，为管理学领域引入文化研究的方法提供了坚定的支持。

---

①　刘文瑞：《管理学中的文化研究》，《管理学家》（实践版）2010 年第 12 期。
②　吕力：《深度情境化与诠释：管理学的质性研究方法》，《科学学与科学技术管理》2012年第 11 期。

第一篇

事业单位的建设类型式样和管理模式

第一章

事业单位的内涵和类型

人类是以群居的方式生活在一起的，这种群居的方式形成了组织。组织是人们为实现一定的目标而结成的具有明确边界、规范秩序、权威层级、沟通协调系统的集合体或团体。天下的组织总共有两类，即公共组织和私人组织。公共组织也叫公共部门，是拥有公共权力、维护公共利益、提供公共产品、从事公共服务、管理公共事务的组织。事业单位是我国与党政机关、国有企业（包括国有金融机构）和国家发起的社会团体相并列的公共组织形态之一，堪称中国特有的组织形式，既不属于行使权力的国家机关，也不属于生产经营的企业；既与党政机关有着密切的联系，又是社会生活中的重要组织。作为提供公共服务的组织，事业单位广泛存在于社会生活之中，遍布教育、科技、文化、卫生等社会活动领域，种类繁多、数量庞大、影响广泛。但是，人们对于事业单位的内涵概念、性质特征、类型式样却未必能讲清楚、说明白。研究事业单位必须从事业单位的内涵、特征、类型、范围等基本问题开始。开展事业单位建设的文化协同研究也必须从此开端。

第一节　事业单位的含义

一　事业单位的诠释

"事业单位"作为名词使用，最早见于 1952 年，当时主要涵盖的是教育、文化、卫生等部门①。1955 年，第一届全国人民代表大会第二次会议通过的《关于一九五四年国家决算和一九五五年国家预算的报告》中再一次使用了事业单位，同时使用的还有事业费、事业单位编制等，"在各机关和各事业单位降低事业费、购置费和办公杂支费的开支标准，各企业的这类费用的开支标准也实行降低"，"各机关和事业单位的各项费用定额，事业单位的人员定额，都应当根据国务院和中共中央的指示进行修订"②。虽然事业单位的称谓出现了，但是，关于事业单位的解释和表述则在几年之后才出现，而且侧重点还有区别。

1963 年 7 月，国务院发布的《关于编制管理的暂行办法（草案）》中明确规定，事业单位是"为国家创造或者改善生产条件，促进社会福利，满足人民文化、教育、卫生等需要，其经费由国家事业费开支的单位"。这里强调，事业单位是使用事业费开支的单位，明确了事业单位的活动经费由国家财政支出的源流关系，昭示了"事业大厦"由国家奠定经济基础。

国家首次对事业单位一词进行正式诠释是在 1965 年 5 月公布的《国家编制委员会关于划分国家机关、事业、企业编制界限的意见（草案）》中："凡是直接从事为工农业生产和人民文化生活等服务的活动，生产的价值不能用货币表现，属于全民所有制编制的单位，列为国家事业单位编制。"这里强调，事业单位具有"生产的价值不能用货币表现""属于全民所有制"性质，使用"国家事业单位编制"，明确说明了事业单位的"国有""国办""国管""国养"的属性。

1984 年印发的《关于国务院直属事业单位编制管理的实行办法（讨论稿）》规定，"凡是为国家创造或者改善生产条件，从事为国民经济、人民文化生活、增进社会福利等服务活动，不是以为国家积累资金为直接目的的单位，可定为事业单位，使用事业编制"③。这个文件明确了事业单位不

① 周恩来：《中央人民政府政务院关于全国各级人民政府、党派、团体及所属事业单位的国家工作人员实行公费医疗预防的指示》，《人民日报》1952 年 6 月 28 日，第 1 版。
② 《关于一九五四年国家决算和一九五五年国家预算的报告》，http://www.gov.cn/test/2008 - 03/06/content_911469.html。
③ 刘小康：《新一轮事业单位改革"纯化"取向的反思》，http://www.71.cn/2013/0617/718302_3.shtml。

求利润回报的组织性质，即其是公共管理中的非营利组织；同时，也明确说明了事业单位的工作成果，可不与价值实现直接联系，或者说可以不表现为物质形态或者货币形态。

1990 年，国家统计局、人事部、劳动部、国家计划委员会四部委联合发布了一个重要文件，即《关于在劳动计划和统计中划分企业、事业、机关单位的暂行规定》，再一次强调事业单位的属性，认定其属于独立核算单位。这类独立核算单位可以在经济上实行独立核算盈亏，在行政上具有独立的组织形式，在管理上能够独立编制资金平衡表或会计预算决算表，属于具有法人资格的经济实体和社会实体。

1998 年 10 月，国务院颁布了专门的《事业单位登记管理暂行条例》，全面完整地对事业单位进行了阐释，将事业单位定性为"国家为了社会公益目的，由国家机关举办或者其他组织利用国有资产举办的，从事教育、科技、文化、卫生等活动的社会服务组织"。这是一个具有典范意义的解释，成为人们引用最多、使用最广泛的事业单位的概念。其中，明确了几个关键的问题。首先，明晰地揭示了事业单位的价值和使命，强调事业单位的存在是"为了社会公益"。其次，明确了事业单位举办的主体是国家机关或者其他组织。再次，明晰了事业单位的产权属性是"国有资产"。然后，明确了事业单位的活动领域，涉及"教育、科技、文化、卫生等活动"领域。最后，明确了事业单位的性质属于"社会服务组织"，这就把事业单位与党政机关和企业单位区别开来。这是中国首次对事业单位予以概念化的明确表示，展现出了事业单位的清晰面貌，为理论研究奠定了权威解释的基础。但是，事业单位究竟属于公共机构还是非公共机构（社会组织），这个问题有待解决。因为这里既强调了事业单位是"由国家机关举办或者其他组织利用国有资产举办"的组织，同时，还将事业单位定性为"社会服务组织"。倘若是公共机构，就可能要留在行政体制内，那么事业单位的改革就成了上层建筑领域的问题；如果是非公共机构，那就应该剥离出去，归入被西方称作第三部门（the third sector）的社会组织之内，事业单位改革也就成了社会领域的问题。但是，在 2008 年 8 月 1 日国务院发布的《公共机构节能条例》中的第二条指出："本条例所称公共机构，是指全部或者部分使用财政性资金的国家机关、事业单位和团体组织。""按此理解事业单位的性质应属公共机构",但是,后来的"改革政策更倾向于将事业单位等同于企业等社会组织"①。

1999 年 6 月 28 日,第九届全国人民代表大会常务委员会第十次会议通过了《中华人民共和国公益事业捐赠法》,其中指出"公益性非营利的事业单位是指依法成立的,从事公益事业的不以营利为目的的教育机构、科学研究机构、医疗卫生机构、社会公共文化机构、社会公共体育机构和社会公共福利机构等"。《中华人民共和国宪法》并没有对事业单位做出定义,我国有企业法,但是没有专门的事业单位法。《中华人民共和国公益事业捐赠法》首次以法律的形式对事业单位进行了解释,突出强调了五点内容:一是事业单位的显著特征是公益性和非营利性;二是事业单位属于"依法成立的"独立法人,一般由县级以上人民政府及有关部门审批后依法成立和登记;三是事业单位存在的目的是"从事公益事业";四是事业单位的性质是"不以营利为目的"的组织;五是事业单位是对教育、科技、文化、医疗卫生、公共体育、公共福利进步具有重要作用的功能明确、互相分工的独立"机构",见表 1-1。

表 1-1 国家文件对事业单位的定义

时间	定义
1963 年	主要强调事业单位的活动经费为由国家提供的事业费,同时强调能够为国家创造、改善生产条件,促进人民文化、教育、卫生等领域需求的满足
1965 年	主要强调事业单位编制为全民所有制编制,同时强调其直接为工农业生产和人民文化生活等服务,其生产带来的价值不能用货币的形式来表现
1984 年	主要强调事业单位的公益服务性质,强调其不以为国家积累资金为直接目的,为国民经济、人民文化生活、社会福利等服务,同时为国家制造、改善生产条件服务
1990 年	主要强调事业单位为独立核算单位,同时强调其在经济上实行独立核算,在行政上具有独立的组织形式,在管理上可以独立编制资金平衡表或会计预算决算表,是具有法人资格的经济实体和社会实体

① 赵立波:《关于政事关系若干理论与实践问题的思考》,《中国行政管理》2009 年第 12 期。

时间	定义
1998 年 （2004 年修改）	主要强调事业单位的国有资产属性和社会组织属性，同时强调其为从事有关教育、科技、文化、卫生等方面的活动，以增加社会公益为目，且由国家机关举办或者其他组织利用国有资产举办的社会服务组织
1999 年	主要强调事业单位的公益性质，即其为不以营利为目的，从事教育、科学、医疗卫生、社会公共文化、公共体育、公共服务的各类公益事业的机构组织

二　事业单位概念变化的启示

从事业单位概念的变化，可以看出如下几点情况。

第一，带有鲜明的时代痕迹。在 20 世纪 60 年代，国家从经费来源、所有制性质、编制管理、劳动成果表现形式等方面来界定事业单位概念，目的是适应计划经济条件下国家对社会宏观管理的需要，强调中央的统一领导，追求行政的执行力和贯通力。在 80 年代，农村和企业改革方兴未艾，对事业单位的解释重点强调其行为活动的服务性质，体现经济建设的中心地位以及各个事业单位的配合、辅助和服务功能。进入 90 年代以后，各项改革蓬勃兴起，伴随着国民经济的迅猛发展，事业单位进入了壮大辉煌、拓展创新的新时期。国家从规范管理和法律约束等方面对事业单位的性质、特点、地位、价值进行了梳理和定位，并提出了发展构想。这不仅为推动事业单位的研究提供了权威解释，也为事业单位的发展指明了方向。

第二，与新中国共生共荣。不仅国外没有事业单位的称谓，旧中国也没有。事业单位是新中国成立后兴办的具有中国特色的组织。从几十年的时间来看，人们对这个组织的认识不是从理论定义出发而是在实践中逐渐清楚的。经济与社会的每一步发展都给事业单位的发展提出了新的要求，都期待人们从新的角度、新的层面来认识和诠释事业单位。如今，事业单位与新中国一样已经走过了 70 多年的历程，可以说，国家的发展带动了事业单位的进步，事业单位的繁荣也印证了国家的辉煌。事业单位不论怎么改革都不应当是国家的负担，而应当是国家发展的重要标志，是国家与社会繁荣强盛的重要内容，也是展现中国公共管理特色的重要组织。

第三，事业单位的地位是逐步提升的，价值是逐步凸显的。在生活条件简单、物质生活并不富裕的条件下，人们对事业单位所提供的服务的要求也是简单的、低水平的。伴随着社会生活步入现代化进程的加快，人们对事业单位所提供的服务的要求越来越多、越来越高，事业单位的地位和价值也日益凸显。因此，规范管理事业单位已经成为国家管理的重要内容。每一次明确其概念、充实其内涵、凸显其价值，都表明了国家对事业单位的重新审视和高度重视。

第四，事业单位的依法治理问题。事业单位的提法最初或许是约定俗成的，后来为了加强机构编制管理，国家对其进行了一再界定。改革开放以来，伴随着社会的转型、体制的转轨，事业单位也在不断变化，然而，事业单位的立法问题尚属空白，这就使得事业单位的改革和依法治理具有了较大的难度。除了非常时期制定的 1975 年《中华人民共和国宪法》中曾经出现过事业单位概念以外，1954 年、1978 年、1982 年《中华人民共和国宪法》中均未出现事业单位概念。现行《中华人民共和国宪法》中虽多次出现事业组织概念，但其显然不等同于事业单位。令人难以置信的是，作为我国第二大类组织的事业单位，竟然在现行《中华人民共和国宪法》中难觅踪影。由此可见，人们甚至可以认为存在 70 多年、作为企业之外的第二大类组织的事业单位，尚属未定性、未定型的组织。"由于事业单位属性不明，政府与事业单位应形成什么样的关系、事业单位应怎样改革自然缺乏坚实的法理基础。"[①]

第二节　事业单位的特征

事业单位作为独立建制的组织，不论是在理论上还是在实践上，既区别于党的部门、国家机关，又区别于企业组织和社会团体，在内涵和外延上都具有鲜明的行业特征。

---

① 赵立波：《关于政事关系若干理论与实践问题的思考》，《中国行政管理》2009 年第 12 期。

一　事业单位设立的宗旨和目的

事业单位设立的宗旨是满足人们的精神需求和发展需要。人类的发展有物质需求和精神需求两种需求，人生的需要分为生存需要和发展需要两类。其中精神需求和发展需要，是人们在解决了衣食住行以及温饱问题之后开启的对教育、文化、科学、艺术等方面的高级追求。马克思曾经指出，精神生活，是指人们"对科学的向往、对知识的渴望，他们的道德力量和他们对自己发展的不倦的要求"[1]。恩格斯也指出："人们首先必须吃、喝、住、穿，然后才能从事政治、科学、艺术、宗教等等"[2]。在马克思主义看来，当人们满足了物质生活需求以后，必然会对精神生活和发展产生需求，由此构成人们完整的生活需求层次。负责教育、科技、文化、卫生等活动的事业单位，其任务正是满足人们的精神和发展需求，可以说，社会越进步，事业单位的价值越凸显，且只能加强，不能削弱。

事业单位设立的目的是满足人们对社会福利和社会公益的需要。社会福利和社会公益是现代社会广泛使用的两个概念。社会福利强调的是由国家提供的服务政策和服务措施，旨在提高广大社会成员生活水平，解决各个方面的福利待遇问题，其内容不仅包括生活、教育、医疗方面的福利待遇，还包括体育、文娱、交通等方面的待遇。社会公益强调的是为广大公民所享受的利益，指的是社会公众都享有的、非独占的、社会生存所必需的利益，也可以被称为社会福祉。社会福祉的主要内容有医疗和心理卫生服务、文化教育服务、劳动就业服务、孤老残幼服务、犯罪矫治及感化服务、住宅服务等。因此，社会福利和社会公益具有重叠性和交叉性。但是，社会福利与社会公益又存在着区别。社会福利是由国家主持实施的，体现了政府对社会成员的关爱；而社会公益可以由个人、企业、慈善组织（charitable sector）等参与，体现了社会成员对社会公益事业在不同层面的参与。另外，社会公益活动的范围也要比社会福利活动广泛得多，既包括社会援助、社会治安、社区服务、国际合作，也包括知识传播、专业服

---

① 《马克思恩格斯选集》（第二卷），人民出版社，1995，第 32 页。
② 《马克思恩格斯选集》（第三卷），人民出版社，1995，第 776 页。

务、文化艺术、环境保护、公共福利、帮助他人、青年服务、慈善活动等。虽然现在我国的经济飞速发展，人民群众的生活水平有了很大的提高，但是，由于历史的原因，我国城乡发展不平衡，地区发展问题仍然比较突出，人民群众在经济、政治、文化、社会、生态等方面还会不断地产生新的需求。因此，我国需要不断完善社会保障制度，这是维护国家稳定的必要措施；同时，也应该尽可能地提高社会福利水平。

二 事业单位的属性和职能

事业单位最鲜明的属性是其是由国家利用国有资产设置的带有一定公益性质的机构，虽然有很多机构与举办者政府有关部门混合一起办公，但国家明确规定事业单位是从事教育、科技、文化、卫生等活动的社会服务组织。

1993 年 11 月召开的中共十四届三中全会提出要建立适应市场经济要求的"产权清晰、权责明确、政企分开、管理科学"的现代企业制度。受国有企业改革的影响，事业单位的产权问题引起了广泛的关注。1998 年 10 月 25 日，在新颁布的《事业单位登记管理暂行条例》中事业单位的产权再次被明确为"国有资产"。

以前的事业单位内涵表述虽然也强调其"国家事业费开支"、纳入"国家事业单位编制"和"属于全民所有制"性质，但是，1998 年的解释则是首次从产权的角度进行了鲜明的表述。对"国有资产"的强调，是从法律的角度强调事业单位属于国家所有，并且其是能为国家提供社会效益的组织，表明事业单位的财产属于国家财产，国家是事业单位资产所有权的唯一主体。正因如此，传统的事业单位都为公立机构，由各级政府决定事业单位的设立、编制、注销并对事业单位的各种活动进行直接组织和管理，各类事业单位活动所需的各种经费都来自政府拨款。虽然事业单位由国家设置，但其不属于政府机构。因而我国才十分明确地把事业单位按照经费管理分为参公（参照公务员）管理事业单位、全额拨款事业单位、差额拨款（财政补贴）事业单位、自收自支事业单位四种类型。

事业单位的职能是提供生产、生活、科学文化和教育卫生等服务。在生产面前，一切组织都是服务性的组织，但是事业单位的服务更偏重社会公共福利方面。事业单位的英文较为准确的译法应为"公共服务机构"（public service unit，或者 public institutions、institutional units）。事业单位属于不以营利为目的的组织，这主要体现的是其为社会服务的价值，正因如此，事业单位依靠和使用财政拨入的资金进行活动，不以经济利益的获取和回报为目的。有些事业单位在服务项目上收取一定的服务费用只是为了弥补成本支出，并不是为了赚取利润。《中华人民共和国民法典》称事业单位为非营利法人。非营利法人是指为公益服务目的而成立的，不向出资人、设立人等分配所取得利润的法人。非营利法人包括事业单位、社会团体、基金会、社会服务机构等。按照《中华人民共和国民法典》的解释，为适应经济社会发展需要、提供公益服务而设立的事业单位，可能会获得利润，但是不能向其举办者、组织成员分配所得利润。再者，从事业单位向社会提供服务的方式来看，其主要是通过提供准公共物品来实现的。准公共物品的范围比较广泛，是介于纯公共物品和私人物品之间的物品，具有非排他性和非竞争性。非排他性意味着一个人的使用不能够排斥其他人的使用，非竞争性意味着准公共物品的使用过程中可能存在"拥挤效应"和"过度使用"问题。解决这些问题的基本方法是通过收取一定的费用来实现技术性排他，以缓解拥挤，或者说，只有按价付款的人才能享受该物品和服务，即有偿公共服务，这也叫"谁花钱，谁受益"原则。

三　事业单位的组织形态和存在领域

国家这些年对事业单位的称呼几经变化，从"国家事业费开支的单位"，到"国家事业单位编制"和"不以为国家积累资金为直接目的的单位"，最后落脚在"社会服务组织"。这并不意味着事业单位地位的衰落，而是对其更加准确的定位和改革的结果。尤其是"社会服务组织"的定位，不仅反映出国家对事业单位管理的新变化，而且也为事业单位的发展提出了新的要求。作为"社会服务组织"的事业单位，既不同于政府组织，也不同于政党、社团和企业组织。虽然我国的事业单位是由国家机关或其他组织举办的，有些事业单位成为中央政府或地方政府在公共服务领域的延伸或化身，也有的充当了纯粹行政机关的角色，具有行政机关和公共服务双重职能，甚至被称为"行政事业单位"，两者有时需要为特定目的而适度区分，有时则合二为一。"一个机构，两块牌子"正是行政机关与事业单位政事不分的常见方式。例如，国家体育总局不仅是国务院的直属局，而且又是中华全国体育总会，前一块牌子代表国家机关，后一块牌子代表"依法成立的非营利社团法人"。在事业单位的改革中，一个重要的任务就是把事业单位与行政机关剥离开来，使之不再有隶属关系，收回行政权力，以具体专业部门的角色，凸显公益属性，使事业单位成为真正的社会组织。

传统的事业单位以教育、科研、文化、卫生、体育五大类为主体，此外，还包括广播电视新闻出版、勘察设计、农林水利气象、城建公用交通、社会福利、环境保护等。这些领域的共同特点是为生产、民生、社会提供知识服务、智慧服务、精神服务，其劳动成果表现为难以量化的、非物质形态的知识产品和精神产品。事业单位的劳动方式主要是脑力劳动，其中很多是创造性的劳动。因此，不论是曾经的事业单位，还是现在的事业单位，常常都是众多知识分子麇集的单位，诸如医院、学校、科研院所、新闻单位、文化馆、体育协会等。这里面的工作人员常常被称作人才、专家。

古人说，名不正则言不顺。过去对事业单位的称谓各式各样，经过改革，事业单位的称呼有了一定的规范。除了厅、局等政府的称呼和企业的公司称谓，以及社会团体的学会名称不再使用以外，事业单位的称谓依然可以是多元的、富有个性的，诸如可以用院、校、所、台、会、团、社、站、中心、大队等。事业单位的名称表明其所从事的专业服务，像高等院校、科研院所、通讯社、广播电视台、气象局等。丰富多样的名称不仅给社会识别各式各样的业务功能和服务提供了方便，也使得事业单位丰富多彩。

第三节　事业单位的类型

一　按照行业划分的类型

事业单位的分类最初来自对行业的分类。1962 年 6 月，中央人民政府政务院发布的《关于全国各级人民政府、党派、团体及所属事业单位的国家工作人员实行公费医疗预防的指示》中，事业单位就是按照"文化、教育、卫生"等行业需要而被称呼的。在 1998 年国务院发布、2004 年重新修订的《事业单位登记管理暂行条例》里面，从服务行业类型的角度，将事业单位分为"教育、科技、文化、卫生"等类型。这使得人们养成了对事业单位按行业分类的习惯。

按照行业划分事业单位类型的方法属于传统的分类方法。在 1984 年的《国民经济行业分类》中，将事业单位分为教育、科研设计、医疗卫生、体育、文化艺术、广播电视新闻出版、农林水利、城市公用、交通、社会福利、机关附属、社会中介等 12 个大类、100 多个小类。这种分类方法比较适应统一管理体制下行业规划和管理的需要，具有很强的实用性，不仅可以被广泛应用于事业单位机构编制统计、机构编制标准制定等管理活动中，还有助于政府对各行业发展规模和发展状况的掌控，进行国民经济和社会发展的综合平衡。但是，这种分类方法突出了部门所有，导致分工过细和资源分散等问题，而且在市场经济体制下，还出现了很多运行机制管理上的新问题。然而，受思维定式的影响，这种分类方法还在使用。国家事业单位登记管理局先后两次颁布《事业单位登记管理暂行条例实施细则》，分别为中央编办发〔2005〕15 号和中央编办发〔2014〕4 号。其中，关于事业单位的类型依然使用这种分类方法："本细则所称事业单位，是指国家为了社会公益目的，由国家机关举办或者其他组织利用国有资产举办的，从事教育、科研、文化、卫生、体育、新闻出版、广播电视、社会福利、救助减灾、统计调查、技术推广与实验、公用设施管理、物资仓储、监测、勘探与勘察、测绘、检验检测与鉴定、法律服务、资源管理事务、质量技术监督事务、经济监督事务、知识产权事务、公证与认证、信息与咨询、人才交流、就业服务、机关后勤服务等活动的社会服务组织。"在这个文件里，按行业将事业单位划分为 27 个类别，也可以称作 27 个事业单位行业小类。

二 按照经费拨款形式划分的类型

这是根据国家财政对事业单位拨款形式所划分的类型，即将事业单位分为全额拨款、差额拨款和自收自支三种类型。1996 年财政部公布的《事业单位财务规则》规定："国家对事业单位实行核定收支、定额或者定项补助、超支不补、结余留用的预算管理方法。"这里将事业单位经费渠道简化为财政补助和非财政补助两大类。经费分类法在国家制定财政预算计划和进行事业单位经费渠道管理中被广泛使用，以便政府对事业单位经费投入的宏观调控和微观管理，促进事业单位自我发展和良性运行。

全额拨款事业单位，也称全额预算管理的事业单位。全额预算管理的事业单位是其所需的事业经费全部由国家预算拨款的事业单位，一般是没有收入或收入不稳定的事业单位，如学校、科研单位等，其人员费用、公用费用都要由国家财政提供。这种管理形式既体现了国家对事业单位的全力扶植，使其经费得到充分的保障，又体现了国家对事业单位的全面管理和监督。

差额拨款事业单位，又称财政补贴事业单位。这类事业单位是指有一定数量的、稳定的经常性收入，但还不足以抵补本单位的经常性支出，支出大于收入需国家预算拨款补助的单位。差额拨款事业单位的人员费用由国家财政拨款，其他费用自筹。在事业单位改革中，按照国家有关规定，差额拨款事业单位要根据经费自主程度，实行工资总额包干或其他符合自身特点的管理办法。

自收自支事业单位，又称自主事业单位。这类事业单位属于国家财政不给予拨款的单位。自收自支事业单位主要有政府部门办的酒店、印刷厂、公证处、测绘所、规划院等。自收自支事业单位主要是从事生产经营活动的事业单位，单位职工的工资福利主要依靠单位自身获得的收益来进行保障，国家财政不会专门进行拨款来保障其工资福利的发放。

事业单位分为全额拨款、差额拨款和自收自支三种类型。其编制根据行业不同细分，是要经过当地编制部门批准的。自收自支事业单位的编制与全额拨款和差额拨款事业单位一样，都要经过当地编制部门批准，进人也要像公务员一样进行统一招考（军转干部除外）审批。

随着改革的深入，事业单位按经费拨款形式分类管理的弊端显露了出来。首先，以政府拨款来划分类型，体现的是用政府的意志看待事业单位，强调政府对事业单位的管理，而不是从事业单位本身的行业特点、地位、作用来划分类型。其次，按经费拨款形式划分不是在搞什么事业单位分类，其只是国家财政拨款的方式，强调宏观上的统一标准，不具有管理意义，不能以此来确定事业单位的机构编制、人事制度、部门特点、规格级别等情况。最后，全额拨款、差额拨款的区分不能反映事业单位的公益性、福利性、服务性、营利性。所以，除财务管理的意义之外，经费分类法不具有事业单位管理的完整意义。

三　按照《中华人民共和国公务员法》规定划分的类型

《中华人民共和国公务员法》第一百零六条规定：法律、法规授权的具有公共事务管理职能的事业单位中除工勤人员以外的工作人员，经批准参照本法进行管理。这就是法律中提到的参公事业单位人员，这类事业单位也称参公管理事业单位。参公管理事业单位是一种特殊的事业单位，是指涉及国家安全、对政策和经济管理工作有明确辅助作用，以社会公益性为属性的事业单位。

参公管理事业单位，是参照《中华人民共和国公务员法》管理的事业单位的简称，其在职人员使用的是事业编制，但不按照《事业单位人事管理条例》管理，而是参照《中华人民共和国公务员法》进行管理，参照公务员享受职务与职级晋升，享受车补、年终绩效等福利待遇。虽然编制性质不同，但参照《中华人民共和国公务员法》管理的事业单位人员与公务员基本没什么差别，都需要参加公务员考试才能入职。在类别上，参照《中华人民共和国公务员法》管理的事业单位有三种，即行政类参公管理事业单位、行政执法类参公管理事业单位、党委下属的参公管理事业单位和群团类参公管理事业单位。

一是行政类参公管理事业单位。根据《中组部、人事部关于印发〈关于事业单位参照公务员法管理工作有关问题的意见〉的通知》（以下简称《通知》），事业单位参照《中华人民共和国公务员法》管理必须具备法律、法规授权的公共事务管理职能。完全或部分承担行政职能的事业单位就是其中一种，像供销社、粮食局、机关局、移民局、地震局、发展研究中心等，都是2007年第一批审批通过的参公管理事业单位。类似的参公管理事业单位还有住房公积金中心、社保局、房产局、档案局，以及地方政府机关下属二级局，尤其是在市县级别，比如交通局下的公路局、建设管理委员会下的城市管理局、农业农村局下的农机局等。这类事业单位在后来的事业单位建设中已明确被取消，剥离行政职能收归行政机关，或整合到其他职能相近的行政机构。《通知》还明确规定，今后不再增设或单设行政类参公管理事业单位，事业单位名称中不能出现委、办、局等字样。行政类参公管理事业单位被取消后，根据职能性质划转，要么归并到行政机关作为内设机构，逐步过渡为行政机关单位，要么剥离行政职能改为公益一类事业单位，保留原参公管理人员身份和待遇不变，直至人员退休编制核销。

二是行政执法类参公管理事业单位。这一类别的参公管理事业单位有很多，主要集中在各大职能部门之中，如广播电视新闻出版局的文化执法部门、交通局的交通执法部门、农业局的农业执法部门、国家卫生健康委员会的卫生监督执法部门、国土资源局的国土清理执法部门、生态环境局的环保执法部门等，都被法律、法规赋予了行政执法权限或委托执法权限，此前先后被审批为参公管理事业单位。在事业单位建设过程中，行政执法类参公管理事业单位是唯一被保留参公性质的事业单位，在中央出台具体规范文件之前，其性质和人员编制都保持现状，跟随职能划转整合，在市场监管、生态环境、文化、交通、农业五大领域执法队伍基础上，探索成立新型的综合执法机构。

三是党委下属的参公管理事业单位和群团类参公管理事业单位。党委下属的参公管理事业单位，是指党校（行政学院）和档案局之类的参公管理事业单位，其使用事业编制，参公管理。在事业单位建设中，党校（行政学院）的改革没有新的规定，档案局是将其承担的行政权力职能划归党委办公室，档案局在党委办公室挂牌，其公益服务职能由档案馆承担，保留在事业单位序列。

群团类参公管理事业单位，是指中华全国总工会、中华全国妇女联合会、中国共产主义青年团、中国残疾人联合会、中国文学艺术界联合会、中国科学技术协会等。由于行政编制实行控编减编、总量控制，中华全国总工会、中华全国妇女联合会、中国共产主义青年团使用的行政编制比较少，中国残疾人联合会、中国文学艺术界联合会、中国科学技术协会基本不使用行政编制。根据事业单位建设动向，群团组织将和党委机关一样，使用行政编制,参照《中华人民共和国公务员法》管理。

参公管理事业单位具有三个方面的管理优势:第一,能够体现参公管理事业单位工作的权威性和公信力;第二,有助于保障参公管理者的福利待遇;第三,有助于推动参公人员无障碍地在事业单位与国家机关之间进行岗位交流,从而形成较大职业发展空间。所以,绝大多数事业单位都希望被纳入参公管理序列。部分事业单位参公管理的做法始于2005年以后,国家有专门的规定,强调要经过审批程序。2006年8月,中组部、人事部在其颁布的《关于事业单位参照公务员法管理工作有关问题的意见》中详细规定了符合参公管理事业单位的条件及其审批权限和程序等。根据"上下对口""上行下效"的常规惯例,有些事业单位系统从中央层面到地方层面均实行参公管理,如各级党校(行政学院)。但是,也有中央层面和地方层面不一致的情况。

参公管理事业单位属于特殊的事业单位,与行政机关既有联系又有区别。一方面,参公管理事业单位的人员的编制虽然仍旧保留在事业编制序列,但是,其却可以参照《中华人民共和国公务员法》进行管理。其职务、级别、工资等与公务员一致,但不实行专业技术职务、工资、奖金等人事管理制度。另一方面,参公管理事业单位的人员被称为参公人员,而行政机关的工作人员被称为公务员。在《关于事业单位参照公务员法管理工作有关问题的意见》中明确规定,参公管理事业单位要具有法律、法规授权的公共事务管理职能,由国家财政负担工资福利,使用事业编制。

四 按照研究的视角进行的分类

这种分类方法是学者根据事业单位的情况,采用多元视角进行研究时的分类方法。诸如按照隶属关系、所有制形式、社会功能、行政级别等划分事业单位类型,这里列举几项:第一,按照隶属关系划分,可分为党中央、国务院及其各部门所属,省(区、市)所属,地市所属,县市所属,乡镇所属事业单位;第二,按照所有制形式划分,可分为全民所有制、集体所有制、股份制事业单位;第三,按照社会功能划分,可分为行政执法型、政事兼容型、基础研究型、社会公益型事业单位;第四,按照行政级别划分,可分为从正部级到副股级共十级事业单位。这些都是常见的分类方法。另外还有国际组织的分类，如世界银行认为，政府应采用一种更加分散化的评审和分类方法，在法律意义上区分直属事业单位和独立事业单位。直属事业单位隶属于政府部门，没有独立的法人地位，不独立核算，不享有独立贷款权。其创收应最小化，并置于与政府部门一样的严格审计之下。而独立事业单位是具有独立法人地位、独立核算的事业单位。[①] 此外，有的学者从研究的角度将事业单位划分为从事基础服务的事业单位、公用服务性事业单位、社会保障性事业单位、授权协调性事业单位等。还有学者认为事业单位可以分为纯公益、准公益和半公益事业单位三种。

五　改革中的规范分类

在事业单位改革的探索阶段，各地方根据当地的实际情况，尝试性地进行了相关探讨，先后提出了不同的划分类型。一是"三分法"。江苏省南通市将事业单位划分为"行政管理类、社会公益类、生产经营类"三类。二是"四分法"。吉林省舒兰市将事业单位划分为"行政管理、公益服务、技术服务、生产经营"四类；浙江省人事厅将事业单位划分为"监督管理、社会公益、中介服务、生产经营"四类。三是"五分法"。绵阳市将事业单位划分为"行政管理、监督管理、社会公益、技术服务和经营服务"五类；上海市嘉定区将事业单位划分为"行政管理执法、社会公益、生产经营、中介事业和生产经营"五类。[②] 这些分类方法拓宽了研究的思路，在改革中具有一定的探索意义。

在事业单位改革中，国家根据事业单位的社会功能，最终将事业单位划分为承担行政职能、从事公益服务和从事生产经营活动三个类别。其实，这是一种决定传统事业单位去留的分类方式，因为分类改革以后，承担行政职能事业单位和从事生产经营活动事业单位就会从事业单位序列中剥离出去，而保留下来的事业单位是从事公益服务事业单位。按照《关于分类推进事业单位改革的指导意见》，从事公益服务事业单位可以

---

① 世界银行课题组：《深化事业单位改革 改善公共服务提供》，《中国经贸导刊》2005年第14期。
② 张朝太、田从科：《事业单位分类管理与改革》，《西南科技大学学报》（哲学社会科学版）2003年第20期。

按照功能特点被划分为公益一类、公益二类和公益三类事业单位（见表1－2）。此三类公益事业单位是为发展社会公益事业而保留的独立于政府机构和企业之外的第三部门，直接或间接地为社会提供公共产品和公共服务。

表1－2 从事公益服务事业单位的分类

分类名称	职责任务	资源配置	资助情况	单位举例
公益一类	基本公益服务	不由市场配置资源	全部由政府资助	公共卫生机构、文物保护机构、乡镇诊所、社区医院等
公益二类	高等教育、非营利性医疗等公益服务	部分由市场配置资源	政府给予部分资助	高校、职业教育机构、公立医院等
公益三类	具有公益性	在政策支持下可以通过市场实现资源配置	政府不提供资助，通过政府契约和政府购买来实现	宾馆、招待所、公用汽车站、房产交易中心、环卫园林绿化等单位

公益一类事业单位，也称纯公益类事业单位，此类事业单位数量甚多，主要有三个特点：第一，面向全社会提供公益服务，或者仅为党政机关行使职能提供支持和保障；第二，依靠国家财政全额拨款，不能或不宜由市场配置资源；第三，由政府确定并严格监管其宗旨、服务规范和业务范围，不从事经营活动。此类事业单位主要包括关系国家安全、公共安全，涉及公共教育、公共文化、公共卫生、基础科研、社会保障、行政辅助、经济社会秩序和公民基本权利的公益服务机构。

公益二类事业单位，也称准公益类事业单位，即面向全社会提供涉及人民群众普遍需求和经济社会发展需要的公益组织，可部分由市场配置资源。其主要有两个特点：第一，面向全社会提供公益服务，或者主要为党的机构和政府机关行使职能提供支持和保障，也面向社会提供与主业相关的服务，依法获得服务收益；第二，可部分由市场配置资源，此类事业单位主要包括高等教育类、非营利医疗类、文艺院团类、社会经济服务类等机构。

公益三类事业单位，也称半公益类事业单位，具有三个特点：第一，从事的业务活动具有一定的公益属性，社会化程度较高；第二，与市场接轨能力较强，在国家政策支持下可以通过市场配置资源；第三，这类单位自主开展公益服务和相关经营活动，受政府委托承担有关公益任务的，政府采取购买服务的方式予以相应支持。此类事业单位具备转企条件的逐步转为企业，主要包括时政类报刊、广播电视、公益性培训机构，以及提供土地房屋权属登记、公证仲裁、彩票发行、殡葬服务等的机构。在实际改革的过程中，地方政府将公益三类事业单位转为企业，所以公益三类事业单位往往被排除在事业单位之外。

事业单位的体制和机制

事业单位是由国家机关举办的组织，得到了政府的关怀与扶植，发挥了重要的社会作用。长期与政府合作，事业单位必然对政府产生了依赖，建构了适应政府职能延伸需要与为社会提供专业服务的体制和机制。事业单位管理体制堪称与行政管理体制和企业管理体制相并列的三大体制之一，不仅历时久、涉及社会层面广、影响领域多，而且已经达到制度化、习惯化、文化化的程度。推动事业单位建设，搞好文化协同，就应当充分认识事业单位体制存在的长期性和影响的深远性，认识其功能运行所依赖机制的牢固性和关联关系的复杂性，既要研究管理的体制和机制，也要研究关系中经过岁月冲刷、已经成为习惯的文化问题，为在建设中进行新的文化协同奠定基础。

第一节　事业单位管理体制

所谓体制，是管理组织的工作体系、组织制度和管理规范的总称，包括机构设置、隶属关系和权限划分等方面的内容。体制与制度有区别，体制指的是国家机关、企业、事业单位的组织机构、组织关系，制度是指组织中共同遵守的办事规程或行动准则。体制具有易变性，制度具有相对稳定性。体制与制度常常互相包含，如教育制度包括教育体制，教育体制还包括学籍制度、学位制度等。

事业单位体制，是事业单位存在和发展的组织形式和载体，涉及事业单位与行政部门的隶属关系、管理机构设置、管理权限划分等内容。从社会体制格局来看，事业单位体制是与企业管理体制、行政管理体制相并列的三大体制之一。从具体行业来看，事业单位的管理体制还包括教育事业管理体制、科技事业管理体制、文化事业管理体制、卫生事业管理体制、体育事业管理体制等。从事业单位的内部运行制度来看，包括干部人事制度、分配制度、社会保障制度、后勤服务制度等。

一　事业单位与行政部门的隶属关系

事业单位体制相沿日久，已经达到制度化、习惯化、文化化的程度。其中，事业单位与行政部门的隶属关系问题，是事业单位体制改革与建设的首要问题。传统事业单位体制形成之初恰逢中国的计划经济兴起之时。

计划经济，又称指令型经济、计划经济体制，表明整个国家在生产、资源分配以及产品消费等方面，都是由政府按照预先制定的指令性计划运行的。在大部分资源由政府拥有并且由政府分配的情况下，由政府决定生产什么、怎样生产和为谁生产。计划经济体制这个概念出自列宁在1906年写的《土地问题和争取自由的斗争》一文。列宁指出："只要还存在着市场经济，只要还保持着货币权力和资本力量，世界上任何法律都无法消灭不平等和剥削。只有建立起大规模的社会化的计划经济，一切土地、工厂、工具都转归工人阶级所有，才可能消灭一切剥削。"[①] 苏联就采用了这种计划经济体制，而且一直沿用了很多年。这种体制对苏联乃至世界产生了重要影响，被称作苏联模式或斯大林模式。我国在社会主义建设初期采用了计划经济体制，并将其当作社会主义制度的本质特征，贯彻到社会生活的各个方面。按照计划经济体制的建设目标，我国开始了构建工业体系和国民经济体系的进程。在这一进程中，一切都要服从计划经济体制的逻辑，事业单位的建设自然囊括其中，于是形成了事业单位"国有""国办""国管""国养"的管理体制格局。

国办事业单位主要是由各级政府来办的，这意味着事业单位运营和发

---

① 列宁：《土地问题和争取自由的斗争》，载《列宁全集》第13卷，人民出版社，1987，第124页。

展所需要的资金完全由国家财政负担，由国家管理事业组织，掌控事业单位方向，委派主要管理干部，形成了政事合一的体制，明确了行政部门与事业单位之间的隶属关系。被赋予行政管理职能的事业单位，主要履行的是一些执法监督和一些社会管理职能。不仅干部之间可以互相调动，而且工作上也几乎不分"彼此"，以至于有些单位成为行政事业单位，如房管局等。这不仅使社会上笼统地将其称为行政事业单位，而且，很多地方政府在颁发文件时也习惯沿用此称，如县属行政事业单位、区属行政事业单位等。

行政部门与事业单位的条条隶属关系对事业单位产生了重要的影响。

首先，隶属关系行政化、层级化。事业单位主要是由各级国家机关举办或者其他组织设立的，在实际工作中，由于事业单位隶属于不同的国家机关、不同行政级别的部门，它们之间来往频繁、交往密切，主管部门习惯将事业单位视作自己的下属部门，以至于后来又演化出很多事业单位，如部门办事业、地方办事业、乡镇办事业、企业办事业、事业办事业等，而且事业单位的财务由主管部门批准，行政领导由主管部门任命，部门直属事业单位也纳入国家机关编制。这就成为事业单位行政化的最初体制原因，也是后来事业单位条块分割、部门所有、重复建设、职能混淆、政事不分的体制原因。在文化上，形成了事业单位对上级组织的体制依赖、管理依赖，甚至还有精神依赖、习惯依赖。

事业单位隶属于行政部门直接造成了管理模式的行政化。其中主要原因之一是事业单位在与行政部门配合活动的过程中，不仅在管理模式上更习惯倾向于政治性而非社会性，而且在管理体制和制度上也趋向于参照党政机关。于是，事业单位的岗位管理制度采用了党政机关的科层制进行设计，事业单位的在编人员都有了干部身份并具有与之相对应的行政级别和行政层级，薪资水平和福利待遇往往与行政部门的干部保持一致。在政府机构体制改革的时候，一些事业单位就成了其主管部门削减冗员、临时安置富余人员的地方。

其次，组织职能机关化、混淆化。隶属于行政部门的事业单位，在很多事务上承担了政府的职能，成为政府职能的延伸。这在当时的情况下是不可避免的，一些管理体制和制度上的问题，在多年以后才表现出来，人们并没有过多地从管理方面思考政事不分、职责不清等问题，甚至许多本应由政府机构承担的行政管理、行政执法等职责由事业单位承担，而许多本属于事业性的咨询服务、技术支持等工作由政府部门来做。在我国经济文化建设尚未提出实现现代化目标时期，囿于当时的经济文化水平，人们对管理方面并未有过多的思考，也没有把权力的界限划分得那么清楚，因为习惯于计划经济的管理模式，必然习惯于政府处于领导和支配地位，强调统一领导，一切服从上级，全国服从中央，是整个社会的自然选择。

最后，在几十年的与行政部门配合的过程中，在政府主导整个社会的情况下，事业单位的管理模式参照党政机构是必然的，事业单位在配合行政部门工作的过程中，需要管理体制与之相适应，在工作作风上深受其文化的影响，不仅有积极的工作作风，也受到行政部门的某些机关化作风影响，以至于一些事业单位不仅管理体制和机制方面出现很多问题，而且在组织文化方面弊端很多。这在当时的历史条件下是必然的，但是在改革的年代，在反思事业单位存在的问题的时候，就成了事业单位需要改革和重塑的内容。

二　事业单位与政府部门的权限关系

事业单位管理体制的核心问题，是政府部门与事业单位的权限划分问题，政事不分是事业单位的关键症结。从1949年10月中华人民共和国成立，到1992年10月党的十四大召开，我国基本上都处于计划经济时期。在计划经济时期，事业单位的管理权限主要在主管部门，强调权力的纵向垂直管理，下级服从上级。在这样的管理风格下，事业单位形成了对政府部门的绝对服从关系，在人事管理、财务管理及物资采购管理等方面几乎没有什么自主权。遵从、听从、服从成为当时的管理文化特色。

首先，事业单位管理主体单一化、集权化。由于国家的全部生产资料和社会的绝大部分生活资料由政府统管和控制，并通过政权的力量和行政命令方式配置资源，社会民间力量和私人不能也不允许兴办公共服务组织（public service organization）、使用公共资源、从事公共服务，因此，教科文卫体等社会公共事业成为只有政府才能办到、办好的事情。于是，政府成了事业单位事实上的唯一举办主体，具有高度的集权性质。在这种情况下，政事不分成了必然，造成了一些政府部门直接对事业单位行使管理权的现象，甚至出现了很多在具体业务上行政干预过多、权力决定业务等不该发生的事儿。政府直接管理事业单位还体现在人事、工资、福利、资金和具体业务方面。这就使事业单位缺乏"从事专门性很强的活动和为社会主义现代化建设服务的积极性、主动性、创造性"[①]。

其次，事业单位管理非独立化、非社会化。在对计划经济体制改革的初期，人们对事业单位的重要反思是简政放权、放松管制，按照政事分开原则推行事业单位社会化改革。这项改革的内容强调，在保留必要的中央政府直接负责公共机构后，大多数机构将被移交给各地方政府、社会和企业承办，政府对机构的直接管理和不必要的行政干预将减少，最大限度地给予事业单位自由。事业单位的社会化也意味着非官方化、民间化和事业单位的独立化，突破高度集权的束缚，给事业单位更多管理自主权，增添管理活力，营造宽松气氛，体现民主精神。事业单位在社会化改革中出现的问题，折射出传统体制中事业单位所处的不良状态。在原来的状态下，事业单位与政府部门的权限范围关系呈现三种状态：一是行政工作与公共事业不分离；二是公共事业政府办，事业单位和社会组织密切配合；三是事业单位向社会提供服务的任务和内容要按照政府意图和指向，没有自主决定权。因此，政府部门与事业单位的关系发生了很多变化，即由主管与服从关系变成了主张与服从关系，事业单位没有自主权、决定权，甚至政府宏观管理代替了微观管理、直接管理代替了监督管理。

三　事业单位与政府部门的对应关系

事业单位与政府部门的关系在事业单位的内涵和特征中已经说明了。首先，人们在解读事业单位的时候，一开始就说它不是一个独立的组织，十分强调事业单位是由国家机关和其他社会组织举办的。这就明确了事业单位必须接受举办者的领导。其次，在阐释事业单位的性质时，强调事业单位是国家机关等利用国有资产举办的。最后，在分析事业单位与企业组

---

① 张志刚、于艳敏：《政事分开：凸显公共事业组织服务职能的关键》，《前沿》2004年第2期。

织的区别时，强调事业单位没有生产收入、所需经费由公共财政支出、不实行经济核算等，事业单位人员的薪酬来源于财政的全额拨款或者差额拨款，而且，事业单位的登记管理也在政府编制部门进行。这些情况足以说明事业单位与政府部门的关系十分密切。然而，政府部门以及举办事业单位的组织并没有取代事业单位，表明事业单位在业务上保持相对独立性。

行政部门将事业单位收之麾下除具有引领作用、管理作用和保障作用之外，也便于推动社会事业发展，便于进行社会建设和推动社会服务事业的进步。从我国政府发布的文件中可以看出，事业单位具体包括众多领域，诸如科技事业、教育事业、文化事业、医疗卫生、体育事业、社会保障、劳动就业、社区建设、旅游事业等方面。这些是关乎生产和生活的重要方面，具有鲜明的公益性质。在经济不发达的情况下，为了推动社会事业发展，完善政府社会管理和公共服务职能，统筹经济社会协调发展，更好地协调资源和产品的分配关系，体现国家的集中领导和指挥安排，政府扮演了投资者和管理者的角色。这反映了当时管办不分、政事不分的客观必然特点。政府不仅管理着大多数事业单位，在事业单位的管理体制、机构编制、干部任命、职称评定、养老保险等诸多方面也具有绝对权威。

出于政府部门对事业单位方便管理的考虑，事业单位在机构设置上充分考虑了与主管部门的对应关系，甚至很多事业单位也自觉不自觉地机关化了，在机构设置、职务任用上，照搬政府部门的样子；在管理职务级别上，参照行政级别进行设置。按照 2006 年人事部颁发的《事业单位岗位设置管理试行办法》，"国家确定事业单位通用的岗位类别和等级，根据事业单位的功能、规格、规模以及隶属关系等情况，对岗位实行总量、结构比例和最高等级控制"，"政府人事行政部门是事业单位岗位设置管理的综合管理部门，负责事业单位岗位设置的政策指导、宏观调控和监督管理。事业单位主管部门负责所属事业单位岗位设置的工作指导、组织实施和监督管理"①。事业单位管理岗位是指担负领导职责或管理任务的工作岗位，

---

① 《〈《事业单位岗位设置管理试行办法》实施意见〉的通知》，http://www.gov.cn/zwgk/2006 - 11/17/content_445979. htm。

其最高等级和结构比例要根据事业单位的规格、规模、隶属关系，按照干部人事管理有关规定和权限来确定。《事业单位岗位设置管理试行办法》规定，事业单位管理岗位分为部级正职、部级副职、厅级正职、厅级副职、处级正职、处级副职、科级正职、科级副职、科员、办事员十个等级。

这种行政法规和制度规定的管理方式给事业单位带来了严肃、严谨的作风，提高了事业单位的地位和规格，使各种事业单位管理走向了正规化、成熟化，在各自的领域发挥了重要的服务作用。但是，由于长期受政府机关的影响，事业单位尤其是直属事业单位在管理制度、管理作风、管理习惯上几乎形成了与政府机关相近的行政文化。行政文化是一种长期积淀的产物，包括行政人员在长期的行政活动中积淀下来的各种知识、经验、愿望、信仰、品行、价值观、为人处世的作风等诸多方面的东西，有正能量的燃烧，也有负能量的浸染。在事业单位里，人们感受过开放型行政文化氛围所带来的开放、民主、效率，也受到过僵化封闭、因循守旧、唯书唯上行政文化的影响，甚至在思想观念、价值取向、思维方式、伦理道德、精神信念等方面也形成了官僚主义作风等不良风气，以至于在管理模式上失去了非机关个性，成为后来改革时面对的文化建设难题。

四　事业单位管理体制的条块分割问题

在管理工作中，"条"习惯上指的是上级与下级的垂直关系或纵向关系，表明行政关系中自上而下的指挥体制；"块"指的是平行关系或横向关系，表明地方行政部门统管的某一区域全部组织的行政行为。"条条"表现的是同一部门上下级之间的垂直隶属关系，不归属于当地政府管辖部门的情况；"块块"指的是同一级各政府部门之间的联系情况。在事业单位中，条块关系涉及事业单位主管部门与事业单位的关系、一个事业单位与另一个事业单位的关系。事业单位的条块分割问题，是指不同的主管部门如教育部、科学技术部、文化和旅游部等多个主管指挥体系把整个国家的事业单位分割成不同的领域和行业所滋生的问题，具体包括事业单位与上级主管部门之间的领导与配合、适应与服从、剥离与分开的问题，也指事业单位与事业单位之间的相处关系问题。

事业单位的条块分割问题是一直伴随和困扰着事业单位的体制问题之一，与事业单位的机构重叠、效益低下、政事不分、事企不分等问题一起构成了体制改革所面对的难题。条块分割问题反映了在传统体制下，事业单位管理事权的配置和使用问题。这个问题还延伸出下面几个问题。首先，机构重叠，部门所有，结构混乱，资源浪费严重。事业单位要想在社会上发挥功能和作用，就要与政府和各个层面的组织打交道，就要应对各式各样的工作和任务，也就必须要设置众多的部门与政府机关各职能部门相对应，虽然很多部门其实并不需要，但是为了和主管部门对接也必须设置。于是，久而久之出现了机构重叠、职责混淆、结构混乱等问题，造成了人力资源的分散消耗，同时也使事业单位的管理逐渐机关化、臃肿化。这使得某些事业单位的管理机构所从事的都不是自身的业务管理工作，而是应对上级和地方的各种会议、报表、公文等工作。其次，规模膨胀，人浮于事，办事没有效率。事业单位部门机构多了，事权的配置和使用就会分散，很多报告、审批文件就要开始走程序、等待审批。在管理制度不完善和办事过程不透明的情况下，势必会影响办事效率和结果的公开与公平。最后，管得过多过死，缺乏活力。事业单位从计划、项目、资金、工资到组织形式、管理方法、用人制度等方面都接受主管部门的直接管理，都套用行政机关的管理办法，形成了行政机关化的管理机制，抹杀了不同类型、不同性质事业单位按照各自特点自我发展、自我创新的渴望和能力，更暴露出有些事业单位事权不清、管办不分、功能错位、服务无力的弊端。

事业单位的条块分割实际上影响了事业单位个性文化的生成，让事业单位过多地去揣摩和适应政府部门的行政文化，考虑和贯彻主管部门的意图，而没有把精力放在自身建设上，放在社会服务能力的提高上。经过几十年的发展，除学校以外，很多事业单位既没有像企业那样塑造出适应市场经济的快速反应机制，也没有形成富有特色的企业价值观、企业精神等企业文化。条块分割的管理模式让事业单位懂得了政府主管部门的管理方式，学会了与上层建筑领域的部门打交道，懂得了事业单位之间的横向交流。现在这种条块分割的管理体制和机制依然存在，由这种体制和机制所带来的问题尚未完全解决，需要通过事业单位的一定改革来解决。

第二节　事业单位管理机制

机制概念源于希腊文，专指机器构造和工作原理，既是机器的构成部分及其构成的原因，又是机器工作的方式与如此工作的原因。后来，机制概念被移植到多个学科领域，产生了多种类型的机制，诸如生物机制、运动机制、社会机制、经济机制、文化机制、管理机制等。在这些领域中，机制表示机体的构造、要素的功能和相互关系。根据机制的价值功能来分类，包括激励机制或阻滞机制、制约机制或束缚机制、保障机制或改变机制。

机制、体制和制度三者联系紧密，制度是内容，体制属于形式，机制涵盖方法、程序、环节。制度可以决定体制的式样，是体制形成的内在规定，体制的形成、改变和创新要受制度的制约。一种制度可以表现为不同的体制，通过不同的机制来运行，体制维护制度并可以促进制度完善。体制通过机制来实现长存、延伸、发展，机制也可以阻滞、束缚、改变体制的存在方式。从根本上说，机制从属于制度。"制"意味着节制、限制，"度"意味着尺度、标准。在社会规则领域，制度是指大家共同遵守的办事规程和行动准则。这些规程和准则都是人为设定的，因此，制度既具有客观稳定性，也具有主观灵活性。机制也具稳定性和灵活性。制度包括可辨识的正式制度和难以辨识的非正式制度两种类型，其中非正式制度包括价值观念、风俗习惯、文化传统、道德伦理、意识形态等。所以，机制也包括心理机制、道德机制、文化机制等。

事业单位的管理机制，是由事业单位管理制度决定的、深受管理体制影响的管理手段、管理方法和管理程序的总称。它包括存在于事业单位人事制度、财务制度、保障制度、监督制度之中的人事管理机制、财务管理机制、激励机制、社会保障机制等各种机制的总和。

一　人事管理机制

我国对事业单位的人事管理主要实行"依制管理"和"依规管理"的方法。近年来，从中央到地方为了推进事业单位人事制度建设，先后出台了一系列关于人事管理制度方面的文件，其中主要有《事业单位工作人员考核暂行规定》（1995 年）、《关于在事业单位试行人员聘用制度意见》（2002 年）、《事业单位试行人员聘用制度有关问题的解释》（2003 年）、《事业单位公开招聘人员暂行规定》（2005 年）、《事业单位岗位设置管理试行办法实施意见》（2006 年）、《事业单位工作人员收入分配制度改革实施办法》（2006 年）、《事业单位工作人员处分暂行规定》（2012 年）、《人事争议处理规定》（2007 年）、《事业单位养老保险制度改革方案》（2009 年）、《关于进一步深化事业单位人事制度改革的意见》（2011 年）、《事业单位人事管理条例》（2014 年）、《机关事业单位合同管理制度》（2016 年）。

这些制度规定了事业单位人事管理机制，诸如招聘竞聘、契约合同、工资福利、社会保险、考核办法、奖励惩处、争议处理和法律责任等。其中，《事业单位人事管理条例》堪称 30 多年来改革成果的结晶。根据民主、公开、竞争、择优的方针，其对事业单位人事管理的各项基本制度做出了系统安排：第一，新进人员的公开招聘竞聘制度，要求做到信息公开、过程公开和结果公开，杜绝营私舞弊、违规招聘现象；第二，聘用制度，这是事业单位基本用人制度，要求所有工作人员均需与单位签订聘用合同；第三，考评制度，这是事业单位人事管理的基本手段，规定定期对工作人员的岗位履责情况进行考评，并将考评结果作为人员聘用、职务晋升、教育培训、工资福利、奖励惩戒的主要依据；第四，薪酬制度，规定事业单位实行按劳分配与按生产要素分配相结合的工资制度，允许部分事业单位为鼓励创新采用优绩优酬、灵活多样的收入分配形式；第五，人事争议处理制度，鼓励争议双方通过调解和协商对话方式解决人事纠纷，维护工作人员的基本权益。《事业单位人事管理条例》是国务院颁发的第一部有关事业单位管理的法规，其最大贡献是将多年来人事制度改革的成果以法制形式确立下来，对促进事业单位人事管理的制度化和法治化建设具有十分重要的意义。

事业单位人事管理机制旨在逐步建立符合事业单位特点的政事职责分开、配套措施完善、政府依法管理、科学分类管理的管理体制和有效激励机制，有利于建立起适合教科文卫农林水等各类事业单位特点的、符合专业技术需要的管理制度；有助于形成事业单位人员能进能出、职务能上能下、待遇能高能低、单位自主用人、人员自主择业的管理机制；有利于事业单位建立可让优秀人才脱颖而出和充分施展才华的充满生机与活力的集聚人才体制、制定用人制度、形成转换用人机制；有助于建立分类科学、权责清晰、机制灵活、监管有力、奖惩有效的事业单位人事管理制度，激发组织活力。经过多年改革，事业单位人事制度的改革取得了较大进展，以公开招聘制度、岗位聘用制度、绩效管理制度为主要内容的人事管理制度初步建立起来，解决了岗位类别、等级和设置程序等关键问题，事业单位的数量和在编人员也得到了初步控制，呈现较好的状态。

事业单位人事管理机制存在的问题主要有两个方面。一方面，人事制度改革多年，科学的管理机制的运行依然面临困难。人事管理制度改革是事业单位建设的重要环节，早在 2003 年就被提上了议事日程，但直至 11 年后的 2014 年《事业单位人事管理条例》颁布后，才最终亮相。在事业单位的岗位管理制度建设中，至今面临着对岗位设置认识不清、缺少科学依据的问题。编制管理也面临着很多问题，很难论证缺编少编、编制总量控制与增幅过快的矛盾，更解决不好有编制人员与无编制人员的矛盾，使大量编外人员缺少转为正式编制的机会。此外，绩效工资虽然实行了，但是并没有产生薪酬改革的预期效果，这使绩效管理的功能没有得到充分的发挥。另一方面，事业单位人事管理的法律机制依然空白。国外没有事业单位，更无此类立法。我国有事业单位已经成为不争的事实，但是，如何实现法律化管理依然是人们关注的问题。我国目前在行政领域的人事管理，可以依据《中华人民共和国公务员法》，在企业人力资源管理中可以依据《中华人民共和国劳动法》和《中华人民共和国劳动合同法》。但是，在事业单位的人事管理中却没有专门的法律法规，人事管理缺乏法律机制，难免不受人治的影响，依靠国家政策和制度进行人事管理是现阶段的优先选择，但是，这不能成为搁置其依法治理的遁词。

二　财务管理机制

所谓事业单位财务管理，是指对国家拨付事业单位开展业务活动的经费和从社会中筹措的资金的使用和监督方面的管理，处理好与政府、社会资源提供者、债权人等各方面的财务关系，使之达到规范化和有效化。简言之，事业单位财务管理是指对事业单位的事业费和预算外收入，在预算、使用、调剂和分配等方面所进行的监督和管理。

事业单位财务管理内容较多，主要包括单位预算管理、收入管理、支出管理、资产管理、负债管理、专用基金管理、国有资产管理、健全财务制度等内容。由于事业单位基本上是非生产性单位，所需经费大多不能自给，其经费主要来自国家财政拨款，事业单位经费无偿使用，国家并不期望按其所提供的资金比例收回或获得经济利益。因此，事业单位的经费使用首先就要体现国家的财政方针政策，反映教育、科技、文化、卫生、体育等众多领域事业活动资金使用的范围和方向，严格遵守相关规定和限制。所以，事业单位财务管理具有较强的政策性、领域的广泛性、使用的无偿性、明确的规定性等特点。同时，在财务管理上，由于事业单位又分为全额拨款型、差额拨款型、自收自支型三种类型，因此不同类型的事业单位就会有不同的财务管理机制。此外，从性质上看，虽然事业单位一般不直接创造物质财富、不以营利为目的，但是伴随着市场经济的发展和事业单位改革的深化，有的事业单位已经发生了类型转变，已经从单纯依靠政府财政资金，转向从社会多渠道筹集资金，而且有的事业单位可以按一定收费标准或者按等于或低于成本的价格提供劳务或产品了，这为在改革中转为企业迈出了步子。

事业单位财务管理的基本原则是合理组织收入、节约费用开支、防止国有资产流失、提高资金使用效益、强化财务监督，使各项财务收支符合现行财务会计制度的要求，促进各项事业发展。在管理制度上，实行资金"收支两条线"制度、预算管理制度、报账制度、内部稽核控制制度、项目监管制度、现金管理制度、经费限额管理制度、招标采购制度、资产管理制度、专用基金管理制度、财务监督制度等。这些制度与政府的财务管理制度的基本精神是一致的。这些制度在具体执行的时候又具体变为机制，成为事业单位财务管理系统各个组成要素之间相互联系、相互作用的运动规则。事业单位财务管理的机制与企业财务管理在原理上具有互相借鉴的内容，具体可分为财务动力机制、财务约束机制、调节机制、风险机制等。

随着市场经济体制的逐步建立及事业单位财务运行体制改革的逐步深入，作为我国承担公共管理和公共服务职能主要载体的事业单位，在财务管理机制上的弊端日益凸显。首先，预算编制方法不科学。在政事不分的体制下，国家财政是事业单位的经费主要来源，事业单位必须服从政府的安排，计划经济体制的机制依然存在。由于事业单位预算编制采取的是"上年基数＋本年调整"的方法，这固然可以较好地发挥财政总量控制的作用，但是这种财务管理机制会带来一定的弊端。例如，有的事业单位在没有充分论证其发展规模速度、没有科学评价所提供服务的质量和效益的情况下，为满足多争取经费的愿望，往往采取在需求数上上浮一定比例的不实应对手段瞒上虚报，认为即使上级主管部门在拨付经费时削减一部分，也会获得较多的经费。这就可能扭曲了预算编制的目的，难以保证预算编制的严肃性、准确性和科学性。其次，采购机制不完善。随着我国系列采购法律的出台，事业单位沿用了公开透明的阳光采购机制。但是，由于相关法律缺失、制度不严谨、政策设施不完善、监督机制不足等问题的存在，加之所聘请的评标专家只看职称、不看专业等问题的存在，阳光采购机制的实施结果不尽如人意。例如，在"管采分离"机制上就执行得不彻底，管理者既当"裁判员"来负责政策制定，又当"运动员"来负责监督管理的现象依然存在。最后，在一些设备采购过程中，由于采购人员个人素质的原因也带来了一些问题。采购人员往往要求指定采购品牌或者按照某一品牌产品提出技术指标，这样势必会限制一些供应商参与竞争，违反了公平、公正、公开的原则。这就给投标供应商提供了寻机牟利的机会，导致了招标过程中的重复授权、转授权、乱授权等现象，造成串标和围标，破坏了有序、有效的竞争机制。

三　绩效管理机制

事业单位人力资源管理中的绩效管理组合体现为激励管理。激励包括精神激励、薪酬激励、荣誉激励、工作激励等多项内容。激励机制是指通过制度安排来反映管理主体与客体相互作用的方式。激励机制与激励方式、激励内容不能截然分开，在人力资源管理实践中，人们更愿意讨论目标发展激励、职业生涯规划激励、薪酬分配激励、绩效考核激励、精神荣誉激励等。

事业单位激励机制主要由考核评估、行政职务任免、职称评定、工资福利、员工奖惩等多方面构成。由于事业单位的人力资源主要由行政管理人员和专业技术人员两大类构成，其中，行政管理人员比较看重职务晋升，而专业技术人员更看重职称评定，因此，职务晋升和职称评定激励具有特殊的意义。当然，这两项激励也会带动与之相联系的职业生涯规划激励、薪酬分配激励、绩效考核激励、精神荣誉激励等。

改革开放以来，在党和国家"科技是第一生产力""人才是发展生产力的第一要素""尊重劳动、尊重知识、尊重人才、尊重创造"政策的指导下，我国形成了广纳群贤、人尽其才、充满活力的用人机制。事业单位的人才激励产生了刚性效应，杰出人才脱颖而出，科学技术发明创造硕果累累。各类高层次人才璀璨夺目，如两院院士、973 首席科学家、海外高层次人才、战略科技人才、科技领军人才、青年科技人才、高水平创新团队、哲学社会科学领军人才、高校教学名师、教育部长江学者特聘教授、国家杰出青年、青年拔尖人才等。这些荣誉激励的设置产生了震撼效应，对事业单位人才激励产生了巨大影响。这些荣誉激励虽然与目前事业单位设置的激励不一样，但在高等学校学科建设中却能产生重要影响，成为高层次的激励目标。

事业单位激励机制作为一种长效机制在运行过程中存在着一些问题。首先，缺乏规范统一的考核标准，主观评价难免随意。在高等学校、医疗机构、科研院所等事业单位，只有确定相应的职称、等级，才能充分调动知识分子创新创造的积极性。职称、等级是对专业技术人员学术水平、科研水平等方面的考核，关系到其待遇、荣誉、社会地位。根据《教育部等五部门关于深化高等教育领域简政放权放管结合优化服务改革的若干意见》，条件成熟的高校还实行"在核定的绩效工资总量内可采取年薪制、协议工资、项目工资等灵活多样的分配形式和分配办法"。而且，绩效工资分配还向做出突出成绩的工作人员、关键岗位人员、高层次人才、业务骨干倾斜。所以，职称与工资、奖金挂钩，不同的职称有着不同的岗位津贴。在日本，教授名额少、晋升难度大，职称评定主要由学校负责。在英国，不同学校或不同研究领域的职称评定标准并不一致。在俄罗斯，职称评定硬性条件要求高、审核环节繁杂，不同职称待遇差别较大[①]。在我国，在拥有自主评审权的高校中，职称评定的方法分为资格审查和专家会评两个环节。资格审查是对照自定的评定标准，采取量化打分的方法进行。专家会评则是召开由各方面专家构成的评审委员会大会，由专家投票表决。这里的问题在于，各个高校目前的职称评定量化标准不一样，而专家会评也由个人的判断进行表决。因此，这里的公平只能算是相对公平。中共中央办公厅、国务院办公厅印发的《关于深化职称制度改革的意见》强调指出，通过5年努力，基本形成设置合理、评价科学、管理规范、运转协调、服务全面的职称制度，克服唯学历、唯资历、唯论文的倾向，加强职称评审监督，严肃评审纪律，建立倒查追责机制，建立职称评审公开制度，实行政策公开、标准公开、程序公开、结果公开[②]。

其次，绩效考核体系不健全。绩效考核体系是事业单位激励机制的重要组成部分，是决定工资分配、职称评定、职务晋升、人才选拔、科学管理的重要方式，在充分调动员工的积极性方面发挥了强大作用。实际上，绩效考核是事业单位激励的重要手段，包括日常考核与定期考核两个方式，考核内容涉及德、能、勤、绩、廉五个方面，知识密集型事业单位重点考核工作实绩。有效的绩效考核可以明确组织成员的贡献或不足，也可以为激励机制的构建提供可计量的、富有说服力的评估材料，达到鼓舞士气、提高工作绩效的目的。事业单位绩效考核体系存在的基本问题是绩效考核指标过于笼统，不应当沿用政府使用的指标即德、能、勤、绩、廉。这个指标对于依然保留着科层制传统的机关工作人员还可以套用，但是对于专业技术人员则缺少针对性，而且基本上不合适。此外，在考核的内容上，没有体现岗位职责特点及任职资格高低的区别。所以，笼统而缺乏量化的绩效考核体系很难准确反映客观公正的绩效。缺乏严肃性、流于形式的考核结果，难以达到有效激励的效果。

---

① 《高校教师职称评审权下放至高校 各国职称评定政策一览》，http://china.cnr.cn/qqhygbw/20171115/t20171115_524026139.shtml。

② 《关于深化职称制度改革的意见》，http://www.gov.cn/xinwen/2017 – 01/08/content_5157911.htm#1。

四 社会保障机制

从机制的功能来看，保障机制是与激励机制和制约机制相伴而行的三大机制之一，属于为管理活动提供物质和精神条件的机制，也是将管理制度和体制落到实处的方法、程序、环节、手段。从保障机制的内容来看，有财政保障机制、资源保障机制、社会保障机制、组织保障机制、人力资源保障机制等。事业单位的保障机制和其他组织一样涉及很多的内容。从人力资源管理方面来看，主要体现在工资和社会福利保障机制方面。

事业单位的工资制度最有代表性。回顾新中国成立后的工资历史可以发现，1949～1985 年在制度和机制上，我国曾经采取过如下几种方式。

一是供给制和工资制并存。这是新中国成立初期采取的方式。

二是工资分制。该制度在 1952 年开始实行，依据的文件是 1952 年 7 月 1 日政务院发出的《关于颁发各级人民政府供给制人员津贴标准及工资制工作人员工资标准的通知》。当时自上而下地把党政机关的工作人员分为 29 级，工资依级别而定，不以货币为结算单位，而以实物为基础进行折算，因为当时的货币尚不稳定。工资结构包括伙食分、服装分、津贴分三部分，按粮、布、油、盐、煤 5 种实物的数量进行折合。

三是货币工资制。1955 年 8 月，国务院发布了《关于国家机关工作人员全部实行工资制和改行货币工资制的命令》，指示国家机关及所属事业单位废除工资分制，改行货币工资制。在这种背景下，国家机关、企事业单位等的分配制度开始酝酿形成。

四是等级工资制。等级工资制是将党政机关干部分为 30 个行政等级系列匹配工资，企业工人分为 8 个（个别工种为 7 个）技术等级系列匹配工资，工程技术人员、医务工作者、文艺工作者、教师等专业人员也都被划分为相应等级系列匹配工资，而且各等级系列之间还可以互相换算，如高教 8 级相当于行政 17 级，文艺 1 级相当于行政 8 级。[1] 在当时的大学中，行政 9 级、10 级、11 级的中层干部很多。

五是工资区制。据工资研究专家张薇的研究，根据全国各地的自然条

---

① 张薇：《建国后工资制度的建立及其沿革》，《贵阳文史》2008 年第 5 期。

件、物价和生活费用水平、交通以及工资状况等因素，并适当照顾重点发展地区以及生活条件艰苦地区，全国总共分为 11 类工资区。工资区类别越高，工资标准越高。每高 1 类，工资标准增加 3%，如北京属 6 类地区，上海属 8 类地区，西宁属 11 类地区。

六是级别分类制。行政级别的理论依据可以追溯到 19 世纪早期德国著名社会学家韦伯的行政组织管理理论，即"官僚制"及"科层制"，可能受"旧吏制中的'品位分类'色彩"影响，"职务只决定权责和任务，级别才决定地位和报酬"，"当时以行政 13 级划线，13 级以上享受高级干部待遇"，"大学教授在此之前其实都有级别"。我国的工资制度，在以后的年代里虽有小幅更改，但无大的变动，基本上沿用 1956 年的工资制度至 1985 年，堪称三十年一贯制①。

从 1985 年开始，我国的工资制度进行了几次改革，基本上废除了职务等级工资制，工资制度出现了很多新奇的变化。

一是结构工资制。该制度于 1985 年 7 月开始实行，主要内容是将工资分为基础工资、职务工资、工龄工资、奖励工资若干单元。各类专业技术人员实行职务工资制。

二是职级工资制。职级工资制也叫职务级别工资制，是指主要由其职务和级别来确定工资的薪酬制度。这种制度于 1993 年开始实行，主要是运用于国家机关工作人员的一种工资制度，内容分为职务工资和级别工资两个类型。职务工资体现工作职责大小。一个职务对应一个工资标准，按其所任职务执行相应的职务工资标准。级别工资体现工作实绩和资历。每一职务层次对应若干个级别，每一级别设若干个工资档次。根据其所任职务、德才表现、工作实绩和资历确定级别和级别工资档次，执行相应的级别工资标准。因此，国家机关工作人员的工资结构分为职务工资、级别工资、基础工资和工龄工资四个部分。从国家主席、总理到办事员共分 12 个职务层次，每一职务层次设若干职务工资档次，最低为三档，最高为八档。级别工资共分为 15 个层级，基础工资均相同。对专业技术人员实行职务级别工资制。其中，津贴纳入工资结构，并将实际工作数量和质量

---

① 张薇：《建国后工资制度的建立及其沿革》，《贵阳文史》2008 年第 5 期。

挂钩。

三是职务与级别相结合的工资制。从 2006 年 7 月开始，我国推出了公务员工资制度，进一步改革和完善事业单位工作人员收入分配制度，合理调整机关事业单位离退休人员待遇，规定对公务员实行国家统一的职务与级别相结合的工资制。事业单位的工资在结构上主要分为"固定部分"和"活的部分"两部分，这两部分组成了事业单位的基本工资。其中"固定部分"主要体现工作人员的水平高低、责任和贡献大小。"活的部分"主要体现工作人员的实际工作量的多少，可以根据不同事业单位的特点有不同的待遇。

第一类，教育、科研、卫生等行业，实行"专业技术职务等级工资制"；第二类，地质、测绘、海洋、水产等行业，实行"专业技术职务岗位工资制"；第三类，文化艺术表演行业，实行"艺术结构工资制"；第四类，体育运动行业，实行"体育津贴奖金制"；第五类，金融行业，实行"行员等级工资制"；第六类，管理人员，实行"职员职务等级工资制"。

工资中"活的部分"实际上就是灵活的奖金和补助，属于非固定工资部分。根据单位的不同，"活的部分"所占的份额也不一样，有的部门"活的部分"几乎占到总报酬的一半左右。"活的部分"后来成为事业单位积极创收的动力，在当时起到了激励作用。与以往历次工资制度改革相比，2006 年的工资制度改革，对于事业单位来说，主要是实行岗位绩效工资制度，完善津贴补贴制度，调整离退休人员待遇。

四是激励与约束相结合的工资制。这种工资制通常被称为绩效工资制。2014 年 5 月 15 日，国务院颁布了《事业单位人事管理条例》，指出国家建立了激励与约束相结合的工资制度，强调事业单位工作人员的工资由基本工资、绩效工资和津贴补贴三个部分构成，要求事业单位工资分配应当根据不同行业特点，体现岗位职责、工作业绩、实际贡献等因素的结合。

基本工资包括岗位工资和薪级工资两个部分。岗位工资反映工作人员所聘岗位的职责和要求，具体分为专业技术岗位（设置 13 个等级）、管理岗位（设置 10 个等级）、工勤技能岗位（设置 5 个等级），每个岗位等级对应一个工资标准。薪级工资反映的是工作人员的工作表现和资历。专业技术人员和管理人员分别设定了 65 个工资等级，工人设定了 40 个工资等级，每个等级都与各自的工资标准相对应。

绩效工资主要反映的是工作人员的实绩和贡献。规定要求，事业单位绩效工资的分配应当遵循国家的总量调控和政策指导原则，在核定的绩效工资总量内按照规范的程序和要求由各个单位进行自主分配。

津贴补贴主要适用于艰苦边远地区和特殊岗位的人员。此外，在《事业单位人事管理条例》中，还规定了国家建立事业单位工作人员工资的正常增长机制、享受国家规定的福利待遇等内容。

事业单位工资制度的改革和相关机制的完善，具有十分重要的意义。

首先，体现了事业单位社会保障机制的完善，为事业单位建设奠定了良好的基础。不论是最初的推行政事分开、实现事业单位社会化的改革，还是后来的凸显公益事业单位建设的分类改革，都以体制改革和机制完善为基础。工资制度改革的完成，无疑给事业单位最终的改革提供了坚实的保障。

其次，激励与约束相结合的工资制是在充分总结历年改革的基础上启动的新的工资制度。这种工资制度实际上体现了国家对事业单位的激励，希望在事业单位的公益任务完成和事业发展水平提高的基础上，允许各个事业单位根据自己的实际情况"做大分配蛋糕"。处于改革中的事业单位，领会了工资改革的精神，在逐步实施绩效工资的过程中，按照"总量管理、自主分配"的原则，逐渐建立和完善了相关配套制度，调整了收入分配秩序，缩小了不合理收入造成的差距，实行严格的考核分配机制，取得了显著的成效，充分发挥了工资制度的有效激励作用。

再次，通过建立和完善绩效工资水平动态调整机制，实现了事业单位以薪酬管理为牵引和驱动的管理体制改革。在考核评估事业单位的公益任务完成情况和事业发展水平的基础上，对在科研创新创造、科技成果转化、服务国家、服务社会等领域做出突出贡献和取得优秀业绩的事业单位给予适当政策倾斜，允许其根据实际情况确定绩效工资的比例构成，并对有利于单位发展的特殊岗位工作人员实行年薪制、协议工资、项目工资等灵活多样的分配形式。这就充分搞活了事业单位以薪酬管理为牵引和驱动的管理体制，为事业单位深化改革与发展铺平了道路。

最后，体现了按劳分配的原则，以及按要素分配的改革方向。事业单位将"激励性特殊报酬"置于绩效工资以外单列，充分体现了以清单的方式规定科技成果转化奖励、科研人员兼职收入、高等学校教师多点教学收入、医务人员多点执业收入等收入项目不纳入事业单位绩效工资总量管理的奖励意图。这样执行的理论意义在于可以较好地体现按劳分配的原则和按要素分配的改革方向，充分调动事业单位员工干事创业、劳动奉献的积极性，在落实事业单位建设措施的过程中，为事业单位的发展带来美好的前景。

事业单位养老保障制度的改革被认为是分类推进事业单位建设进程中风险最大的关口，引起了社会的广泛关注。2015年1月国务院颁发的《关于机关事业单位工作人员养老保险制度改革的决定》以公平与效率相结合、权利与义务相对应、保障水平与经济发展水平相适应、改革前后待遇相衔接、解决突出矛盾与保持可持续发展相促进为原则，对养老保险制度做出安排。第一，与现行企业职工养老保险制度相衔接，实行社会统筹与个人账户相结合，基本养老保险费由单位和个人共同负担。第二，区别对待已退休、在职和新进人员，分别采用不同的养老金计发方式。第三，建立养老金正常调整机制。根据职工工资和物价变动等情况，统筹调整养老金发放水平，保障退休人员的基本生活。第四，实行职业年金制度，由单位和个人共同缴纳，退休后即可按月领取。第五，加强养老保险管理，做好养老保险关系转移接续工作。倘若机关事业单位人员流动，可同时转移养老保险关系和个人账户储存金额。第六，逐步实现养老服务管理社会化，发放全国统一的社会保障卡，实现基本养老金社会化发放。对机关事业单位退休人员养老保险制度的改革，是化解复杂社会矛盾、规避改革风险、谋求社会支持的重要举措。

第二篇

事业单位的改革嬗变与建设目标

事业单位改革的历程和内容

事业单位发展的关键是建设，而建设必须经过改革。中国的改革，依据实践顺序可分为农村体制改革和城市体制改革两大部分，依据内容层次可分为经济体制改革、政治体制改革、科技体制改革、教育体制改革和文化体制改革等。事业单位改革，包括科技体制、教育体制、文化体制等的改革，从规格来看，属于政治体制改革中行政管理体制改革的重要内容。事业单位是一个类概念，是与党政机关、国有企业（包括国有金融机构）和国家发起的社会团体相并列的公共组织类型之一，其改革自然涉及教育、科技、文化、卫生、体育等多元行业和众多领域，改革的内容囊括了宏观上从体制构建入手，转变政府职能和管理方式，再到调整和规范政事关系，涉及机构编制调整、管理机制变革、人事聘用制推行、绩效工资实施、养老保险制度建立等诸多具体内容，堪称一场全方位、多领域、深层次、长时间的改革。事业单位改革，在中国改革的历史上具有十分重要的地位和意义。历经30多年的事业单位改革，既是管理体制改革的探索性过程，也是公益组织管理思想理论和实践全方位的建设过程。经过不断摸索、借鉴、创新、纠偏、深化、完善，到形成公益组织建设理念以及推动事业单位文化建设，事业单位的改革经过了漫长的探索，走上了新的道路。事业单位已成为国家从事公益事业的主力军，为中国特色社会主义公益事业的发展做好了准备。

第一节　事业单位改革的历程

一　从下放自主权到推行搞活政策

这是事业单位改革的初始化阶段，时间节点是从1978年党的十一届三中全会召开到 1992 年党的十四大召开。这个阶段事业单位改革的主要目标是剥离对政府的行政依附，争取独立地位。经过了艰难的破冰改革，事业单位解决了机构设置权、自主管理权、自主经营权、用人自主权等问题，使基层党政部门具有了举办事业单位的权力，迈出了由"顶层集权"向"基层自主"的坚实步伐。当时虽然没有从文化协同上辅助改革，也没有去行政化的提法，但是，对行政集权化的削弱就是事业单位改革的良好开端。

1985 年是事业单位改革的关键之年，从这一年开始，我国事业单位改革陆续在教育、科研、文艺、卫生等领域展开，国家先后出台了一系列有关事业单位体制改革的政策，包括《中共中央关于科学技术体制改革的决定》《中共中央关于教育体制改革的决定》《关于艺术表演团体的改革意见》《关于卫生工作改革若干政策问题的报告》《关于体育体制改革的决定（草案）》等。其中，《中共中央关于科学技术体制改革的决定》指出，科学技术体制改革的主要内容是在运行机制方面，克服单纯依靠行政手段管理科学技术工作，国家包得过多、统得过死的弊病。《中共中央关于教育体制改革的决定》强调扩大高等学校办学自主权。这些政策给事业单位带来了活力，与经济体制改革不相适应的状况得到了一定程度的改善，改革取得了初步成效。然而，深层次问题并没有得到解决，传统的事业单位体制没有从根本上动摇，依然发挥着主导作用。

二　从提出政事分开到推行社会化改革

这个阶段属于事业单位改革的深入推进时期，时间节点是从 1992 年至 2002 年。1992 年党的十四大提出了建立社会主义市场经济体制的目标，强调各项改革应当围绕社会主义市场经济建设来进行。鉴于事业单位与公共权力之间的密切关系，国家决定把事业单位体制改革纳入党政机构改革进行通盘考虑、总体设计，既体现对事业单位建设的宏观领导，又部署各部门加紧各项具体措施的制定，将事业单位的改革落到实处。事业单位体制改革的总体思路已经明确，即按照政事分开原则推进事业单位的社会化。

政事分开的目的在于减少事业单位对政府的依赖，给事业单位的发展增添管理活力。事业单位社会化改革强调在保留必要的由中央政府直接管理事业单位权力的情况下，将大部分事业单位下放到地方，交给各个地方政府、社会组织举办，减少政府对事业单位的直接管理和不必要的行政干预，最大限度地给予事业单位自由。要实现这个目标就必须解决政府部门与其所属事业单位在管理职能上出现的权力部门与非权力部门界限不清、管理职能交叉替代的问题。解决这个问题的关键是实行政事分开，让作为掌管和行使行政权力的政府部门不再承担和从事专业技术性、行业服务性的业务工作，将这些工作交给事业单位去做；同时，让作为非权力部门的事业单位不再行使行政权力，不承担权力职责，只从事业务工作，把曾经承担的权力职责交还给政府。

1993 年，党的十四届二中全会审议通过了《关于党政机构改革的方案》，明确了事业单位建设的方向，提出了按照政事分开的原则推进事业单位社会化的主张；部署党政机关尤其是中央和省级机关减少对事业单位的直接管理，下放管理权限；强调打破事业单位部门所有制和条块分割的局面，拓宽事业单位的服务领域，使事业单位成为面向全社会提供公共服务的独立法人，鼓励有条件的企业、个人和各种社会力量兴办事业单位；同时强调，事业单位在管理体制、组织职能、人事制度、工资制度等方面，都要与党政机关区别开来。根据经费的不同来源，事业单位被划分为全额拨款型、差额拨款型、自收自支型三种类型。

1996 年 7 月 8 日，中共中央办公厅、国务院办公厅印发了《中央机构编制委员会关于事业单位机构改革若干问题的意见》，这是党和政府关于事业单位建设颁布的首个专门文件。该文件明确了事业单位建设的指导思想、基本目标和具体措施，指出改革的思路是，确立科学化的总体布局，坚持社会化的发展方向，推行多样化的分类管理，实行制度化的总量控制，"遵循政事分开、推进事业单位社会化的方向，建立起适应社会主义市场经济体制需要和符合事业单位自身发展规律、充满生机与活力的管理体制、运行机制和自我约束机制"①。

事业单位改革的思路明确后，国家颁布了一系列具体指导改革的文

---

① 《中央机构编制委员会关于事业单位机构改革若干问题的意见》，https://china.findlaw.cn/fa-gui/p_1/14353.html。

件，为事业单位改革提供政策支持，主要有 1998 年的《事业单位登记管理暂行条例》《民办非企业单位登记管理暂行条例》《关于调整撤并部门所属学校管理体制的实施意见》《关于深化国务院各部门机关后勤体制改革的意见》，1999 年的《关于国家经贸委管理的 10 个国家局所属科研机构管理体制改革的实施意见》《地质勘查队伍管理体制改革方案》《国务院办公厅关于清理整顿经济鉴证类社会中介机构的通知》，2000 年的《关于卫生监督体制改革的意见》《关于城镇医疗机构分类管理的实施意见》《关于经济鉴证类社会中介机构与政府部门实行脱钩改制的意见》《关于调整国务院部门（单位）所属学校管理体制和布局结构的实施意见》，2001 年的《关于深化新闻出版广播影视业改革的若干意见》等。这些文件加大了事业单位管理体制改革的力度，将事业单位改革引向深入。

三　从落实分类改革到实行事业法人制度

这个时期属于事业单位改革的持续时期，时间节点是从 2002 年至 2007 年。此时改革的重点是落实分类改革，实行事业法人制度。在改革的理念上，将刚性的制度建设与柔性的文化疏导相结合，为改革的制度延伸提供了广阔的文化空间。

从 2002 年开始，党和国家开始强劲地推行事业单位建设。党的十六大要求"按照政事分开原则，改革事业单位管理体制"。2008 年，《关于事业单位分类试点的意见》印发，明确了事业单位分类框架，选择了部分地区开展分类改革试点工作。

各省（区、市）政府纷纷响应，进行摸底调查，开展模拟分类工作。其中，拟订了分类改革方案的有 9 个省份，进行模拟分类的有 13 个省份，积极落实和推进改革试点工作①。当时深圳市提出的事业单位建设三分法颇有影响力，深圳市按照公益类、监督管理类和经营服务类一分为三，将原有的事业单位按照纳入行政序列、保留或撤销、转成企业等不同方式进行分类改革。据报道，深圳市 518 家市属事业单位纳入行政管理序列的共 28 家，涉及编制 625 个；转为企业的共 124 家，涉及编制 7253 个；撤销

---

① 王澜明：《改革开放以来我国事业单位改革的历史回顾》，《中国行政管理》2010 年第 6 期。

的共 27 家，涉及编制 338 个；保留的共 338 家①。另据报道，从 2003 年开始，深圳市率先向全社会公开招考事业单位临聘人员。从 2005 年开始，深圳市在全市事业单位中全面推行职员制，以前的职务级别完全取消，被重新调整和设置为行政管理与专业技术两个并行的职类。在每个职类中，根据各个行业的性质和特点又设置了不同的职系。2006 年 7 月 7 日，深圳市召开事业单位改革动员大会，将原有事业单位分为经营服务类、监督管理类和公益类，按照不同类别的特点，分别采取回归政府、推向市场、保留或撤销等不同的改革方式，纳入不同的领域。从 2006 年深圳开始推行事业单位分类管理开始，每年公开招考职员已经成了深圳市政府和党群系统事业单位的常态。据报道，2008 年 1 月 15 日，深圳市事业单位公开招考职员和普通雇员，结果报名网站"大塞车"。2009 年 5 月，深圳市人事局发布公告，事业单位公开招考 925 名职员，吸引了众多考生报名参加考试。据了解，深圳市 2009 年 10 月 18 日举行了第一次临聘教师"转正"考试，2010 年又举行了第二次临聘教师"转正"考试，共招考 1533 人，有 7272 人经初审符合报考条件。

各地事业单位改革综合试点的主要措施和经验有四个方面。一是"政事分开，事企分离"初见端倪，开局良好。将原来事业单位中承担行政职能的部门划归政府，将从事生产经营活动的部门转制为企业，把政府部门承担的专业技术性、业务服务性职能移交给事业单位。二是事业单位社会化迈出坚实步伐，尝试国家"花钱买服务"、社会力量举办事业单位的模式。三是事业单位整合初见成效，出现了事业单位横向联合、合并强化、撤销转行的情况。四是事业单位法人登记制度初步实行，制度建设有了新的突破。

在这个时期，文化事业单位的改革试点成为事业单位建设的亮点。2002 年 11 月，党的十六大首次提出"积极发展文化事业和文化产业""推进文化体制改革"的主张。从这个时期开始，我国文化事业单位的改革掀起了高潮。根据 2003 年 6 月中央召开的全国文化体制改革试点工作会议安排，京、沪、粤、浙等 9 省市首先开始进行改革综合性试点，35 家新闻出

---

① 李斌、普德法：《深圳事业单位改革启动　将撤销 27 家事业单位》，http://news.sohu.com/20060708/n244155330.shtml。

版单位、文化单位、文艺创作演出单位成为具体试点单位。试点地区和单位的任务是积极培育市场主体、深化内部改革、转变政府职能、建立市场体系。在试点中，出版社的改革成为突破口。其中，中国科学出版集团直接转制为企业。中国出版集团、辽宁出版集团、上海世纪出版集团、吉林出版集团、广东省出版集团实行事业体制企业化管理。这主要是在细节上做了处理，集团里面意识形态性强的单位，保留其事业体制，有关科技、美术等的单位则从事业单位转制为企业。在国务院的批复中，中国出版集团转制为中国出版集团公司，由国务院授权经营、财政部监督指导、国家市场监督管理总局进行企业登记，成为企业主体，自主经营。除人民出版社、民族出版社等个别剥离出来作为事业单位保留以外，其他出版单位均转制为企业。为了配合试点工作，国务院下发了两个专门文件，涉及财政税收、投融资、资产处置、工商管理、授权经营、收入分配、社会保障、人员分流安置、法人登记等一系列问题，为改革的顺利推进提供了政策性保障。由于文化事业单位是典型的事业单位，因而它的试点改革成为全国关注的焦点。2004 年底，首批事业单位试点改革工作结束。中共中央、国务院根据试点经验，在翌年底下发《关于深化文化体制改革的若干意见》。根据 2006 年 3 月召开的全国文化体制改革工作会议的安排，全国又有 89 个地区、170 家单位被纳入文化体制改革的试点范围。同年 9 月，国家编制了《国家"十一五"时期文化发展规划纲要》，对推进文化体制改革做出新的部署。2007 年 10 月召开的党的十七大，以高昂的姿态提出兴起社会主义文化建设新高潮、推动社会主义文化大发展大繁荣的战略任务。文化建设欣欣向荣，硕果满枝。文化体制改革的成功为事业单位改革树立了榜样。

四 从主张去行政化到建设中国特色公益服务体系

这个时期属于事业单位改革的深化期，时间节点是从 2007 年至 2020 年。2010 年和 2011 年，《国家中长期人才发展规划纲要（2010—2020 年）》和《关于分类推进事业单位改革的指导意见》先后出台。这两个重要的文件对事业单位改革做出了明确安排，不仅鲜明地提出了事业单位去行政化问题，而且提出了建设中国特色公益服务体系的美好畅想。

　　根据 2007 年 10 月召开的党的十七大关于进一步深化事业单位分类改革的指示，党的十七届二中全会通过了《关于深化行政管理体制改革的意见》，明确要求"按照政事分开、事企分开和管办分离的原则，对现有事业单位分三类进行改革。主要承担行政职能的，逐步转为行政机构或将行政职能划归行政机构；主要从事生产经营活动的，逐步转为企业；主要从事公益服务的，强化公益属性，整合资源，完善法人治理结构，加强政府监管。推进事业单位养老保险制度和人事制度改革，完善相关财政政策"①。

　　按照党的十七大和党的十七届二中全会的战略部署，事业单位深化改革持续进行。2018 年 12 月 18 日，《国务院办公厅关于印发文化体制改革中经营性文化事业单位转制为企业和进一步支持文化企业发展两个规定的通知》对改革的配套政策和具体措施做了明确安排，全国各地事业单位的改革全面落实。到 2008 年底，全国 333 个地级市中有 117 个落实了文化事业单位改革。2009 年，全国出版社除保留 4 家事业单位以外，其他转制为企业②。同年，晋、沪、浙、粤、渝 5 省市按照国务院的部署进行事业单位养老保险制度试点改革。

　　医药卫生体制改革是 2009 年的热点。根据《关于深化医药卫生体制改革的意见》，遵循"政事分开、管办分开、医药分开、营利性和非营利性分开"原则，在全国医疗卫生事业单位全面开展建立健全覆盖城乡居民的基本医疗卫生制度建设，抓紧落实基本医疗保障制度、国家基本药物制度、基本公共卫生服务均等化等 5 项重点改革。是年 9 月，根据国务院的批准，公共卫生与基层医疗卫生事业单位实施绩效工资制度。2010 年初，卫生部等 5 部委联合下发《关于印发公立医院改革试点指导意见的通知》，进行城市公立医院改革试点工作。

　　同年，《国家中长期人才发展规划纲要（2010—2020 年）》印发，为分类推进事业单位人事制度改革明晰了方向，为完善人事管理制度、创新人才管理体制、搞活人才流动机制、扩大和落实单位用人自主权做出了新

---

① 《〈关于深化行政管理体制改革的意见〉的通知》，http://www.gov.cn/gongbao/content/2008/content_946042.htm。

② 张倩：《我国事业单位改革历经的四个阶段》，http://www.prcfe.com/web/meyw/2011 - 11/26/content_855393.htm。

的部署，为配套制度创新做出了详尽安排①。

2011年3月23日，《关于分类推进事业单位改革的指导意见》发布，这是统领我国事业单位改革进程的完整、全面、深入、新颖的"顶层设计"，具有鲜明的特点。首先，明确了改革的时间节点。要求在2016年全面完成事业单位的分类，到2020年建立起中国特色公益服务体系。这为事业单位改革的决战工作规定了时间，力图完成长期以来攻坚克难的改革任务。其次，锁定了改革的目标，明确了改革的任务。全力建设中国特色公益服务体系，解决我国社会公益服务分散化、低端化的问题，明确公益服务要实现体系化、特色化。最后，从宏观上提出了事业单位改革新目标的指标体系，即"到2020年，建立起功能明确、治理完善、运行高效、监管有力的管理体制和运行机制，形成基本服务优先、供给水平适度、布局结构合理、服务公平公正的中国特色公益服务体系"②。2012年召开的党的十八大强调要"推进事业单位分类改革"。2013年党的十八届三中全会通过的《中共中央关于全面深化改革若干重大问题的决定》要求"加快事业单位分类改革，加大政府购买公共服务力度，推动公办事业单位与主管部门理顺关系和去行政化，创造条件，逐步取消学校、科研院所、医院等单位的行政级别。建立事业单位法人治理结构，推进有条件的事业单位转为企业或社会组织。建立各类事业单位统一登记管理制度"③。

经过长期持续深入的改革，特别是在中共中央、国务院统揽全局、持续不断、深入有力的安排下，我国的事业单位改革走向深入，效果显著。2011年，我国共有事业单位130万个，从业人员约3000万人。无论是从其本身的数量来看，还是从从业人员数量来看，事业单位都是仅次于企业的第二大法人组织。在所有事业单位中，从业人员最多的是教育、卫生、文化、科研事业单位。教育事业单位48万家，从业人员1400万人，约占事业单位

---

① 《〈国家中长期人才发展规划纲要（2010—2020年）〉发布》，http://www.gov.cn/jrzg/2010-06/06/content_1621777.htm。

② 《关于分类推进事业单位改革指导意见》，http://www.gov.cn/jrzg/2012-04/16/content_2114526.htm。

③ 《中共中央关于全面深化改革若干重大问题的决定》，http://www.gov.cn/jrzg/2013-11/15/content_2528179.htm。

从业人员总数的 50%；卫生事业单位 10 万家，从业人员 400 万人，约占事业单位从业人员总数的 15%；文化事业单位 8 万家，从业人员 150 万人，约占事业单位从业人员总数的 4%；科研事业单位 8000 多家，从业人员 69 万人，约占事业单位从业人员总数的 2.4%[①]。

到 2014 年 5 月的时候，经过改革，我国还剩下事业单位 111 万家、事业编制人员 3153 万人[②]。事业单位建设取得了巨大成功。事业单位清理工作全面完成，全国共减少事业单位 6 万多家，核减事业编制人员 60 多万人，基本摸清了"家底"[③]。2017 年召开的党的十九大要求按照强化公益属性的精神深化事业单位改革，推进政事分开、事企分开、管办分离的落实。

至此，事业单位建设已经进入分类明确、方向明晰、前景明朗的时期。之后继续改革的主要任务有五项：一是全力推行分类改革；二是逐步取消行政级别；三是建立法人治理制度；四是建立和完善管理体制和运行机制；五是推进中国特色公益服务体系建设，形成基本服务优先、供给水平适度、布局结构合理、服务公平公正的中国特色公益服务体系。

第二节　事业单位改革的原则

党的十九大报告在提到深化机构和行政体制改革时，从深刻把握党和国家事业历史性变革及其对组织结构和管理体制的新要求出发，强调指出，要深化事业单位改革，强化公益属性，推进政事分开、事企分开、管办分离。这是在全国政府机构改革、行政体制改革和事业单位改革走向深入的过程中，我国对事业单位改革做出的重要决策性战略部署。

一　政事分开原则

所谓政事分开，是行政单位与事业单位分开的简称，是指通过改革

① 《中国事业单位改革历史进程》，https://www.163.com/news/article/7JP8VQ8J00014JB5.html。
② 姚奕：《我国现有事业单位 111 万个事业编制 3153 万人》，http://renshi.people.com.cn/n/2014/0515/c139617-25022183.html。
③ 李建忠：《深入推进事业单位改革——我国事业单位改革现状与趋势》，《中国党政干部论坛》2016 年第 12 期。

彻底改变事业单位作为政府行政单位附属的状态，将政府承担的专业技术性、业务服务性的社会职能剥离出来，交给从事专业服务的事业单位，将事业单位承担的行政性职能划归政府相关职能部门。简言之，政事分开即对政府作为公共服务的提供者与事业单位作为公共服务具体事务的承担者实行职能和管理的分开分离①。

政事分开是政府推进事业单位建设、促进公共事业发展的基本原则，是对事业单位管理体制进行改革的重要指南。政事分开可以概括性地分为职能分开、财政分流、人事分管、工资分口。政事分开的具体内容包括四个方面。

第一，政府与事业单位的职能分开。这是政事分离的基础和关键。我国的事业单位很多都是由行政机关创办的，在行政体系上属于行政部门，这就出现了行政部门与事业单位在职能上不加区分的情况，造成行政部门与事业单位政事不分、政事混淆的状况。政事分开的原则在事业单位建设之初就被明确提出来了，主要目的就是从管理体制上梳理行政部门与事业单位政事不分、政事混淆的问题。

第二，政府与事业单位的机构编制分开。首先，行政编制与事业编制属于两种性质的编制，既不能互相挤占，也不能转移混用。凡是附设在事业单位的行政部门应当撤回到政府，凡是借用事业单位人员在政府部门工作的，应当调整撤回。其次，应当改变政府部门中的政事不分、政事合一甚至政事混淆的不正常现象。再次，取消事业单位的行政级别，专门设置符合事业单位自身特点的级别体系。最后，事业单位的名称应当与政府行政部门、企业和社会团体的名称有明显的区别。

第三，政府与事业单位的管理方式分开。事业单位的主管部门对事业单位的管理包括多个方面，主要体现为通过制定政策和发展规划实现宏观管理、间接管理、法人代表管理、行业管理以及国有资产监管等。事业单位享有对其单位内部的自主管理权，可以独立承担民事责任并以事业法人的身份向全社会提供服务。

第四，政府与事业单位的运行经费分开。公益类事业单位继续享受国

---

① 张志刚、张玉强：《事业单位政事分开的操作原则》，《党政论坛》2006年第3期。

家财政的全额拨款和差额拨款，自收自支的事业单位应当实现经费自筹，政府减少或不再对其给予拨款，条件成熟时其可转为企业。

政事分开的思想最早见于 1993 年党的十四届二中全会通过的《关于党政机构改革的方案》和《关于党政机构改革方案的实施意见》。之后，国家重要文件对其进行了详尽的阐述。特别是党的十九大，重申了政事分开思想，充分体现了党和国家在布局事业单位改革的工作中一以贯之的坚持和笃行的总原则，政事分开成为与政企分开、政资分开、政社分开相并列的改革思想。政事分开意味着政府"管理退出、监督跟进"，既可以把原来挂靠在政府部门的事业单位剥离，也可以淡化学校、医院、科研单位、文化团体等事业单位的"行政味"；既可以促进事业单位成熟，增强其生存能力，使其不再事事依靠政府，独立地依法循制、自主自律运作，逐步实现法人化治理，也可以约束政府对事业单位不再直接经营、直接管理，做好宏观监督、政策规划，还可以保证事业单位按照公共物品的市场规则来运行。应当明确的是，实行政事分开后，政府部门对事业单位的作用体现在两个方面：一方面，通过对公益类事业单位的财政投入保证其所提供的公共服务的公益性质，让公共服务惠及更多人；另一方面，加大对事业单位的规范性监管力度，防止公益类事业单位走完全市场化道路，防止事业单位变成背离公共服务性质的商业机构。

二　事企分开和管办分离原则

过去，在事业单位的管理过程中出现过部分事业单位实行参公管理和企业化管理两种模式。这是在事业单位改革和建设中，从用人机制到分配机制都采取企业化的管理方法却依然保留事业单位性质的那部分组织。所以，事企分开最初是指政府采取企业化手段来管理事业单位的原则，随着这部分采用企业模式运行的事业单位具备了市场经营能力、可以从事生产经营活动后，事企分开又成为促进这部分事业单位实现转为企业、从事业单位序列中剥离出去的思想指南。因为倘若这些已经不再承担公益服务职责，从事生产经营活动，却依然享受事业单位优惠政策的事业单位还保留在事业单位序列中，那就会违背市场竞争规律。此外，事企分开的原则还包含另一个层面的意思，即要求经过剥离后保留的公益性事业单位在职责定位、机构设置、编制管理、运行方式等方面与企业组织区分开来，不允许其采取企业运行方式。

管办分离是政府监管与举办职能的剥离分开，具体是指政府投资兴办事业单位但却不直接管理事业单位，将政府监管者的身份和职能与具体事业单位承办者的身份和职能全面分开，实现政府行政职能与事业单位公共事业运作功能的分开分离。最好的状态是：政府依法承担行政监管职责，事业单位依法履行公共服务提供义务。"管办分离是我国特有的用法，其内涵是作为公共服务供给者、事业单位举办者的政府，将其监管者与举办者职能相互分离。"[①] 2008年2月27日召开的党的十七届二中全会颁布的《关于深化行政管理体制改革的意见》明确指出，要按照政事分开、事企分开和管办分离的原则推动事业单位建设。

管办分离具有较强的操作性，它是与政事分开、事企分开相并列的三大原则之一，具有鲜明的指导意义和应用价值。管办分离的思想源于改革开放初期突破计划经济体制的政企分开和后来行政管理体制改革中的政事分开，体现了果断改革、大刀阔斧的决心和矢志改革的勇气。正是按照这个原则才实现了政府和企业的脱钩，实现了政府和事业单位的分离。多年以来，尽管改革的阻力很大，但是，国家一以贯之地笃行这个原则。因此，管办分离与政事分开、事企分开一起构成了中国事业单位改革的基本理论。

三　用三大原则指导事业单位改革

按照政事分开、事企分开、管办分离原则，反观行政机构和事业单位的管理体制，可以看出有些事业单位存在很多问题需要解决。

第一，政事不分，体制不顺。在传统的行政和事业单位体制下，政府和事业单位的某些职能机构业务交叉、职能混杂、难以分辨。政府既是事业单位的主管部门，实际上的事业单位的管理者，又是社会各项事业的领导者和指导者，集行政管理、资产所有、资源提供等多种职能于一体，事业单位只能听从政府安排，配合政府做事。

第二，事企不分，公益不彰。在事业单位实行社会化改革之初，有些

---

① 赵立波：《关于事业单位分类改革若干重大问题的思考》，《新视野》2010年第6期。

事业单位拿着节省下来的事业经费和微薄的创收走向市场，学习商品经营和市场运作，诸如学校的各种培训，医院增设的美容、减肥等收费服务项目等。这被讥讽为"吃着皇粮赚银两"，甚至被指责为事业单位市场化改革过度、事业单位牟利化等。这不仅使社会公众应得的公益服务受到不良影响，也使事企关系呈现复杂化。

第三，管办一体，监管失控。在政事不分的情况下，集公共权力掌握者、公共管理执行者与公共事务出资经营者多个角色于一身的主管部门，与所属事业单位存在从属关系和领导关系，但在市场经济的利益面前，个别主管部门又出现了权力寻租、财务监督乏力、问责机制失灵等严重的管理问题。

第四，权力活跃，法律失语。在依靠行政权力推动改革、凭热情搞市场经济、法律法规体系建设滞后的情况下，管理者和承办者之间有了很大的活动空间。即使有行政法规也难以约束权力的意志。所以，管办不分、监管失控的现象时有发生。只有管得住，才能办得好。管办问题不是在纠结"多嘴婆婆"与"不听话媳妇"的关系，而是在强调政府"政策调节、市场监管、社会管理、公共服务、保护环境"职能，与事业单位的"搞活"和善治的关系。

行政部门和事业单位践行政事分开、事企分开、管办分离原则，推动事业单位建设，还应当做好以下工作。

首先，坚持改革的方向，把事业单位改革进行到底。事业单位是我国第二大类组织，其改革已经进行了30多年，关乎中国特色社会主义建设的未来，一定要勠力同心，取得成效。

其次，完成改革重任，加快建立中国特色公益服务体系。改革后的事业单位，将是我国从事公共事业、提供公益服务的主力军，能够更好地满足人民群众在教育、医疗、文化等各方面的需求。

再次，坚信改革道路，探索实现形式。坚持看准的改革方针，巩固和深化事业单位建设的成果，探索政事分开、事企分开、管办分离的有效实现形式，构建新型政事关系。

最后，彰显改革成果，完善治理体制，创新有效机制。瞄准事业单位建设的重点和难点，继续通过改革在组织结构、财政支持、用人制度、社会保障等方面实现新的突破。

第三节 事业单位改革的内容

中共中央、国务院发布的《关于分类推进事业单位改革的指导意见》明确了事业单位改革的原则，提出了改革的总目标和阶段性目标，要求完成事业单位改革。党的十八大做出了推进事业单位分类改革的重要指示。按照党和国家的要求，分类推进事业单位建设，提高事业单位公益服务水平，加快各项社会事业发展，已成为事业单位改革的重要任务，不论是按照时间节点加快推进分类体制改革，还是阶段推进、分步骤落实，都成为实现事业单位改革总目标、建设中国特色公益服务体系的重要内容。

一 事业单位改革的重点

虽然事业单位改革以改革和完善管理体制为重点，但是，其涉及面广、内涵丰富。从事业单位自身来看，事业单位改革的重点包括五个方面。

一是理顺关系。针对事业单位与主管部门的依赖性较强的问题，强调正确处理政府行政机关与事业单位的关系，转变政府职能，既要减少政府主管部门对事业单位的行政审批和直接干预，也要减少事业单位对政府的过分依赖，转变思想观念，培养自主管理意识，逐步去除行政化影响，使事业单位在建设中国特色公益服务体系过程中做出应有的贡献。

二是明确事权。在认清事业单位基本功能的基础上，形成职权明确、分级负担、财力与事权相匹配的事业单位管理体制，在机制上落实事业单位的用人权、薪酬分配权、职称评聘权、经费设施使用权、自主运营权等。

三是彰显公益。在经过政事分开、事企分开后，从财政投入、税收政策、资产管理、人事管理、社会保障等制度方面落实、体现和增强事业单位的公益属性。

四是法人治理。在实行事业单位政事分开、管办分离后，搞好制度建设，完善和运行事业单位法人治理结构，推动管理方式创新，保证事业单位的服务质量并满足社会的需要。强调推动由市场配置资源的事业单位转为企业或社会组织，健全事业单位内部治理体系，完善决策、执行和监督等方面的运行机制。

五是鼓励竞争。针对我国目前公益服务供求总量不足、资源配置不合理、供给方式单一、效率低下、质量不高的问题，应当以国家财政支持的方式推动公益一类和公益二类事业单位积极提供公益服务。同时，努力以加大政府购买公共服务力度的方式，吸引和鼓励生产经营类事业单位、社会组织或个人直接从事公益事业，形成社会公共事业多元主体参与竞争的新格局。

二　事业单位改革的框架

深化事业单位改革的任务主要是积极推动事业单位分类改革。这项改革的主要内容是按社会功能将现有的事业单位划分为三类，并分别推向不同的领域：一是承担行政职能的事业单位，划归政府行政机构或转为政府行政机构；二是从事生产经营活动的事业单位，由于具备了市场能力，将被转为企业；三是从事公益服务的事业单位，将继续保留在事业单位序列之内，凸显公益属性，继续发挥提供公益服务的作用。

经过合并改造、不再增设同类单位以后，作为一个社会分工领域，前两类事业单位将成为完全的公益组织。对于留在公益领域、继续从事公益服务的事业单位，还要根据职责任务、服务对象和资源配置方式等情况再细分为两类：承担义务教育、基础性科研、公共文化、公共卫生及基层基本医疗等基本公益服务职能的，由于不能或不宜由市场配置资源，将被划为公益一类事业单位；承担高等教育、非营利医疗等公益服务职能，可部分由市场配置资源的，将被划为公益二类事业单位。

三　事业单位改革的实施

事业单位分类改革具体的实施要求如下。

第一，职能转移。这主要是指原有行政类事业单位发生的转变，意味着依据法律法规授权、按规定程序批准设立、行使行政管理职能的事业单位的变化。这类事业单位的改革方向是完成职能归位和机构调整，但不意味着组织完整地回归政府部门，也不意味着组织成员变成公务员身份。将行政职能划归行政机构之后，原有事业单位可以撤销，也可以与其他事业单位进行整合，还可以转为行政机构，但要受到行政机构编制总额的限制。改革完成后，国家将不再批准设立承担行政职能的事业单位。当然，行政类事业单位改革并不是孤立进行的，应当与行政管理体制改革和政府机构改革紧密结合。

第二，保留公益。这是指公益类事业单位的建设任务。事业单位改革不是取消事业单位，也不是削弱公益服务，而是加强公益服务，让更多的社会组织尤其是从事专业服务的社会组织参与到公益服务体系建设中来。当然，保留下来的公益类事业单位还要根据划分的类别做具体分析。首先，涉及国家安全、公共安全、公共文化、公共卫生、经济社会秩序和公民基本权利的单位被称为公益一类事业单位。这类组织不能由市场配置资源，其作用是为政府履行职能提供支持和保障。公益一类事业单位的宗旨和业务范围由政府确定并由政府严格监管，其不得从事商业经营活动，经费由政府财政采取全额拨款的方式来保障。其次，涉及人民群众生产生活等方面普遍需求和经济社会发展等方面普遍需要、面向全社会提供教育卫生等公益服务的单位，被称为公益二类事业单位，如大学、非营利医院等。这类事业单位被规定，必须按照国家确定的公益目标和相关标准开展活动，在确保实现公益服务目标的前提下，可依法开展经营活动，但所取得的经营性收入主要用于公益事业发展。由于这类事业单位的主要职能和作用，是为政府履行职能提供支持和保障，因此政府将采取差额拨款的方式对其予以支持和扶植。同时，国家规定，为了搞活这类单位，减少政府的投资，这类单位可以根据自身的情况部分地实现由市场配置资源，以弥补经费之不足。其实保留公益类事业单位也是从实际出发的必然选择，因为在这之前，中央机构编制管理部门按照事业单位的社会公益性质对其进行了大致分类，公益类、福利类事业单位占70%，生产经营类或开发类事业单位占25%，其他事业单位（含行政延伸类、机关附属类）占5%，由此所做出的决定体现了实事求是的态度①。

---

① 中央机构编制委员会办公室本书编写组编《中国行政改革大趋势——行政管理体制和机构改革》，经济科学出版社，1993，第500页。

第三，转企改制。这主要是指从事生产经营活动的事业单位。其业务活动具有一定公益属性，但鉴于其社会化程度较高，具有较强的市场生存能力，可以实现由市场配置资源，因此，这类单位可以根据实际情况采取经营的方式提供公益服务，也可以受政府委托承担相关公益服务任务，政府则采取购买服务的方式予以相应支持。这类单位被称为公益三类事业单位。很多地方的这类单位在具备转为企业条件的时候都会转为企业，因此，有人将这类单位不算在公益组织中。在这方面，广东省事业单位建设的基本经验具有一定的代表性。在2010年中共广东省委、广东省人民政府印发的《广东省事业单位分类改革的意见》中，将完全从事生产经营活动的事业单位直接转为企业，将部分既从事公益服务又开展经营活动的，视具体情况进行相应调整，去留由之。对缺乏市场经验、发展无经营前景、转企成本过高甚至转为企业后难以生存的单位直接予以撤销。这类事业单位转企改制或关停撤销的工作，由其主（代）管部门负责组织实施，相关行政部门予以具体指导，倘若转为国有企业则其资产纳入国有资产监管体系进行统一管理。在整个事业单位建设过程中，广东省积极鼓励非国有单位、个人参与经营服务类事业单位转企改制工作。改革实成后，广东省将行业协会，学术交流、咨询经纪、鉴定评估、公证、认证等机构以及承担非强制性技术检验、检测的事业单位，仍然作为事业单位管理，但不列入事业单位序列。

由于事业单位种类繁多、功能各异，要探明各类事业单位的具体属性，就必须按照不同行业和不同类型事业单位的公益性特点以及社会化程度将其分为不同的类别，制定相应的分类改革方案。各地方根据国家的统一部署，按照改革后事业单位体制的性质与定位甄别、清理现有事业单位，从总体上收缩规模、调整结构、科学分类，在改革实践中开辟了多条实现事业单位建设与发展的路径，诸如撤销、合并、分开、转制、脱钩、调整、重组、更名、放权等。这对解决事业单位早期的改革问题起到了重要的作用。

在进入分类改革阶段以后，为了稳步推进事业单位建设，中共中央、国务院决定先行试点，待总结经验之后，再酌情逐步推广。生态环境部、交通运输部和水利部成为最初被选定的试点部门，江苏、安徽、广东、宁夏等成为被选择的省份，在省、市、县三级层面开展试点，其他省份可在市、县两级试点。在试点过程中，不仅中央一级的事业单位分、转、改工作顺利推进，而且地方各级政府所属的事业单位的改革试点工作也有了很多值得分享的成功经验。表3-1是东北某省事业单位预分类参考目录。

表3-1　东北某省事业单位预分类参考目录

类别		机构目录
行政类事业单位		公路路政管理机构、道路运输管理机构、航道管理机构、海事管理机构、渔政（渔港）监督机构、水文管理机构、库区移民管理机构、城区集体经济管理机构、农村经济管理机构、社会保险征收管理机构、测绘管理机构、法人登记管理机构、卫生监督机构、动物卫生监督机构、植物检疫机构、其他执法监督类机构（依据法律法规和中央有关政策规定授权承担行政职能，如劳动保障监察、农业综合执法、文化市场综合执法）等
公益类事业单位	公益一类	**教育**：义务教育机构、特殊教育机构、教育助学机构、党校（行政学院）、团校、社会主义学院、公共宣教机构等 **科研**：基础性科研机构、社会公益性科研机构、社科研究机构、文化研究机构、考古机构、史志机构等 **文化**：公共图书馆、公共档案馆、博物馆、科技馆、群艺馆、纪念馆、文化馆、文化站（所、中心）等 **公共卫生**：疾病（疫病）预防控制机构、健康教育（保健）机构、采供血机构、计划生育机构、医保服务机构、社区卫生服务机构、农村合作医疗管理机构等 **社会保障**：慈善服务机构、残疾人康复机构、社会救助机构、社会福利机构、社会保险服务机构、法律援助机构、低保服务机构、离退休干部服务机构、老龄妇幼机构、婚姻登记管理机构、涉军服务管理机构、专家服务机构、公共就业服务机构、住房公积金管理机构、救灾物资储备机构等 **公共安全**：防汛抗旱防火机构、应急指挥机构、地灾防治机构、保密技术检查机构、信息安全测评机构、广播电视技术机构等 **经济秩序**：工程管理机构、建筑管理机构、安全监理机构、会计管理机构、财政收支管理机构、公益性或强制性监测机构、基础测绘和地质调查机构、经济社会调查机构、标准质量管理机构、审计服务机构、消费者维权机构、政府资金和项目管理机构、土地房屋权属登记机构、市政园林管理机构、农电管理机构、种子种苗管理机构、国土事务机构、国际文化交流机构等 **行政辅助事务**：仅为机关提供支持保障的信息机构、电子政务机构、政府采购机构、行业管理机构、铁路建设机构、自然保护区管理机构、举报中心、仲裁机构、考试机构、专利商标版权审查机构、驻外办事处、行政类以外的执法监督类机构（依据地方性法规授权或主管部门自行委托承担行政职能）等

类别		机构目录
公益类事业单位	公益二类	**教育：**普通高校、幼儿园、职业院校、普通高中、宣教机构等 **科研：**基础应用科研机构等 **文化：**电台电视台、国家确定需要扶持的文艺院团、少年宫、文化宫、公园、时政类报刊社、学术性报刊社、公共体育场馆、体育训练基地、体育运动项目管理机构等 **公共卫生：**非营利医疗机构、职业病疗养院等 **社会经济服务：**质量监督检验机构、规划设计机构、地矿勘查测试机构、土地整理储备机构、农业种畜服务机构、技术推广服务机构、评审认证机构、咨询服务机构、交易服务机构、公证机构、人才管理服务机构、信息机构、一般检测机构、票证制作机构、展览博览机构、对外交流促进机构、评估鉴定机构、高速公路管理机构、水库管理机构、人防养护机构、彩票发行机构、殡葬事务管理机构等 **其他：**机关后勤服务机构、机关文印机构、培训机构等
经营类事业单位		非时政类报刊社、一般文艺院团、物业管理机构、工程勘察设计机构、各类公司（厂）、演出中介机构、经营开发机构、宾馆

第四节　事业单位改革的意义和成效

一　事业单位改革的意义

第一，科学分类，梳理结构，解决建设困惑。科学分类是事业单位改革和建设的前提。我国现有事业单位数量众多、种类繁多、结构复杂，涉及方方面面。只有化繁为简、准确科学地分类，才能针对不同类别制定政策、予于指导、分类推进、克服阻力、深化改革。事业单位改革以来，管理体制问题被探讨了好多年，出现过很多种解决方案，最后终于在涉及众多领域、各种类型的事业单位问题上形成了统一的解决方案，为改革明确了方向。在拆分事业单位承担行政职能、从事公益服务和从事生产经营活动三个类别的过程中，可以落实政事分开、事企分开、管办分离的原则，将承担行政职能的事业单位通过整体划转、职能整合以及大部门制等方式归入政府部门或政府部门内设机构、所属机构，重新明确行政权力范围。将体制和机制改革后的公益类事业单位保留在公益部门里，使其真正成为相对独立的事业单位法人、建设中国特色公益服务体系的主力军。将具有适应市场经济能力、从事生产经营活动的事业单位推向市场、改制为企业，有利于消解传统体制下事业单位滋生的问题，减少国家和社会的压力，促进改革的顺利完成。所以，这种分类方法思路清晰，既有利于甄别区分，也有利于形成同类之间的横向比较。

第二，理顺体制，消弭冲突，完善政策。在传统的政事不分的体制下，一些事业单位滋生了很多疑难问题，不仅造成了社会事业发展的相对滞后，而且在供给总量、供给方式、资源配置、质量效率等方面难以满足社会诉求。某些事业单位在组织功能方面存在很多问题，像定位不清、政事混淆、权责相左、管办不分、机制不活等，都需要借改革之机得以改善。不论是转为企业还是回归政府部门，不论是保留在事业单位序列内还是向非营利组织转化，事业单位在采用剥离、脱钩、合并、撤销、转制等改革形式的过程中，都必然会面临组织目标、框架、条件、方式、类型、路径和时机等方面的冲突。因此，事业单位的分类改革应当在战略上明确改革目标，科学设计行动方案，消弭各种改革带来的冲突，达到使改革顺利进行的目的。经过分类改革实现有效治理的事业单位将呈现良好的善治状态，把公益精神作为组织文化的核心，这有利于实现公益服务的改革目标，尤其是通过改革可以落实和完善相关改革政策，实现管理有法、规制有章、导向有政策。

第三，凸显公益，完成改革，造福社会。增强事业单位的公益性是事业单位建设的目的，完善公共服务布局是事业单位改革的重点，这些都有赖于深化事业单位管理的体制机制。与此相联系的是，政事难分、事企混杂、机制僵化、监管薄弱、定位不清、功能不灵等则是某些事业单位长期存在的根本问题。也就是说，分类改革本质上是事业单位结构和布局的调整，将提供公共产品和公共服务的事业单位纳入政府行政管理体系，由国家财政负担经费，凸显公共产品的外部收益性，满足社会对公益性的需要。此外，鉴于公益类事业单位提供的公共产品具有投资周期长、额度大、数量多、见效慢的特点，尤其是这类事业单位不能走向市场，要保证其顺利提供公共服务，必须也只能依靠国家财政的鼎力支持。对此，国家可以通过立法、行政监督和公共财政政策等手段，保证其活动的公共性，尤其是在义务教育、基础科学研究、卫生防疫、公众医疗服务等方面，保障国家的长远利益和社会公众的基本利益。在明确保留和发展公益事业单位的过程中，要以积极的态度纠正事业单位公益文化不彰、"非营利组织营利化的严重倾向"。但是，鉴于在社会主义市场经济背景下事业单位也应当尊重市场经济规律的情况，在事业单位建设中还必须尊重市场经济规律，按照市场机制的导向，引入竞争博弈机制，努力实现公共服务资源的最优配置并发挥其最大效益。此外，还应当吸引社会和市场的力量参与公共事业建设，达到满足社会公共服务需求、提高公共服务供给质量的目的。这为一部分事业单位通过市场化道路提供公共服务创造了条件。高校、职业教育机构、综合医院等准公益类的事业单位，具有较强的资源吸引力和创收能力，被允许部分地由市场配置资源，但其整体的公益性、非营利性定位是明确的，不被允许在市场经济中进行以营利为目的的生产经营活动。

二 事业单位改革的成效

从 2012 年国家实施分类推进事业单位改革以来，事业单位改革和建设都取得了显著的效果。

第一，事企分开，经营类事业单位陆续转为企业。对于那些公益三类事业单位，也就是社会化程度较高、可以实现由市场配置资源的事业单位，摘掉事业单位"帽子"、转为企业已经成为大势所趋。2016 年 11 月，国家决定推进此类事业单位全面改制，各地方积极响应。考虑到经营类事业单位的差异性，《关于从事生产经营活动事业单位改革的指导意见》明确指出："区分情况分步推进改革，经济效益较好的经营类事业单位，特别是已经实行企业化管理的，要加大改革力支持做强做大。经济效益一般，但具有发展潜力、转制后能够激发活力、正常经营的，要创造条件，通过减轻负担等政策支持，稳妥推进转企改制，于 2018 年年底前基本完成。人员、资产规模较小或无固定资产、转制后难以正常运转的，要逐步予以撤销，并做好人员安置工作，于 2020 年年底前基本完成。长期亏损、资不抵债、债权债务不清晰、历史遗留问题多的，要摸清情况，实行财政拨款只减不增、人员只出不进，依法依规处理债权债务，稳妥退出事业单位序列，于 2020 年年底前基本完成。各地可结合实际探索其他改革方式"①。

第二，建立章程，落实法人治理结构。依据中央机构编制委员会办公室制定的事业单位章程范本，一些大学章程、图书馆章程、博物馆章程等相继出台，法人治理结构逐步得到落实。一些学校、科研院所、医院等事业单位正在探索取消行政级别，成为独立自治的单位，这使事业单位向社会组织转变迈出了重要一步。

第三，完善制度，走向依法治理。首先，随着《事业单位人事管理条例》《事业单位领导人员管理暂行规定》等重要法规的发布实施，事业单位人事管理法规体系的框架基本形成，这推动了事业单位聘用制度、公开招聘制度、岗位设置管理制度的不断完善。其次，工资调整机制初步形成，明确了事业单位工作人员基本工资标准正常调整的时间周期。国家提出了建立符合行业特点的公立医院、科研机构等事业单位的人事薪酬制度的目标，加大绩效工资的激励力度，这对事业单位未来的收入分配格局将产生重大影响。同时，国家对事业单位人员退休制度进行了重大改革，实现了机关、事业单位、企业养老保险的并轨，解决了多年来制约事业单位建设的瓶颈问题。

第四，改革编制，完善用人制度。事业单位在人员编制实行总量控制的情况下，实行聘用制。事业单位与工作人员通过签订聘用合同，确定双方聘用关系，明确双方责任、权利、义务。通过实行聘用制，改变传统的事业单位的用人做法，实现事业单位人事管理制度的变革，用岗位管理办法替代身份管理机制，用平等协商的聘用关系取代过去的行政任用关系。这样既盘活了用人机制，又给单位增添了活力，更加促进了公平。这是事业单位编制改革实施方案中的一部分。这个方案的实施有利于落实事业单位的用人自主权，激发事业单位发展的动力。探索公立医院、高等院校等不纳入编制管理后的人事管理新规律，释放专业技术人才活力。北京、上海、四川等地相继实施事业单位人员聘用制，2017 年北京市事业单位基本上全部

---

① 《中共中央办公厅 国务院办公厅印发〈关于从事生产经营活动事业单位改革的指导意见〉的通知》，http://xh.giwp.org.cn/article/1/f4c721ee1b724ab9b6428a3f53ce9b09？category = ggyj。

实现聘用制管理。有的专家认为，事业单位建设之所以举步维艰，最大的难题就是行政级别和编制问题，"行政级别对应的是官位，编制对应的是铁饭碗。只有去掉这两个障碍，事业单位改革的前途才会变得光明"①。

第五，精简人员，精干队伍。这个是改革都要做的重要事情。据人民网 2018 年 6 月 12 日报道，辽宁有事业单位 3.5 万余家，其中，省直公益类事业单位 990 家，去掉医疗、高校、地税系统为 659 家。长期以来，这些事业单位具有小、散、弱的特点，存在政事职责不清、管理体制不顺、资源配置不合理等问题，甚至有的人浮于事，有的与民争利，破坏了营商环境。省直 80 多个部门，平均每个部门有近 10 家事业单位，最多的一个部门拥有 30 多家；省直党群部门下属 99 家事业单位，10 人以下的占 2/3，5 人以下的占 1/3，最少的仅两三个人。这些事业单位有的名存实亡，有的重复设置，有的管理混乱，有的以费养人，成为改善营商环境的绊脚石，必须以改革除障破弊。2016 年以来，辽宁省通过组建企业集团、推动经营类事业单位转企和收空编等一系列措施，共撤销事业单位 1171 家，收回事业编制 16 万个。2017 年以来，辽宁加大力度推进事业单位改革，对经营类事业单位应转尽转，对公益类事业单位严格管控。省直部门下属 659 家公益类事业单位按照政事分开、事企分开、管办分离原则，将职能相近的单位合并，已整合为 65 家大型事业单位。辽宁的事业单位改革重点解决了"有的人没事干、有的事没人干"的矛盾，跨部门整合职能相近的部门机构，将原来分散在多个部门，职责、任务、服务对象相似，重复设置较多的问题一并解决。改革后，组建大型综合性事业单位，集中力量、集中资源，统一提供公益服务②。

第六，薪酬改革，实行绩效工资制。早在 2009 年，国务院就决定在公共卫生和基层医疗卫生事业单位等分步骤地实施绩效工资制。实施绩效工资制的重要意义在于调动事业单位工作人员积极性，提高公益服务水平，促进社会事业发展。绩效工资是事业单位工资制度改革的枢纽，实施绩效

---

① 王姝：《中办"动刀"事业单位行政化取消行政级别工资》，http://politics.people.com.cn/n/2015/0604/c70731 - 27106062.html。

② 何勇：《辽宁：省直 659 家事业单位整合为 65 家 改革后省直部门一家不超过一个事业单位》，http://politics.people.com.cn/n1/2018/0612/c1001 - 30052742.html。

工资制会顺理成章地带动事业单位的人事制度改革、管理体制改革、国有资产管理改革及法人制度改革，将改革引向深入。

第七，实行职业年金，完善养老保险制度。职业年金是在事业单位工作人员参加基本养老保险的基础上，建立的补充养老保险制度。这种制度适用于分类推进事业单位改革后从事公益服务的事业单位及其编制内工作人员。2011年7月24日，《事业单位职业年金试行办法》作为分类推进事业单位改革的配套文件出台。职业年金的筹资模式由"单位缴费＋个人缴费"构成。在基金管理方面，个人账户基金完全积累，工作人员退休后可以领取。职业年金制度有利于推动事业单位养老保险制度完善，并对多层次养老保障制度建设与完善具有重要的探索意义。

第八，业外兼职，支持和鼓励专业技术人员离岗创新创业。根据2017年《关于支持和鼓励事业单位专业技术人员创新创业的指导意见》，国家支持和鼓励事业单位专业技术人员离岗创新创业的具体政策措施有四个方面的内容。一是选派专业技术人员到企业挂职或者参与科研项目，依协议取得成果转让、开发收益，其间依然享有与原单位在岗人员同等的相关权利。二是专业技术人员兼职创新或者在职创办企业，取得的成绩可以作为专业技术人员职称评审、岗位竞聘、考核的重要依据。三是专业技术人员离岗创新创业，可在3年内保留人事关系，离岗创新创业期间保留基本待遇。四是设置创新型岗位，通过设置特设岗位、选拔流动岗位来吸引创新人才，探索实行灵活、弹性的工作时间，鼓励绩效工资分配向在创新岗位上做出突出成绩的人员倾斜。

第九，凸显公益，明确改革目标和方向。凸显事业单位改革的总目标，不论体制怎么变化，都不能离开这个宗旨。提供公益服务、公共产品是事业单位的根本目的，向社会提供公益服务和公共产品是事业法人的唯一宗旨。实现公益性目标的最大化是国家对事业单位的殷切期待。"这是设计事业法人治理结构的最基本的理论依据和现实基础。"① 公益是事业单位文化建设的内容，需要做出必要的制度安排，即用制度建设来保证凸显

---

① 左然：《构建中国特色的现代事业制度——论事业单位改革方向、目标模式及路径选择》，《中国行政管理》2009年第1期。

公益性的实现。我国过去的公益事业主要由党和政府来主导，如今要想通过事业单位改革、通过新的运营方式来开辟一片新的天地，就应当做好制度安排，以防止公益事业流于形式，防止假公益之名而行营利之实，也要改变公益事业都是免费的这样陈旧的观念。近年来，我国政府颁发了许多关于加强公益事业建设的文件，从制度上推动公益事业发展。2017 年 9 月，为加快转变政府职能、深化公益性文化事业单位改革，中宣部、文化部等 7 部门联合印发《关于深入推进公共文化机构法人治理结构改革的实施方案》，对文化事业单位改革中建立以理事会为主要形式的法人治理结构，进一步健全决策、执行和监督机制，做出了十分明确的制度安排。该文件明确，"到 2020 年底，全国市（地）级以上规模较大、面向社会提供公益服务的公共图书馆、博物馆、文化馆、科技馆、美术馆等公共文化机构，基本建立以理事会为主要形式的法人治理结构……人民群众对公共文化的获得感明显提升"①。2018 年 2 月出台的《关于推进社会公益事业建设领域政府信息公开的意见》又对推进社会公益事业建设领域政府信息公开做出了政策安排。

---

① 周玮：《中宣部文化部等 7 部门联合推进公共文化机构法人治理结构改革》，http：// www. xinhuanet. com//politics/2017 － 09/08/c_1121632698. htm。

第四章

事业单位建设的经验借鉴
和治理的制度安排

第一节 事业单位建设的经验借鉴

国外没有事业单位，更没有事业单位的理论。这是事业单位改革之初我们比较困惑的问题。当时从打破高度集权的计划经济体制角度出发，在政企分开以后，还有一个政事分开的问题。国外的社会三元结构理论和非政府组织理论引起了人们的注意，人们试图从中找出可以借鉴的理论。

一 国外第三部门管理方式的引入

在传统的中国社会管理结构中，虽然有中央与地方管理层次的划分，但是，由于受计划经济体制的影响，比较强调地方服从中央、下级服从上级、一切行动听指挥；尽管有企业、农业经济领域和社会公共事业领域以及行政领域的区分，但是比较强调"全国一盘棋"，反对各行其是、"乱弹琴"。高度集权的计划经济体制是我国重要的经济体制和管理体制。在新中国成立后我国选择计划经济体制是由当时特定的社会历史条件所决定的。在当时经济建设比较困难的条件下，在管理水平不高的时期，计划经济体制在组织动员、调动人们参与社会建设的积极性等方面发挥了重要作用。但是，这个体制比较强调集中统一，强调政府的集中领导、监管和控制，当然不可能强调国外第三部门管理理论所强调的相对独立的第三方组织问题。

　　在改革之初，讨论最多的是政府简政放权问题。受计划经济体制影响，政府包揽管理的事务过多，管得过细、过宽，俨然成为社会所批评的"包办式政府""全能型政府"。面对这种情况，在改革中，政府本着"有所为，有所不为"的态度开始主动取消众多行政审批的内容并下放审批权，以适应市场经济的职能转变。然而，由于长期实行的计划经济体制的滞后影响，时至今日，政府依然在探讨以简政放权、放管结合、优化服务为内容的"放管服"问题。在这样的背景下，事业单位的改革必然会受到影响。

　　在我国坚持不懈地实行改革开放的过程中，我国理论界从国外引入了社会三元结构理论。经过研究，人们发现国外研究这个理论的思想家很多。社会三元结构理论可以追溯到古希腊民主政治理论和黑格尔的市民社会理论。马克思从社会经济关系的角度，从社会关系归结于生产关系、生产关系归结于生产力的角度研究过社会结构问题。20 世纪 70 ~ 80 年代以来，英国牛津大学的柯亨、德国社会学家哈贝马斯等西方学者从社会学、政治学的角度，研究了国家、市民社会和社会的关系，他们认为，国家属于政治社会即政治领域，财产所有者属于市民社会或称经济领域，社会属于公共领域。他们特别看重公共领域，将公共领域看作独立于市民社会和政治社会的第三领域，同时认为这三者之间的关系是平等的、互不干涉的。其中，市民社会由相对独立存在的各种社会组织和团体构成，成为国家权力体制之外的、自发形成的自治社会，被看作是独立于政治社会的并可以对政治社会的形成产生制约作用的自我运行、自治管理的组织。公共领域的主体则是由类似于古希腊民主制度中的广场民主或现代社会中的社区自治构成的，这被看成是政治社会与市民社会交流和沟通的平台，是公民个体权利实现的重要渠道。这些思想后来被莱斯特·M. 萨拉蒙（Lester M. Salamon）发展成第三部门理论。萨拉蒙是美国约翰斯·霍普金斯大学政策研究所教授、非营利部门研究的国际专家和代表性人物，十分看重那些介于政府和企业之间的社会组织的力量，将其称为第三部门。他认为，由社会组织构成的第三部门能做好政府和私人企业不愿意做、不会做、做不好和不常做的事情。社会三元结构理论和第三部门理论对我国理论界的影响很大，一时间成为研究中国改革问题的重要参考。

党的十四大明确建立社会主义市场经济体制目标以后，我国学者积极介绍、多元探索、悉心诠释第三部门理论，力图尽快使其中国化，推动社会中间层的成熟。有的学者认为第三部门是既有别于作为第一部门的政府组织，又有别于作为第二部门的企业组织的各种非政府、非营利组织的总称，虽然强调个人奉献、成员互益等价值观念，但是，可以提供部分公共物品和服务①。第三部门的主要特点有四个，即依法注册的正式组织、开展非营利性的活动、满足志愿性和公益性要求、具有不同程度的独立性和自主性②。从范围上看，除政府部门和私人企业之外的一切志愿团体、社会组织和民间协会都可被称作第三部门③。其实，关键的还是第三部门以从事社会公益事业、服务社会公众、促进社会稳定与发展为宗旨④。

按照学者们对第三部门理论的诠释可知，第三部门是一种理论假设，它是可以与作为第一部门的政府和作为第二部门的企业相并列存在的组织，既不是权力机构，也不是营利单位，而是除政府和市场之外的第三个领域，囊括了所有的非政府、非营利组织，包括在政府部门合法注册的社会团体、基金会、民办非企业单位及未注册的"草根"组织等。

在国外，还有很多用以表述这类组织的称谓：非政府组织、非营利组织、慈善组织、志愿组织（voluntary sector）、免税组织（tax-exempt sector）、非政府公共部门（non-government public sectors，NGPS）、公民社会组织（civil society organization，CSO）、公共服务组织、自治组织（chartable organization）等。称谓的不同反映出其所强调的角度和重点不同：非政府组织，意指民间的、非官办的组织；非营利组织，强调的是此类组织与企业的区别，即非营利性；慈善组织，强调组织的经费来源和使用范围，即慈善性；志愿组织，强调的是组织活动参与的态度，即志愿性；免税组织是美国的习惯称呼，强调其在税收上享有的优越权利。我国官方通常将上述组

① 黎民：《公共管理学》，高等教育出版社，2003，第239页。
② 康晓光：《NGO扶贫行为研究》，中国经济出版社，2001。
③ 王名、刘国翰、何建宇：《中国社团改革：从政府选择到社会选择》，社会科学文献出版社，2001。
④ 陈振明：《公共管理学：一种不同于传统行政学的研究途径》（第二版），中国人民大学出版社，2003，第335页。

织称为民间组织，后来改称社会组织。

作为第三部门的非政府组织，与其他组织相比，具有显著的特点。一是民间性，也称作非政府性、社会性，表明这些组织是以民间形式出现和存在的，既不是政府及其附属机构，也不代表政府或国家立场。这类组织也被称为社会民间组织。按照国外的理念，这类社会民间组织应该与政府平行存在，在市场上与其他经济组织展开公开、公平、平等的竞争，从而避免政府垄断管理所导致的高成本现象的出现。二是公益性，也称作非营利性，即不以获取利润为主要目的和宗旨。它的活动可以有一定的营利，但其所获得的收入不能在所有者和管理者之间进行分配，而是以提供公益或公共服务为主要目标。这类组织也被称为公益组织。三是志愿性，表明组织成员都是自愿的而非被强迫的，组织成员将组织视作实现个人志趣和愿望的地方。不论地域和职业，仅仅出于共同的服务社会、服务他人的美好志趣，组织成员走到了一起，但是组织成员未必没有报酬。这类组织属于志愿组织。四是自治性，也称为组织性，即有正式注册和经过批准的组织机构与完善的管理机制，有业已确立的成文章程制度，以及固定的组织人员和独立的经济来源。这类组织自己管理自己，既不受制于政府，也不受制于企业。这类组织也被称为自治组织。

二　我国第三部门与事业单位

第三部门理论、非政府组织理论传入中国后，尽管中国的这类组织很多、很复杂，但是，经过梳理，我国将其分为法定或注册非政府组织、"草根"非政府组织、准政府型非政府组织三种类型。法定或注册非政府组织是其中主要的类型，其是指在各级民政部门登记注册的民间组织，可具体分为三类：一是社会团体（简称社团），主要包括协会、商会、学会、促进会、联谊会、联合会等；二是民办非企业单位（简称民非），主要包括各种民办医院、民办学校、职业培训（介绍）中心、文化馆、福利院（老年公寓、敬老院等）等；三是基金会。"草根"非政府组织主要是指自发形成的民间组织，包括在工商部门登记注册、获得企业法人资格的组织，以及没有独立的法人地位、以挂靠在某个单位名义存在的组织。准政府型非政府组织主要是指依法免予登记的人民团体，包括工、青、妇等八大人民团体和国家核定的团体。

　　第三部门理论、非政府组织理论传入中国以后，人们将其植入正在进行的事业单位建设中，从事业单位的性质、地位、归类等角度进行了反思。政府也在几次对事业单位的内涵诠释中做了解释，使用了非营利、公益性的定性称谓，医院、学校、剧团、养老院、研究所、图书馆、美术馆等事业单位已经在改革中实现了政事分开，成为社会组织，具有了非政府组织的特点。然而，有些事业单位由中央机构编制委员会登记管理，有些地方事业单位习惯了过去的由政府主管的方式，不愿意把自己转为社会组织、成为第三部门，总留恋旧体制时期的地位，愿意强调其是政府某部委主管的、直属于某政府部门的单位，不愿意宣称其社会身份，甚至闭口不谈公益精神。这是与事业单位的改革精神背道而驰的。

　　尽管我们在实际改革过程中已经借鉴了某些国外第三部门的管理经验，但是，倘若继续将事业单位完全纳入第三部门进行管理，会面临很多问题。这不仅涉及政府主管部门与事业单位的关系，还涉及具体的管理技术和方法，尤其是"国家对第三部门的立法管理、资格认证、注册管理、税收管理、财务审计、统计管理、募捐管理、评估与监督等"，"这些领域的研究在西方国家已经比较成熟，在实际的管理过程中也比较规范，但是在我国尚处于较为混乱的初始阶段"①。同时，事业单位本来就是中国特有的组织形式，尤其是涉及科研、教育、文化、卫生等长期与政府关系密切的事业单位，倘若采取第三部门管理模式、非政府组织的管理模式和机制，在我国未必能行得通，或者说缺少探索性的经验，更无试点经验可供参考。

　　第三部门被国外看作是维持公共事业运营的重要组织形态。其可以避免"政府失灵"和"市场失灵"，有效弥补"两个失灵"所带来的不良后果，实现政府、市场和社会之间的密切配合。被寄予希望的第三部门所面临的问题主要在于如何摆脱政府和市场的干预，保持其非营利性和独立性。但是，我国第三部门所面临的问题不仅包括如何独立于政府和市场之

---

① 陈振明：《公共管理学：一种不同于传统行政学的研究途径》（第二版），中国人民大学出版社，2003，第 340 页。

外的问题，也包括如何摆脱政事不分、事企不分的问题，还包括第三部门能不能包容事业单位的问题。也就是说，我国事业单位所面临的既有政府、市场的问题，也有长期以来事业单位对政府和市场的依赖问题，还有第三部门领域中的问题，同时可以分析出事业单位如何体现公益特征问题、不以营利为目的的生存问题、不依赖政府的独立问题等。

从国外舶来的第三部门理论能不能适用于中国、解决事业单位的问题，还得需要实践来检验。与外国相比，中国非政府组织的产生环境、生存方式、管理机制、文化背景都不一样。国外的非政府组织从整体上看，出现时间早，发展历史长；受政府干涉较少，与民间的联系较多；社会影响大，发展速度快；涉及领域广，技术水平高；办事能力强，发展势头好；工作基础扎实，理论成果丰富。中国的非政府组织依附政府多，独立活动少；与政府联系多，与民间沟通少；组织数量多，活动经费少；监管部门多，法律法规少；理念口号多，公益活动少。这虽然是对非政府组织整体的批评式描述，但也涉及了事业单位在第三部门中的大致情况。因此，如果经过深入改革后事业单位真的被纳入第三部门，适用非政府组织管理模式的话，还应当有很多新的问题需要深入研究。

第二节　事业单位法人治理的制度安排

实行法人治理结构是国外公益服务机构的普遍经验。建立健全事业单位法人治理结构，是我们对发达国家公益服务机构治理实践经验的有益借鉴。在事业单位建设中建立健全事业单位法人治理结构，既是对事业单位管理规律的探索和总结，也是创新事业单位管理体制和机制的制度安排，其目的是通过引入"外部治理"的监控机制，推动事业单位管理机制重构，最大限度地实现公共利益，达到推动事业单位管理"共同治理"的良好效果。所以，建立健全事业单位法人治理结构，对我国事业单位的建设和发展必将产生重大而深远的影响。

一　事业单位法人的内涵

建立健全事业单位法人治理结构的思想，出现于中共中央、国务院于

2011 年 3 月 23 日印发的《关于分类推进事业单位改革的指导意见》中。该文件明确提出，"面向社会提供公益服务的事业单位，探索建立理事会、董事会、管委会等多种形式的治理结构，健全决策、执行和监督机制，提高运行效率，确保公益目标实现。不宜建立法人治理结构的事业单位，要继续完善现行管理模式"。建立健全事业单位法人治理结构是我国借鉴国内外企业法人治理结构先进经验后提出的事业单位建设的新设想，是在事业单位建设过程中产生的重要理论。这个理论力图通过构建事业单位治理的新架构，实现事业单位彻底摆脱传统管理体制、走向现代治理模式的新探索。

所谓法人，是指在法律上人格化了的、依法具有民事权利能力和民事行为能力并独立享有民事权利、承担民事义务的社会组织。法人制度是世界各国普遍实行的用以规范经济秩序和社会秩序的重要制度。党的十四届三中全会审议通过的《中共中央关于建立社会主义市场经济体制若干问题的决定》中，首次出现"法人财产权"概念。随后《中华人民共和国公司法》对其做了明确规定。《关于分类推进事业单位改革的指导意见》中首次出现"事业法人"的提法。

事业法人是以谋求和实现社会公共利益为目的，从事国家管理和物质生产以外的社会活动的法人。事业法人主要为从事科研、教育、文化、卫生、体育等事业的单位。我国法律规定，依照法律或行政命令成立的事业单位，具备法人条件的，依法不需要办理法人登记手续，自成立之日起，即具有法人资格；由公民或法人自愿组建的事业单位，需经有关主管部门核准，在办理法人登记手续后方可取得法人资格，领取"事业单位法人证书"。这里的"有关主管部门核准"可以是国家机构编制管理部门批准、国家事业单位登记管理部门登记或备案，也可以是县级以上机构编制管理部门批准、县级以上事业单位登记管理部门登记或备案。

事业单位属于非营利组织，事业法人是不以营利为目的的公益组织。事业法人独立经费的获得方式有三种：国家预算拨给、集资入股、集体出资。同时，事业法人也可以依法从事某些辅助性商品生产和经营活动，如在校学生缴纳的学费、博物馆的门票收入、医院病人支付的医疗费等，这些收入可以作为预算资金留作自用。

在《中华人民共和国民法典》中，以取得利益分配给股东等出资人为目的成立的法人为营利法人，包括有限责任公司、股份有限公司和其他企业法人等；为公益目的或者其他非营利目的成立，不向出资人、设立人或者会员分配所取得利润的法人为非营利法人，包括事业单位、社会团体、基金会、社会服务机构等；机关法人、农村集体经济组织法人、城镇农村的合作经济组织法人、基层群众性自治组织法人为特别法人。

二 建立健全事业单位法人治理结构的意义

治理结构，是指治理的机构、体系及内在控制机制，包括决策层、执行层和监督层三个层面。法人治理结构是从国外舶来的概念，属于现代企业制度中的重要组织架构，主要是指公司内部股东、董事、监事及经理层之间的关系。为了加强政事分开后事业单位的科学管理，促进事业单位和公共服务事业的健康发展，在事业单位建设的过程中，国家主张借鉴企业法人治理结构的做法和经验，建立事业单位法人治理结构，构建与社会主义市场经济发展和民主政治建设相适应的功能完整、结构合理、运行高效的新的管理体制和机制。这是事业单位管理体制和机制的重要变革。

事业单位法人治理结构与企业法人治理结构的相似之处是基本架构差不多，决策、执行和监督机制大体相通，在接受法律和政府监管等方面相差无几。事业单位法人治理结构与公司法人治理结构的本质区别主要有以下几点。一是属性不同。事业单位法人治理结构具有公益属性，法人的使命是提供公益服务；公司法人治理结构具有财产属性，法人的使命是满足公司营利的要求。二是理念不同。事业单位法人治理结构是为了实现公共利益，最大限度地淡化所有权观念；公司法人治理结构是为了维护财产所有权，决策权大小依资本多少而定。三是组织设计不同。事业单位法人治理结构可以体现利益相关者的职责和权益，公司法人治理结构则主要体现所有者利益。

建立健全事业单位法人治理结构的思想，经过了较长时间的酝酿。早在 1998 年颁布的《事业单位登记管理暂行条例》的第三条就规定，"事业单位应当具备法人条件"。2005 年颁布的《事业单位登记管理暂行条例实施细则》明确提出了法人治理结构的概念性构想，突出的是事业单位建设的总体框架设计。在 2007 年开始的山西、上海、浙江、广东、重庆五省市的事业单位改革试点中，法人治理结构付诸实践。2011 年 3 月，中共中央、国务院印发《关于分类推进事业单位改革的指导意见》，将建立健全法人治理结构纳入从事公益性服务的事业单位的管理体制建设内容。同年 7 月，国务院办公厅印发的分类推进事业单位改革配套文件中包括具体的《关于建立和完善事业单位法人治理结构的意见》。2013 年召开的党的十八届三中全会审议通过的《中共中央关于全面深化改革若干重大问题的决定》提出，要"明确不同文化事业单位功能定位，建立法人治理结构，完善绩效考核机制"。2017 年 3 月 1 日起施行的《中华人民共和国公共文化服务保障法》第二十四条规定，"国家推动公共图书馆、博物馆、文化馆等公共文化设施管理单位根据其功能定位建立健全法人治理结构，吸收有关方面代表、专业人士和公众参与管理"。至此，在文化事业单位建立法人治理结构作为改革的制度建设被固定下来，并以国家立法的形式得到了保障。

法人治理结构的建立，体现了事业单位体制改革的制度安排，体现了政事分开、事企分开和管办分离后，事业单位建设的重大变革，具有十分重要的意义。

首先，在治理方式上，实现了从政府管理到社会公共治理的转变，标志着事业单位已经走出了以往依靠政府权威单一管理模式的窠臼，把社会各阶层、包括公共机构和私人机构在内的各机构共同参与的多元治理模式落到了实处。这是具有民主性和现代公共管理意义的改革举措。

其次，为事业单位实现去行政化做好了制度准备。法人治理结构的建立启示人们，事业单位去行政化已经不是梦想了。因为法人治理结构的基本精神是落实事业单位的独立法人地位，实现法人自主权，包括自主管理权、自主经营权、自主用人权、机构设置权等。行政部门对事业单位的微观干预将失去意义，政府主管部门对事业单位的宏观管理将体现在效果考核、验收标准的设立，以及公益目标的实现上。

再次，为文化协同提供了广阔的空间和美好的前景。在"共同治理"模式背景下，各种利益相关者并存，各种社会力量的独立与依存并存、制衡与沟通同在、博弈与对话共生、决策与监督相伴，而在相互合作与制约的语境下，能够将各种意见和力量整合起来、达到求同存异效果的东西就是文化协同，这就得靠组织愿景、事业信念、价值观等组织文化因素了。

最后，为事业单位内外文化协同机制的运行提供了组织架构。在传统管理体制下，事业单位服从政府行政决策，既不能进行自我拓展和自我革新，没有自控和内控动力机制，又不能引入外部力量参与决策管理，没有开放式的业务运转，组织封闭僵化。在法人治理结构框架下，公共取向的观念、外部治理机制与内部控制机制的运行，不仅为事业单位实现与社会的外部对接、促成资源在体制内外交互流动奠定了基础，也为文化的内外协同提供了条件。

三　事业单位法人治理结构的框架内容

所谓事业单位法人治理结构，是指事业单位为了保证其公益属性、有效解决公益服务的公平和效率问题，以实现社会公益服务宗旨为目标，实行所有权与举办权（管理权）分离，以决策层、执行层和监督层为基本架构，由激励和约束等系列运行机制所组成的制度安排。事业单位法人治理结构的核心是建立不以举办权为基础的决策机制，决策权、执行权和监督权科学运行、相互协调的机制，以及服务对象参与决策的外部监控机制等。其目的是保证事业单位的公益属性，有效解决公益服务的公平和效率问题。采用法人治理结构的事业单位，主要是面向社会提供公益服务的那些事业单位，重点是教育和医疗卫生事业单位，其他事业单位则需要根据其所提供公益服务的性质、特点、对象以及与社会公众关系的密切程度再做定夺。事业单位法人治理结构的主要内容如下。

（一）理事会

理事会是事业单位法人治理结构的重要内容，设置理事会是实现法人治理的重要举措，是落实国家《关于分类推进事业单位改革的指导意见》，健全决策、执行和监督机制的实际体现。

理事会既是讨论、咨询、协商、评议的组织，也是承担行政、管理等功能的组织。理事会成员为理事，会议由理事长召集、主持，可设有副理事长、秘书长等协助人员。不论是企业，还是非营利组织，都可以设置理事会。事业单位理事会的成员一般由事业单位内部理事和外部理事（社会理事）两个部分构成。外部理事包括政府有关部门和举办单位、服务对象和其他有关方面的代表，如社会知名人士、相关专家、行业代表、公众代表等。比较理想的情况是政府有关部门和举办单位代表、事业单位内部理事、社会代表三方各占1/3，以体现权力平衡，防止利益方垄断理事会的决策权。事业单位理事会成员的数量一般为7～15人，也可以根据单位规模适当增加理事会成员，但要为奇数。现在大学的理事会成员人数通常不少于21人。理事会设理事长1名、副理事长1～2名。规模较大的理事会，也可设常务理事，还可以设名誉理事长、副理事长、名誉理事若干名。理事的产生方式分为委派、推选和自动生成三种。代表政府部门或相关组织的理事，一般由政府部门或相关组织委派；代表服务对象和其他利益相关方的理事，原则上由推选产生；事业单位本身的理事代表自动生成，即事业单位行政负责人及其他有关负责人可以确定为当然理事，在程序上由理事会任命或提名，并按照人事管理权限报有关部门备案或批准。事业单位其他主要管理人员的任命和提名，根据不同情况可以采取不同的方式。理事会的决策采取"票决制"方式，外部理事和内部理事一人一票，没有权重差别。

（二）治理模式

建立法人治理结构后，根据政事分开、管办分离的原则，主管部门不再直接管理事业单位，事业单位的管理由理事会负责。理事会负责制意味着事业单位的治理方式"从以往依靠政府权威的一元管理向社会各阶层、各机构（包括公共机构和私人机构）共同合作的多元治理的转变"[1]。"文化事业单位法人治理结构通过体制内与体制外的协同合作体现了'共同治理'原则。"[2]"'共同治理'可视为现代公共文化管理的普遍模式，正是这种模式，保证了公共文化管理或服务'公共性的实现'。"[3]事业单位体制内外协同共治的模式一般由决策层、监督层和执行层（管理层）三级构

---

[1] 李媛媛：《国家治理现代化与非营利文化组织的兴起》，《浙江社会科学》2014年第11期。

[2] 李媛媛：《新时代深化文化事业单位法人治理结构改革的政策难点与对策建议》，《国家行政学院学报》2017年第6期。

[3] 毛少莹：《发达国家的公共文化管理与服务》，《特区实践与理论》2007年第2期。

成。其中，决策层是法人治理结构的核心，由理事会（或者董事会、管委会）负责。2017 年 3 月 15 日，第十二届全国人民代表大会第五次会议通过的《中华人民共和国民法总则》第八十九条规定："事业单位法人设理事会的，除法律另有规定外，理事会为其决策机构。"理事会具有决策功能和监督功能，也可以单独设立监事会，负责对理事、管理层人员履行职责等的情况进行监督。有的专家根据职能，将事业单位的理事会分为决策型理事会和咨询型理事会；根据人员结构，分为内部人控制的理事会和以外部人为主的理事会；按照行使监督权和执行权的比重，分为监督型理事会和决策型理事会①。事业单位的执行层（管理层）是理事会的执行机构，由事业单位行政负责人及其他主要管理人员组成，行使日常业务管理权、财务资产管理权和工作人员管理权，对理事会负责并向其汇报工作。在具体操作上，有的单位建立的是"四位一体"的管理体制。"四位"是指理事会决策、管理层执行、监事会监督、党委会保障；"一体"是指理事会、管理层、监事会、党委会分工不分家，围绕着发展大局协调一致、勠力同心。有的地方在公立医院建立了"管委会＋执行层"的治理模式，实行管委会领导下的院长负责制；在文化教育系统，建立了"理事会＋执行层"的治理模式。

（三）职责定位

事业单位法人治理结构的重要特点是职责定位清晰，各个层面分工明确、各司其职。事业单位理事会的职责主要是拟定和修改章程、拟定发展规划、审议和决定重大业务事项、任免提名管理人员、审议批准财务预决算、审议批准职工薪酬待遇方案、监督管理层执行理事会决议情况、拟定单位组织变更方案并监督本单位的运行情况。理事会对理事所代表的各方负责，同时，依照法律法规、国家有关政策和本单位章程开展工作，接受政府监管和社会监督。管理层的职责主要是按照理事会决议独立自主地履行日常业务管理、财务资产管理、一般工作人员管理等职责，并定期向理事会报告工作。在程序上，管理层向理事会负责，受理事会监督。

---

① 李梅：《公共图书馆法人治理结构构建初探》，《图书与情报》2014 年第 1 期。

（四）章程制定

所谓章程，是公司、社团等组织经特定的程序而制定的组织规程和办事规则，是具有法规文书性质的规章制度。事业单位制定章程，体现了其由挂靠政府走向法人治理、由参照行政管理模式向依法治理的转变。事业单位的章程是法人治理结构的制度载体和理事会、管理层的运行规则，也是有关部门对事业单位进行监管的重要依据。2012 年，中央机构编制委员会办公室印发了《事业单位章程示范文本》，为事业单位建立理事会制度提供了基本规范框架。该文件指出，事业单位章程是事业单位登记时所应提交的重要文件，载明了事业单位的权利、义务内容，一经事业单位登记管理机关核准即产生法律效力，是事业单位对外开展活动的法律依据。同时，事业单位章程也是事业单位自主管理、自我发展、自我约束的重要制度。2017 年，科技部、中央编办、人力资源和社会保障部三部门印发了《关于中央级科研事业单位章程制定工作的指导意见》，强调制定章程对于"创新管理机制、完善法人治理结构、健全现代科研院所制度、提升科技创新能力"具有重要意义。事业单位章程包括的主要内容有事业单位名称、宗旨和业务范围、组织机构（法人治理结构）、资产管理和使用原则、章程的修改程序和终止程序、终止后资产的处理办法等事项。事业单位章程也明确了决策层、监督层和执行层（管理层）的关系，包括理事会的职责、构成、会议制度，理事产生方式和任期，管理层的职责和产生方式等。事业单位章程草案由理事会通过，并经举办单位同意后，报登记管理机关核准备案。

（五）配套制度

除事业单位章程以外，事业单位法人治理结构还需要相关配套制度支撑。这既是事业单位法人治理结构良好运行的重要保障，也是事业单位制度文化建设的重要内容。事业单位完整的配套制度包括很多方面，诸如信息披露制度、决策制度、绩效评估制度、人事管理制度、薪酬管理制度、法人治理制度等。

四 事业单位法人治理结构的制度完善

建立健全事业单位法人治理结构，是改革创新事业单位管理体制的重要措施。它不仅体现了在理念上通过引入外部治理实现开放式和社会化运营，也体现了在组织架构上以理事会制度为主体的架构，形成了决策、执行、监督三权分立式的制衡格局，还体现了在运行上严格依章依规履责和管理的精神。所以，事业单位法人治理结构的建立健全是一项具有深远意义的改革，由于涉及的体制建设较多，因而需要长期且付出巨大的努力方能完成。在制度建设上，需要做的工作还有很多，需要走的路还很长。

第一，界定范围。事业单位法人治理结构的建立健全必须以事业单位的分类改革为前提，也就是说，事业单位法人治理结构只适用于面向社会提供公益服务、涉及利益相关者较多、规模较大的事业单位，诸如科研、教育、文化、卫生、体育、新闻出版、机关后勤等。具体来说，适用法人治理结构的事业单位可以是普通高校，中等职业学校，非营利性医疗机构，公共文化、卫生、就业服务机构，基础性或社会公益性科研机构，基础应用科研及技术推广机构，评鉴机构，咨询服务机构等。为行政机关提供事务性、技术性、辅助性的事业单位，则不适用法人治理结构。

第二，分割权力。在实行政事分开、管办分离后，政府与事业单位将实现"举办者"与"管理者"的分离分开，事业单位将成为具有独立法人资格的实体。政府将包括人事权、财产管理权和业务自主权在内的管理权交给事业单位。政府主管部门的职能主要体现为公益活动的保证者和公共资产的所有者即出资人。政府对事业单位的主管与领导已经不再是行政命令式的，而是通过委派理事来参与事业单位的决策和监督，事业单位将在法人治理结构下运行。

第三，加强党的领导。事业单位是意识形态的重要领域和精神文明建设的主要阵地，必须贯彻"党领导一切"的政治原则。一是要实行党政联席会制度，在覆盖面、融合度、决策权等几个方面体现党委的政治引领，并使之制度化、常态化，充分发挥党组织的政治核心和政治引领作用。二是要探索党委领导与理事会融合的新模式。探索以党委为政治统领，党委、理事会、监事会、管理层协调一致的工作机制，明确统领、决策、监督、管理的相互关系，确保事业单位建设的中国特色社会主义方向，确保党的方针政策贯彻落实到位。三是要健全、完善、强化党组织的全覆盖机制，确保事业单位党组织建设完善、党委工作完善。在事业单位理事会、管理层组成人员中，党委成员应占合理比例。党组织要懂得和支持理事会和管理层的工作，在业务工作中充分发挥政治核心和政治引领作用。

第四，完善机制。一是用人机制。应当实行和完善形式多样的人员分类管理制度，建立职位能上能下、人才能进能出、业绩考核优胜劣汰的人力资源机制。二是分配机制。推进以绩效工资为主体、多形式收入分配相结合的分配制度建设，建立良性合理的分配激励机制。三是保障机制。按照国家规定完善事业单位基本养老、医疗、失业等社会保障制度。

第五，加强监管。事业单位法人治理结构的建立健全有赖于监管机制的正确运行，这是制度运行的有力保障。事业单位的监管格局涉及党的领导、政府负责、理事监督、社会协同、公众参与等诸多方面，这是协作监督的保障。其中，党的领导保证事业单位的政治方向，政府负责保证国家公共财政资金的合理使用，理事监督保证事业单位管理层的循章履职，社会协同保障事业单位行业审计和评估活动的顺利开展，公众参与保障公益服务目标的实现。

第五章

事业单位建设的去行政化问题

行政化问题是长期依附于政府的事业单位发展的瓶颈问题。这个瓶颈问题是事业单位整个改革过程中的关键问题，也是事业单位建设绕不过去的重要问题。我国持续多年的事业单位改革在完成分类改革后，面临着"逐步取消行政化"的艰巨任务，这成为事业单位建设不可回避的重要问题。事业单位去行政化既是深化体制改革的内容，也是组织建设的任务，更是组织文化建设应当面对的问题。实现事业单位去行政化不仅需要深化政事分开的制度安排，更需要推动事业单位组织文化变革，引领事业单位走出窠臼，突破体制束缚，树立文化自信，重塑组织精神。

第一节　事业单位的行政化与去行政化问题

一　事业单位行政化问题的实质

如果将带有浓厚行政化色彩的管理模式归为计划经济体制也是可以的。早在改革以前，我国长期以来一直把事业单位当成体制内部的组织而不是社会组织，当时受计划经济的影响，在管理布局上强调国家的统一规划，在公共物品的供给上强调"全国一盘棋"。于是，行政化逐渐成为突出的管理方式并一直被沿用。

倘若深入挖掘，可以探讨行政化与科层制理论之间的关系。科层制亦称官僚制，是德国社会学家韦伯提出的社会组织内部职位分层、权力分等、分科设层、各司其职的组织结构形式及管理方式。其旨在解决无规则、低效率问题，是管理思想的重大进步。虽然韦伯与卡尔·马克思

（Karl Marx）、埃米尔·杜尔凯姆（Émile Durkheim）是公认的社会学三大奠基人，但是新中国成立之初，我们坚持马克思主义，参照苏联社会主义建设经验，没有采取西方的管理模式。所以，事业单位的行政化问题与韦伯的科层制理论没有直接关系。

行政化问题与中国古代的官僚制度也没有关系。中国古代的官僚制度是中国古代政治制度的组成部分，是适应中央集权国家统治需要的政治制度。这种制度在近代已经被废除了，虽然对中国传统文化产生了深刻影响，但是，与现代社会中的行政化问题并没有什么关系。

行政化滋生于现代社会的管理活动，在管理活动中使用行政手段管理业务，让业务带有了行政权力的特点。行政化问题较严重的领域当属高等学校，此外还有人民法院。行政化在管理上也有有利的地方：一是便于统一指挥、集中领导；二是可以统一使用各种资源，集中力量办大事；三是决策快，行事果断。在事业单位改革语境下讨论的去行政化问题，主要是事业单位管理中的行政干预过度问题。这个问题的长期存在已经成为事业单位发展的障碍，主要有三个方面的不良影响：一是管理决策中缺少民主，导致独断专行；二是管理权限集中于主管部门，事业单位没有自主性，影响了积极性；三是业务发展上不顾科学规律，盲目决策等。

事业单位作为十分依赖政府的组织，在文化上必然深受行政管理体制的影响。在 20 世纪五六十年代，我国的经济实力有限，人民的生活水平不高，不论是经费还是发展基金，事业单位只能靠政府的统筹兼顾、合理安排。我国是社会主义国家，十分重视意识形态领域问题，因而，加强党和政府对事业单位的领导是十分必要的。党和政府对事业单位的领导对事业单位的兴起壮大、走向成熟和稳步发展起着十分重要的作用。按照改革前的人事管理制度，能到政府机关工作的一般都是在基层表现优秀、政治可靠、思想觉悟较高的干部，以及表现好的工人、农民和转业军人等，而知识分子和缺乏实践经验的大学毕业生一般都被分配到事业单位。于是，绝大多数事业单位成了以脑力劳动者、专业人才为主体的知识密集型组织。要管理好涉及领域广、部门繁多的事业单位，在当时较为封闭的历史条件下，在没有国外经验可借鉴的情况下，我国只能沿用行政管理模式。在这种模式中形成行政化的习惯、文化是历史的必然。

二　事业单位行政化问题的成因

我国的事业单位与国外没有被纳入行政体制的社会公益组织所从事的活动的范围大致相当。国外虽然没有事业单位，但并不等于没有公共事业，从事公共事业的社会公益组织不仅大量存在，而且发展相当成熟，组织文化特色鲜明。这类组织的价值取向是慈善、爱心、奉献，而不是利益、金钱、财富。我国在设立事业单位的时候并不是为了牟利，首先考虑的是为工农业生产和人民生活服务。当时人们并没有觉得将事业单位纳入行政体制有什么问题，也没有觉得采用行政管理模式有什么不良后果，甚至还认为由政府管理事业单位能够更好地发挥行政组织的延伸作用，体现政府力量的强大。

于是，伴随着社会事业每发展一步都要在功能和作用上更准确地诠释、揭示事业单位的内涵，便出现了一而再，再而三地给事业单位"正名"的情况。1963 年国家编制委员会把事业单位界定为"经费由国家事业费开支的单位"，明确将事业单位的管理规格提高到国家层面。根据《关于划分国家机关、事业、企业编制界限的意见（草稿）》以及《关于地方各级党政群机关编制使用范围的暂行规定》，国家权力机关、国家行政机关、国家审判机关、国家检察机关、党派、政协、人民团体使用的编制，均列为国家机关编制。编制不仅是组织机构的设置及人员数量的定额和职务的分配的依据，也是财政部门拨款的依据。有关事业编制的明确规定，将事业单位与政府部门牢牢地捆绑在一起。1998 年，国务院基于事业单位改革的考虑，规定事业单位属于社会服务组织，但是同时强调事业单位是由国家机关举办或者其他组织利用国有资产举办的组织。这样的解释更是从产权上强调了事业单位的所有权，突出了事业单位对国家机关的依附性质。

在事业单位改革、发展的几十年中，对其内涵和外延的多次诠释或对其的反复"正名"产生了重要影响。首先，在市场经济条件下，明确了事业单位的国家所有权性质，不仅做到了产权清晰、权责明确，有利于防止国有资产的流失，更突出了事业单位国有、国办的规格，其归国家管理也是必然的。其次，摆正了事业单位的社会地位。虽然事业单位属于国有、国办、国管，但其不是政府组织，也不是企业组织，而是社会服务组织，而且是不以营利为目的的社会服务组织。这既明确了事业单位的活动领域和范围，也强调了教育、科技、文化、卫生等事业单位的公益性质。最后，在"正名"及反复"正名"的过程中，事业单位的价值观、组织精神、发展目标等文化层面的东西越来越清晰。当然，不管怎样，事业单位始终没有摆脱行政化问题的束缚，事业单位如何按照自身的发展特点进行建设也成了一个问题。

事业单位行政化问题的成因比较复杂，主要有以下几个方面。一是事业单位主动为之。因为事业单位由行政部门主管，在与主管部门接触和打交道的过程中，事业单位可能会主动迎合主管部门需要，力图取得主管部门信任并受到重视，以便获得更多的资源、更大的发展空间以及更多的发展机会。二是主动了解主管部门的意图，适应其工作方式并打开工作思路，学习主管部门处理问题的方式和工作作风。三是事业单位认为若能一定程度地实现行政化，可以提升事业单位的地位和规格。四是在传统管理体制下，事业单位并没觉得行政化有什么不好，甚至还嫌行政化程度不够。即使发现了有什么体制不顺的问题，其也会从自身找原因，既没有想过，也没有能力要求采取什么措施去行政化。五是事业单位对主管部门的长期依附导致了其在组织心理上形成了听从心态和服从习惯。

三　事业单位去行政化的必然性

行政化就是指通过行政手段对某一组织加以管理，使其具有行政特征。在近年来的改革中，人们多用行政化来批评非行政机关单位生搬硬套行政管理手段制约自身法定职能的现象。毛泽东曾经指出，"现在许多人在提倡民族化、科学化、大众化了，这很好。但是'化'者，彻头彻尾彻里彻外之谓也"①。行政化是某一组织完全具备了行政组织的特点或采取了行政管理模式，表现是该组织充分领会行政组织的管理精神，让行政组织的管理权力贯穿于其全部的管理过程之中，体现行政决策的权威，下级对上级绝对负责，管理活动取决于上级的安排，管理机制是命令式的。从管

---

① 毛泽东：《反对党八股》，载《毛泽东选集》，人民出版社，1964，第798页。

理的性质来说，行政化管理模式属于自上而下的单向决策式管理模式，而不是自下而上的民主决策式管理模式。

事业单位行政化多指行政部门对事业单位的管理过多过细，以至于事业单位没有管理自主权，同时也意味着过去旧体制下的行政集权观念在业务部门的延伸所形成的管理状态，以及由行政部门直接举办、管理、控制的业务职能明显的事业单位格局。事业单位行政化不仅体现在观念、习惯等文化方面，也体现在事业单位的管理结构上，还体现在组织机构的设置、人员数量的定额，以及职位设置、职务分配等上。事业单位的编制也深受行政化的影响，被完全纳入"全民所有制单位编制"管理，事业编制与行政编制相并列。这不仅延续了高度集权的管理体制，凸显了指令性计划经济体制的色彩，而且提升了事业单位的管理规格和行政地位，形成了由行政部门直接领导、管理主体单一化、资源配置计划化、运行经费由财政支出的行政权力化特点。同时，事业单位的组织文化由行政体制所决定，形成了深受行政化影响的组织文化。其实，行政化是靠权力来管理的组织必然采用的管理模式。这种管理模式属于依靠权力的强制力来维系的上下有别、层级分明的管理模式。这种管理模式可以体现行政体制的权威，有利于指挥协调。然而，对于行业有别、类型各异的事业单位来说，行政化虽然可以实现统一管理，但却是特色发展的障碍。尤其是有些业务技术问题，需要根据专家权威的意见来研究处理，行政权力的拍板决策固然可以保证效率，但未必能确保正确。

事业单位虽然归行政部门管理，但无须达到"化"的程度，也就是说，无须做到事无巨细、唯命是从。国有企业归政府管理，但国有企业似乎没有很强的行政色彩，也没有达到行政化的程度。

事业单位去行政化是在改革中由国家提出来的要求。2013年11月12日，党的十八届三中全会通过的《中共中央关于全面深化改革若干重大问题的决定》指出，"推动公办事业单位与主管部门理顺关系和去行政化，创造条件，逐步取消学校、科研院所、医院等单位的行政级别"[①]。

---

① 《中共中央关于全面深化改革若干重大问题的决定》，http://www.gov.cn/jrzg/2013－11/15/content_2528179.htm。

事业单位去行政化，主要是指在政事分开后，减弱事业单位对政府的依附性，取消实际存在的行政级别，放弃事业单位的现行管理模式，淡化并逐渐消除行业、职业或某项工作的行政色彩，使事业单位以非官方的身份存在并从事活动，突出事业单位的社会地位，使其靠专业特色和行业职能服务社会，提高事业单位的知名度。事业单位在实现政事分开和管办分离之后，就没必要也不应该再以公权权威来促进组织发展、以行政手段来管理组织业务了。因此，去行政化不仅是改革的任务，也是事业单位建设的必然选择。事业单位唯有实现去行政化，才能回归社会组织的身份，名正言顺地以社会组织的身份在社会公共领域从事公益服务，发挥社会组织的作用。

要解决事业单位的行政化问题，首先需要解决管理体制问题，理顺关系，搞好权限划分，做好制度安排。其次，推动组织变革，改变传统习惯，重塑文化，再镀金身。事业单位去行政化意味着"管理文化改变"，意味着建立新的制度文化，意味着事业单位"真正走向独立自主、权责对等的法人，成为真正的市场主体"①。然而，由于事业单位受行政部门管理时间较长，行政化程度已经很深，产生的管理问题也相当严重，因此，去行政化必将面临相当大的困难，甚至层层阻力。事业单位去行政化可以采取这样的做法。首先，改变在管理体制上固化为规制、在管理方式上打造成模式、在观念上养成习惯、在心理上形成依赖的状态。其次，尝试进行文化变革、文化重塑、文化协同。体制改革可以靠利益驱动、靠政策导向，但是，在文化变革与文化重塑的过程中，应当认识到心理问题具有隐蔽性，习惯问题具有滞后性，思想问题具有定式惯性的特点。对这些问题的处理不能简单行事，不能指望用快刀斩乱麻的方式解决，需要等待时机成熟，需要延时处理，需要心理调适、文化再造、思想工作等相关手段并举。此外，也应当认识到在困难较大、阻力重重的条件下，依靠行政力量来推动去行政化的可能性较小。这就需要事业单位加强自身建设，充分认识到自身的社会地位和作用价值，认识到自身在国家建设中的意义，认识

---

① 朱恒鹏：《事业单位改革出路在于去行政化》，http://finance.china.com.cn/roll/20170822/4361346.shtml。

到自身的文化建设和自我管理对于事业单位建设的意义。

四　事业单位去行政化的推进

事业单位改革是一场长时间、多领域、全方位、深层次的改革。改革的任务艰巨，内容涉及广泛，既包括管理体制和机制的变革，又涉及机构编制调整和人事聘用制度的推行；既包括绩效工资制度的实施，也包括养老保险制度的建立和完善。事业单位改革不仅带来了体制机制的创新，也引发了人们观念意识、思想心态的深刻变化。尤其是去行政化问题，不仅仅是取消行政级别的问题，它既涉及体制、模式、机制等制度文化层面，也涉及习惯等心智文化层面。也就是说，它是一场由体制改革引发的文化变革。这场变革可以分成三个阶段。

一是获得自主化阶段。这是事业单位去行政化的初始阶段。自主化就是自主权。对自主权的基本解释是按照法律全权为自己的利益进行活动，不从属于别人。事业单位自主权就是事业单位具有独立自主地对本单位的事务进行管理的权力，不受主管部门的干涉和影响。与自主权相伴的还有在人力、物力、财力等方面的自主管理权、自主经营权、机构设置权等。在长期由政府管辖的情况下，获得自主权无疑是事业单位获得相对自由发展的良好开端，当然也是新的发展机遇。虽然这个阶段还没有明确提出去行政化问题，但从中央政府集权化到下放地方政府承办事业单位的权力、从政府"放权"到事业单位"有权"，去行政化有了良好的开端。

二是实施社会化阶段。这是事业单位走向社会化管理的阶段。事业单位的社会化，是国家在事业单位的改革中提出的目标，意在把事业单位按照性质进行分类，将大部分原来由政府举办的事业单位交给地方政府、社会和企业，实现公益归公益、企业归企业，给事业单位自由发展的空间。社会化的实施是实现事业单位去行政化的重要步骤。其中，实施社会化过程所遵循的原则就是事业单位改革中倡导和落实的政事分开、管办分离原则。

三是实现法人化阶段。进入 21 世纪以后，国家在涉及事业单位建设的重要文件中明确提出了去行政化问题，特别是党的十八届三中全会通过的《中共中央关于全面深化改革若干重大问题的决定》强调，推动公办事业单位与主管部门理顺关系和去行政化，创造条件，逐步取消学校、科研院所、医院等单位的行政级别。与去行政化同时进行的是事业单位法人化改革。事业单位法人化改革意味着事业单位从行政全面管控走向依法社会化治理、从官办机构走向法人组织，意味着取消原先的行政等级制度，从身份社会走向契约社会，职工从国家干部变成职业群体。这是一项艰苦的改革，这项改革的完成将很好地解决去行政化问题。

第二节　事业单位去行政化面临的文化藩篱

事业单位去行政化面临着文化障碍，涉及人们的心理感受、思想认识、思维定式等方面。当其与行政化问题交织在一起，就更增加了事业单位改革的难度。所以，对文化问题的深刻反思与分析，有助于我们识别和扫清事业单位建设的障碍，找到事业单位去行政化的成功路径。

一　级别文化和档次文化的窠臼

级别文化，亦称差序文化、等级文化，也可称作科层文化。就科层文化而言，可以追溯到科层制提出的年代。科层制来源于有"组织理论之父"之称的德国思想家韦伯的官僚制理论。因为在现代社会中，行政文化虽然已经没有了等级意识，但是行政权力所要求的权威意识和服从意识依然存在，且对行政文化的影响极深。由于事业单位曾经长期是行政机关的附属组织，在行政文化的影响下，事业单位直接比照行政机关的级别来明确自己的级别，于是就形成了事业单位的级别文化。

各高等院校、科研院所、医院等事业单位是有行政级别的，各级干部虽然不属于公务员编制，但可参照行政机关各级干部享受相应待遇。岗位管理是事业单位人事管理的重要内容。分类设置岗位有利于转换事业单位用人机制，实现工作人员由身份管理向岗位管理的转变，调动不同岗位工作人员的积极性、创造性。事业单位的岗位分为管理岗位、专业技术岗位和工勤技能岗位三类。其中，管理岗位是事业单位领导工作岗位。管理岗位的最高等级和结构比例是根据事业单位的规格、规模和隶属关系来确定的。国家根据事业单位的社会功能和人员结构特点等多重因素，综合确定了事业单位的规格。按照干部人事管理规定，事业单位的管理岗位可分为十个级别，事业单位的职务级别也对应性地分为部级正副职、厅级正副职、处级正副职、科级正副职，以及科员和办事员十级。

事业单位的级别设置本来是出于管理的需要，我国一直很重视事业单位的岗位管理，认为这是事业单位人事管理的重要内容。2006 年，人事部发布《事业单位岗位设置管理试行办法》，开始试行事业单位岗位设置管理制度。2011 年，中共中央办公厅、国务院办公厅发布《关于进一步深化事业单位人事制度改革的意见》。2014 年，国务院颁布《事业单位人事管理条例》。

事业单位管理岗位的设置，比照了国家行政机关。进入管理岗位就意味着拥有了职务级别。职务级别是权力的化身、权威的体现，设置职务级别是管理的基础。合理设置职务级别，可以健全职务级别制度，便于行政领导和管理。事业单位的改革不是不要行政管理的层级，去行政化不是不设置领导职务与级别。大型组织的管理，离不开层级序列，也离不开等级权威。

实际管理中的问题是，有人没有很好地理解国家的意图，没有正确理解事业单位级别设置、级别管理的目的，没有把制度建设中的岗位管理和级别管理看作是管理的手段和方式，而是头脑中依然深受传统文化中"官文化"、级别文化的思维定式的影响，依然把事业单位的岗位、职务看作是"官位"，把职权的配置看作是社会地位的象征、领导级别的象征、身份的象征、相关待遇的象征，也就是说把担任公职看作是个人价值的实现，过分看重职位给个人带来的好处，欣然地享受这种级别文化所带来的待遇。其实，受级别文化影响较大的是事业单位领导，对普通员工的影响主要在于其对组织权威的服从心理。倘若事业单位领导习惯了一定的行政级别所带来的社会影响，那么就会出现不愿改革的心态，甚至会对去行政化产生抵触情绪。

档次文化也叫品牌文化，是基于级别文化带来的地位名气、荣誉和社会影响所形成的文化心理，属于级别文化带来的连锁效应。对档次的简单解释是事或物优劣、好坏、高低的层次。在商品交换中，档次常常是指人们在使用某一商品时所带来的影响和产生的效果，在与别的商品比较中所显现出的"身价"以及带来的心理和面子上的满足。档次文化的影响力攀升，已经逐渐成为现在社会生活中比较重要的一种文化，人们开始追求"高端大气上档次"的目标。

事业单位属于非权力机构，在缺少行政权力来维护自身地位和影响力的情况下，十分看重组织本身在社会上的名声，以及其业务水平给社会带来的影响，如大学十分看重依据人才培养、学术贡献等所得出的排名，认为这是彰显其名气和品牌的资本。

倘若事业单位凭借实际贡献、社会服务、竞争实力来提升档次、获得名气，这无可厚非，甚至要高度赞扬。但是，如果主要是靠主管部门的提携安排和财政拨款，那么这就是受行政化影响所形成的非正常现象，不仅不是事业单位发展的动力，反而会成为事业单位发展的障碍。某些大学尽管可以一时满足于既有的受行政化影响而获得的某些值得炫耀的美誉，但是，在大学林立的社会竞争中，倘若仅满足于某些被评出的雅号而不重视自身发展的话，倘若既不重视提高人才培养的质量，也不重视提高自身教学水平，而是炫耀因主管部门级别较高而带来的影响、处在政府和社会赋予的高评价所带来的光环中停滞不前，那就会出现发展障碍。

二 依附文化和崇权文化的羁绊

事业单位的依附主要是对主管部门的长期服从和过分依赖所形成的习惯。我国的事业单位基本上都是由不同行政层级的国家机关或者具有一定影响力的官办社会组织利用国有资产和财政支出举办的附属性社会组织，长期以来形成了"国办""国管""国养"的格局。这就使得某些事业单位产生了严重的"等、靠、要"的依附心理，形成了"唯官、唯上"的习惯，缺乏独立意识和自主精神。组织的依附必然带来文化的依附，而文化的依附则必然导致个性缺失和独立性减弱，使事业单位的亚文化被其所依附的组织的主文化所掩盖和代替。

依附实际上有两层意思：一是由于孤独而产生的心理和行为依靠；二是为了寻求归属感而产生的投靠行为。在计划经济体制下，我国的社会组织几乎都是国有的和集体的组织，下级服从上级、地方服从中央，缺少独立性是当时的普遍现象。当时的依附关系，是时代的印记。形成依附关系是当时社会组织普遍的生存之道，可以在得到庇护的情况下获得组织安全感和舒适感。而且在同样获得庇护的情况下，在没有竞争和压力的社会中，各种社会组织可以在没有外界挑战的环境中相安无事、悠然存活。所以，依附文化给当时的社会组织带来了安全感，组织之间的关系通常比较融洽，人们情绪稳定，甚至有满足感。

事业单位属于非营利性组织，没有生产性经济来源，服务性的收入也是非经营性的收入，受到国家的严格监管。由于长期以来被纳入国家全额拨款单位和差额拨款单位，所以某些事业单位不仅产生了依靠心理，而且在实际上也有了真实的依赖行为。这种依靠心理和依赖行为就源于依附文化。在这种文化下，权力可以进入管理工作，也可以进入业务工作。

崇权就是对权力的崇拜，是指对掌权人物和权力机关所产生的膜拜，并以此支配行动的思维方式和行为模式。事业单位的崇权是指某些事业单位在一定程度上存在并表现出来的对主管部门的服从心理、盲从习惯和绝对遵从意识。

我国历史上是封建色彩浓厚的国家，受权力文化的熏染，人们非常熟悉权力对人生的影响、权势对社会的影响。崇拜权力、迷恋权力的思想虽然经过历史发展的大浪冲刷，经过思想教育改造，但是依然影响着一些人的思维习惯、行为方式和处世态度。事业单位是由行政部门举办的，人们深知权力对组织创办、建设和发展的影响。所以，依附文化和崇权文化具备了产生的条件。

教育、科技、文化、卫生、体育等事业单位，应该是精于研究、崇尚创造、鼓励创新的组织，也应该是讲究创作自由、学术自由，讲究创新民主、学术民主的组织，既需要科学管理，又需要凸显专业技术职能，没有权力干预也可以实现事业的成功、业绩的辉煌。在这个领域，科学发明、科技创新是否具有科学价值和应用价值，需要由相关专家、权威人士来鉴定。但是，在崇权文化成为强势文化的风气下，学术、技术、艺术创新的价值往往会因为崇权文化的作祟而变得黯然失色，甚至会出现贡献大小以官员的好恶来确定、将某些领导的意见作为判断学术成果价值的标准的情况。权力大小、职位高低成了事业单位衡量人才发展与否的标准。其实，并不是事业单位的工作人员总是畏权怕官、摧眉折腰，也不是学术不如权术、职称不如级别，主要是某些事业单位的领导滥用权力，对事业单位造成了恶劣影响，诸如以权力干涉职称评定、干涉科研成果评奖、干涉人才的选拔等。倘若这种不良的崇权文化泛滥，势必会成为事业单位健康发展的羁绊。

三　卑微文化和工具文化的束缚

在古代，读书是为了做官，倘若知识分子无官可做，那便要布衣一生。知识分子往往清高孤傲，藐视权贵，不随波逐流，所以在古代社会常常遭受迫害，被贬谪流放，甚至治罪下狱、问斩毁名。

卑微一词用以形容地位低下，没有权势。在古代，卑和微都可用来形容官职小、地位低，如卑职、微臣。古代文人个性中有两个显著特点，要么就是在权贵面前清高孤傲、不屑一顾，要么就是在达官贵人面前谦卑自贬，甚至诚惶诚恐。在现代社会中，人们没必要扭曲自己的人格，可以坦然地正常工作和生活。尤其是在知识分子麇集的事业单位，人们在一起可以尽情工作、努力创造，创作优秀的文化作品，发表科技成果。

但是，复杂的现实给人们带来的影响是不一样的，某些单位可能存在小圈子文化，某些单位的领导水平可能有限，于是，卑微文化又重新出现。人们将身边的领导当成官儿，而这些领导也就俨然成了官儿，有了架子、不好接近，不屑于谈及服务意识，也不愿意做服务的事儿，但是却乐于玩弄手中的权力，显示自己的权威。一些事业单位工作人员在无力改变工作环境、无力改变生存状态、无法自主解决个人的职称问题、无力提升绩效薪酬待遇的情况下，不得不委曲求全，卑微文化的影响就越来越大。

工具文化本质上属于政治文化。事业单位的工具文化，主要是说在政事不分的时期，由于事业单位长期依附行政机关，缺乏管理自主性，不能独立解决组织发展和业务改进等问题而形成的习惯心理和行为方式。国家创办事业单位是"为工农业生产和人民文化生活等服务"[1]，是"为了社会公益目的"[2]。这清楚地表明了事业单位的地位和作用，那就是为国民经济

---

[1] 《关于划分国家机关、事业、企业编制界限的意见（草案）》，转引自陈云良《银监会法律性质研究》，http://ielaw.uibe.edu.cn/fxlw/gjjjfl/gjjrf/12211.htm。

[2] 《事业单位登记管理暂行条例》，http://www.gov.cn/zhengce/content/2008-03-28/content_6422.htm。

发展服务，为人民文化生活服务，为推进和改善社会公益事业服务。作为事业单位，为政府建言献策，参与社会治理和国家治理，乃是义不容辞的义务。从这个层面上说，提供服务是展现事业单位价值的机会，是光荣的、崇高的、神圣的，甚至服务得越周全越好。在这个意义上，不能说事业单位是政府的工具。因为这里既牵涉意识形态领域问题，也牵涉上层建筑问题，事业单位肩负着精神文明建设的重任，必须从属于党和国家机关。但是，事业单位有自身发展的规律，有业务管理的规律，应当充分尊重事业单位的地位，维护事业单位的相对独立性，允许事业单位有自己的组织文化和价值体系，有自己的章程和理念。不应当将事业单位当作服务权威的工具、阶级斗争的工具和权力斗争的工具。

四　媚俗文化和拜金文化的枷锁

媚俗文化和拜金文化，不属于由事业单位行政化滋生的负面文化，而是在事业单位管理体制改革不力或者事业单位内部管理不当的情况下，受社会不良风气的影响，由某些事业单位组织成员的消极心理、腐朽心理等形成的劣文化。例如，科研机构为营利而进行开发性经营、医院与制药厂联合营利、新闻媒体为营利而搞有偿新闻、大学为营利而招生办学、影视网络单位单纯追求商业效益而忽视社会效益等，虽然有些属于事业单位转变为企业过程中出现的正常现象，或者只能算是去行政化过程中事业单位出现的文化副产品，但是已成为很有影响的消极文化现象。

事业单位是不以营利为目的的社会组织，其工作成果和价值应当得到社会的回报以作为其劳动的补偿，但是不应当直接表现为货币形态。相对于企业而言，事业单位承担了大部分公益类服务职能。在活动经费上，事业单位享受着国家财政的全额拨款或差额拨款，以及可以根据国家政策采取自收自支的方式，还有相当一部分事业单位因承担行政职能而实行参公管理。从整体上看，事业单位的组织虽然庞大而松散，但因其囊括了教育、科学、文化、卫生等领域，网罗了众多的知识分子和各类人才。他们属于文化水平较高的精英群体，拥有的文化堪称精英文化。精英文化属于高雅文化、高层次文化，体现了知识分子的创造力，代表了高雅的审美旨趣和价值判断。"倘若精英文化出现庸俗化倾向，将会导致社会整体文化水平滑坡，也会使平民文化和大众文化因为缺少精英文化的价值引导和审美救赎而败落。"①

我国对事业单位的改革非常重视，经过了漫长而艰苦的努力，目前已进入分类改革的攻坚阶段。从 2008 年开始，按照国家的要求，采取有效措施，对从事生产经营活动、营利性的各类培训中心、房管站、基建处、物资站、招待所、应用科研所、勘察设计院、宾馆、电影制片厂、电影公司、影剧院、设计室、质监站、博物馆（有旅游收入）、出版社、报社、体育馆、医院、保健站、计生指导站、各类事务所等事业单位，进行转企改制或实行企业化管理，使其成为市场竞争的主体。同时，对各类经济鉴证类、职业介绍类、信息咨询类等具有社会中介服务性质的事业单位进行清理整顿，不能撤销的，经费自理；具备条件的，逐步与主管部门脱钩。在这个过程中，有些事业单位走向了市场，实现企业化、市场化和集团化。这使得事业单位建设取得了重要的成绩。

然而，这些事业单位的改革刺激了某些承担社会公益职能的事业单位，它们借着事业单位建设边界不清之机，在接触市场以后，出现了背离公益目标、牟利赚钱的情况。例如，在医疗体制改革过程中，本该走向公益化的医疗事业单位一直没有迈出像样的改革步子，还偏离了公益方向，出现了过度市场化问题。某些纯公益事业单位开始追求创收，出现了"吃着皇粮赚银两"、违反社会公平的问题，使国家公益事业的建设受到严重影响。更有甚者，有些事业单位未经上级主管部门和国家有关部门的审批，违规使用财政拨款及结余款，利用赠款、试验费、合作经费等，从事股票、期货、基金、企业债券等投资，甚至出现亏损，造成国有资产的流失。

在趋利、逐利、营利的过程中，事业单位出现拜金倾向，而拜金倾向又让教科文卫体等事业单位走出了构建社会心灵家园的"象牙塔"，激起了物欲，滑向了媚俗文化。这必然导致高雅文化缺失、精英文化蒙羞、劣质文化泛滥。更让人们感到悲哀的是，精英文化的媚俗、拜金取向带来了

---

① 张志刚：《事业单位去行政化改革的文化分析》，《东北大学学报》（社会科学版）2015 年第 1 期。

很多意想不到的问题，诸如学术造假、医术营利、艺术低俗等，某些事业单位已经失去了精神殿堂和文化乐园的地位，使得赝品乱真、斯文扫地。

第三节　事业单位去行政化的文化协同

经过 30 多年的改革，事业单位已经完成了体制的宏观架构和制度的设计安排，实现了分类体制改革，正在推进中国特色公益服务体系基础工程的建设。然而，从目前来看，依然需要更深层的改革。从一定意义上看，体制机制的改革可以解决管理的刚性问题，而思想沉疴的治愈、心理障碍的消除、文化冲突的消弭则是事业单位建设不能忽略的重要问题。

一　改变思维定式，实现文化转变

事业单位的行政化思维定式，是指以往的深受行政力量影响的习惯对后续事业单位活动造成的影响。这种影响涉及思维习惯、工作作风、处理事务的方法、职业伦理等方面，属于经过长时间的重复而形成的思维惯性，表现为定型化、固定化、模式化、僵化的观察、分析和处理问题的方式。

行政化思维定式属于一种行政文化心理，并常常影响、干扰人们的思维方式，成为识别和判断事务的循环经验、工作方式和刻板模式，也就是人们常常说的束缚人们的条条框框。由于事业单位长期在行政化色彩较重的管理模式下活动，受行政机关的领导，难免养成依权办事的习惯性思维方式和行为方式。级别文化、档次文化、崇权文化、依附文化等不同程度地影响着事业单位建设。

旷日持久的事业单位改革，虽然已经解决了制度上的刚性规制、体制上的坚决剥离、机制上的无情转型问题，但是对于长期养成的、已经深入潜意识的事业单位文化来说，去行政化并非易事。这里需要有三个方面的认识。

首先，必须明白和接受，事业单位去行政化已成大势所趋。改革是革故鼎新的庄严事业，不论事业单位的数量多少、涉及行业多广、难度多大、行政化问题多严重，一旦认准了就会强力推行。改革也是必须进行到底的庄严事业，不仅要完成制度体制的建构，也要在文化上荡涤一切不适应的旧观念、旧习惯、旧文化。"只有真正接受国家事业单位改革确立的政事分开原则，才能在思想上坚定去行政化的决心，才能找到事业单位在社会中的位置，即归位于非政府的社会组织。"①

其次，分类改革后的事业单位应当用公益组织文化、社会组织文化代替已经成为习惯的行政化思维方式和行为模式，走出行政化的窠臼。事业单位文化上的去行政化，主要是去除依附行政机关时期形成的行政化倾向，去除因制度规定而产生的行政级别意识和官本位思想。当政府不再对事业单位的发展实行直接管辖和主导控制，事业单位就不再是政府的附属机构，就会具有组织发展的自主权。当事业单位的人事、财务、职称等由自己决定以后，其管理的方式就会逐渐改变。在形成了自己的管理方式之后，其文化也会嬗变。

最后，用事业单位文化展现事业单位特点。随着事业单位行政化色彩的淡化和行政级别的逐步取消，事业单位应当用自己的文化展示自己的特点和特色，不再用行政级别炫耀自己、凸显自己，向事业活动专业化、学术化和功能化方向发展，使事业单位成为名副其实的事业组织，而不是行政组织，使职业水准成为评价事业单位地位和功能的主要依据，实现事业单位回归社会组织。

二 回到制度框架，实行文化再造

当走出行政文化圈，找到了自己发展的位置的时候，事业单位就会获得文化上的自由，有了按照现代组织管理的方式重新塑造文化并按照文化的规律推动组织发展的机会。这就是设计新制度框架、实行文化重塑的契机。

制度是组织存在的形式，事业单位建设应当将制度建设放在重要位置。建立现代事业单位管理制度应当是事业单位的明智选择。现代事业单位管理制度是与企业制度、行政制度相并行的管理制度，属于组织文化中

---

① 张志刚：《事业单位去行政化改革的文化分析》，《东北大学学报》（社会科学版）2015年第1期。

的制度文化。虽然事业单位涉及的类型较多，但管理上却有相同之处，可以打造具有一定包容性的系列管理制度的总和，"以构建中国特色的现代事业制度为方向的事业单位改革，最重要的是事业单位的体制调整和机制建立"①。现代事业单位管理制度能充分体现政事分开、管办分离、责任明确、管理科学的精神，包括事业单位内部管理和外部管理两大层面，具体囊括事业单位法人制度、科学民主的领导制度、包括社会型和社团型等在内的多样化的组织模式、多元化的投资与经营补偿制度，以及人事制度、财务制度、监管制度等多项具体运作制度。

　　建立现代事业单位管理制度，需要文化重塑来配合。只有将制度框架设计与组织管理结合起来，形成制度文化和精神文化的互动支持，才能为现代事业单位管理制度的建设奠定坚实的基础。建立起现代事业单位管理制度是基础，重塑文化是协同工程，二者相得益彰。实施文化重塑，应当重点考虑以下四个方面。一是明确事业单位的宗旨和价值观，将其作为增强组织向心力和聚合力的精神力量。二是以组织文化建设为基础，用共同体意识培育事业单位组织成员的责任感、使命感，在创造和创新中体现崇高感和荣誉感，把组织文化建设做到实处。三是通过文化重塑深入挖掘本单位在长期发展过程中积淀的优秀文化传统，并将其进行提炼、概括，使其成为事业单位的文化理念。四是在对传统的文化继承、创新的基础上，形成特色的文化理念。分类改革后的事业单位，虽然留下的都是公益组织，具有共同的文化理念，但是，由于事业单位涉及教科文卫等众多领域，业务各有不同，因而对组织文化的诠释可以各有不同、各有区别，可以形成具有专业特点的文化理念、文化风格，由此形成各自行业的文化特色。

三　增强文化自信，用文化维系组织的建设和发展

　　事业单位实施分类改革后，尤其是在逐步去行政化、取消行政级别的过程中，其实面临着文化的浴火重生。在这期间，事业单位的原有文化可能发生三个方面的变化。一是断裂。即随着政事分开原则的实施，事业单

---

①　左然：《构建中国特色的现代事业制度——论事业单位改革方向、目标模式及路径选择》，《中国行政管理》2009 年第 1 期。

位将会与原来的主管单位取消隶属关系，于是，在文化上要进行新的再造。二是迷茫。即事业单位断了"皇粮"、断了"母乳"以后，可能会出现管理的不适应、文化的无着落状态，甚至很可能会出现方向错位、管理迷茫的情况。其实这是旧文化扬弃、新文化尚未建立起来所出现的中间断档期的状态。三是渴求。事业单位过去习惯了政府的领导、跟着政府走，去行政化后要自己规划未来、自己确定方向，这就需要有自己的发展目标、自己的文化自信。

事业单位确立的文化，是事业单位活动的精神动力和力量源泉，应该表现为对自身社会地位和作用认识之后所形成的自我肯定和自我评价。这意味着事业单位在去行政化后开始独立活动，走自己的路、办自己的事，达到自我成熟的过程。这一过程可能会经历文化反思、文化困惑、文化选择、文化觉醒、文化历练、文化成熟等几个阶段。经过这样几个阶段后，事业单位就会形成自己的新的文化。

选择自己的文化，其实就是事业单位寻找到了组织发展的定位。定位决定方向，方向引领未来。如果没有发展方向，不论怎么改革，都不能促进事业单位的发展。倘若发展方向错误，事业单位就会违背公益组织文化建设的宗旨。确定自身的发展定位，并持之以恒地为之奋斗，任何组织都能取得不平凡的成就。事业单位明确了自己的发展定位后，就要增强信心、挖掘潜力、追求目标。为了目标实现所做的宣传、动员、激励等协同工作，都是文化所应发挥的作用。从一定意义上看，定位准不准确、目标能不能实现，取决于文化能不能发挥作用。因此，文化既是实现目标的力量，也是维系组织存在和发展的力量。

美国研究现代组织的专家彼得·圣吉（Peter Senge）教授在 1990 年出版的《第五项修炼》（*The Fifth Discipline*）一书中就大谈组织文化建设，认为学习型组织（learning organization）必须进行"五项修炼"，即建立共同愿景、团队学习、改善心智模式、自我超越、系统思考。其中，组织成员拥有的共同愿景就是组织的价值观，代表了能够鼓舞组织成员的文化，这个文化可以促进组织成员主动而真诚地奉献和投入。学习型组织理论对事业单位去行政化改革，确立价值目标，防止发展方向错位和管理迷茫具有十分重要的意义。

四　用文化融合制度，实行文化化管理

从文化的角度进行思考就会发现，没有单纯进行的改革和建设，或者说改革和建设总是伴随着文化的嬗变进行的。如果说改革实现的是刚性体制的构建，那么文化则是柔性的变革重塑，针对的都是改革和建设中的矛盾与冲突。在事业单位改革和建设中化解组织文化冲突、重塑组织文化具有重要的理论意义和实际应用价值。

第一，促进分类改革顺利完成，推进公益制度建设。事业单位分类改革涉及很多深层次的体制机制问题，诸如薪酬制度、住房补贴、医疗待遇、养老保障等。由于不同类型事业单位的服务性质多种多样，介入市场的程度深浅不一，受国家政策扶持的力度有大有小，事业单位的分类改革面临很多困难。改革触及的问题既有政府问题，也有社会问题；既有利益问题，也有公平问题。此外，还要解决在过去政事不分的体制下，我国社会事业发展相对滞后，以及由此带来的公益服务供给总量不足、质量和效率不高、资源配置不合理和供给方式单一的问题①。针对这些由体制不顺、机制不活造成的问题，在经过分类改革后，倘若单纯靠制度强制推进，解决效果未必好，甚至很容易引发管理问题和社会问题。倘若将文化纳入进去，用文化伴随改革，用文化协同建设，将为改革和建设提供十分有力的保障。因为文化协同，可以起到润滑改革、融合制度、柔化政策、推动建设的作用。所以，事业单位的组织文化建设应该与改革并行、与建设协同。

第二，化解改革矛盾，促进组织融合。一些事业单位在采用合并、剥离、细分、脱钩、转制、撤销等方式的过程中，在组织目标、改革条件、选择类型、采用方式、设立框架和寻找路径等方面，曾经不同程度地出现过文化冲突，也出现过由此而引发的组织成员心理不适应等诸多问题，导致事业单位在发挥社会作用时出现核心竞争力不强、软实力下降等问题。这些问题单独靠体制机制改革是解决不了的，需要用文化建设的方法，通

---

① 《中共中央　国务院关于分类推进事业单位改革的指导意见》，https：//epaper. gmw. cn/
gmrb/html/2012－04/17/nw. D110000gmrb_20120417_1－01. htm。

过心灵工程，构建价值、精神、伦理、管理诸因素良性互动的事业单位发展模式，达到化解改革矛盾、消弭组织冲突的目的，打造凝心聚力、和谐相融的组织文化。

第三，解决行政化色彩过重、公益文化不彰的问题，实行文化化管理。所谓文化化，就是在事业单位去行政化后，确立事业单位自身的组织文化，用自己的文化理念管理自己的组织，发挥其应有的效能与作用。事业单位的精神文化是无声无形的巨大力量，是组织发展的"道"，在坚持公益的问题上，这个"道"应该是"独立不改，周行而不殆"的。坚持这种精神就可以摆脱在事业单位行政化背景下所形成的文化状态，通过事业单位改革，以公益文化为主旋律构建事业单位特有的组织文化，并以这种组织文化为动力搞好事业单位管理，让事业单位从隶属于主管部门的组织转变为靠文化立身、以文化励行、用文化管理的文化化的新型组织。只有跳出事业单位行政化的窠臼，才能找到按照文化进行管理的道路。实行文化化管理应当高度重视事业单位的业务水平、服务能力和服务质量的提升以及社会影响，用组织文化激励单位成员培养社会责任感，勇于价值追求、形象塑造、名声维护等，为凸显事业单位的公益文化做好准备。

事业单位公益服务的新格局

以文化协同推进事业单位建设的目标是建成有事业单位参与的中国特色公益服务体系新格局。中国特色公益服务体系新格局的构建必将增加公益供给总量、增强公益服务实力、提高公益服务质量，惠及整个社会，推动中国公益服务迈上新的台阶。中国特色公益服务体系新格局的构建是一项涉及领域众多，需要政府主导、社会力量参与的系统工程，体现了系列化的新战略、新思路、新举措。事业单位分布领域广泛、涉及内容众多、与民生关系密切，经过文化协同改革后的事业单位，将成为我国公益服务的主力军，形成有专业行业支撑、有高水平队伍、有文化协同的力量。

第一节　事业单位与中国特色公益服务体系建设

公益作为一种理念、一种美德、一种习惯，在现实中以公益文化的形式存在。由真、善、美、爱、乐构成的公益文化，以传播公益精神、维护公共利益、实现公共福祉、弘扬公益情怀为主旨。公益文化滥觞于古代，也将伴随着人类文明社会的发展走向未来。那些不以营利为目的而主动向他人和社会提供无偿服务的都可归为阳光下最受尊敬的事业，堪称公益服务。公益文化是公益服务的精神支柱和价值追求，公益服务是公益文化存在与传播的基础，二者相互依存、相得益彰，共同促进社会的进步、文明、和谐与美好。

一　公益文化与事业单位的公益服务

在国外，公益精神源于古老的"救人救己""济贫济世"等慈善观念，以及后来文艺复兴时期的人道主义精神。从词源上看，公益一词可能来自拉丁语中的两个概念，一个是 caritas，中文译作"以自己仁慈的心和力量去帮助需要帮助的人"；另一个是 philanthropy，意为"对人的爱"。在国外文化中，对众人的慈善就是公益，但慈善与公益有所区别。美国学者丹尼尔·科伊特·吉尔曼认为，慈善是给穷人提供暂时的帮助，公益则惠及所有人。公益的重点不是通过暂时的捐赠来满足受困者的需要，而是创建和支持那些能够为公众、社会提供机会的机构①。

我国的公益文化滥觞于古代的慈善观念。先秦时期的老子就提出了"上善若水""上德若谷"的思想。《说文解字》云：慈，爱也；善，吉也。孔颖达疏《左传》云："慈者爱，出于心，恩被于业。"《国语·吴》中有"老其老，慈其幼，长其孤"的思想。《孟子》中有"老吾老以及人之老，幼吾幼以及人之幼"的教诲。《墨子》中有"天下兼相爱""爱人若爱其身"的思想。民间有"赠人玫瑰，手有余香"之说，亦有"雪中送炭"之谈。佛教传入我国后，"修善积德""因缘业报""慈悲为怀"的观念融入了社会的主流文化。魏晋时期，我国出现了"慈善"并用的概念。在现代汉语中，慈是指长辈对晚辈的爱，"善"是指人与人之间的友爱和互助。慈善事业是人们在没有外力影响的情况下自愿地奉献爱心与援助他人，从事扶弱济贫活动的社会事业。慈善事业的活动对象、范围、标准和项目，由施善者确定和安排。

在现代，公益一词是公共利益事业的简称。在国外其专指有关社会公众的福祉和利益，伦理学和公共管理学称之为公共利益。在生产资料公有制的背景下，人们更喜欢用为人民服务来表达对社会的奉献精神。在实行市场经济后，鉴于市场经济追求私利私益的特点，公益成为一种精神境界和高尚行为。于是社会上出现了专门的不以营利为目的的社会公益组织并由其从事公益活动。当公益活动成为人们的需要和期待的时候，公益就成为一种文化。

在社会活动中，人们常常将公益与服务连在一起使用，还经常使用公共服务、社会服务两个概念。其实，这三个概念是有区别的，公共服务主

---

① 佐尔坦·J. 艾斯：《公益之重：富裕阶层如何兼济社会福祉》，李昆、李颖译，东北财经大学出版社，2014，第 70~80 页。

要是政府、国有企业、事业单位、社会团体等公共部门的共同行为，旨在为社会提供纯公共物品和准公共物品，发展公共事业，强调现代治理中公共部门的服务行为，强调公民的权利主体性。社会服务一般是指教育、文化、体育、医疗、养老等专门机构为社会领域中的大众群体提供专业水准的、多样化的、普惠性的服务。社会大众对社会服务可以通过有偿购买获得，也可以通过机构的捐赠来无偿获得，社会服务能够体现社会公众最关心、最直接、最现实的利益问题。公益服务主要是事业单位、社会团体、企业、个人等的善举、义举，凸显的是不以营利为目的的情怀、为社会公众提供无偿服务的高尚行为。

在国外的公益事业中，最突出的是私人办的公益事业，而这种公益事业最有成效的形式就是基金会。基金会是一个非营利性的公益性团体，由个人或公司提供资助，并设有专门的基金管理机构，主要活动在教育、医疗、宗教及社会公共服务等领域。美国富翁安德鲁·卡内基曾经说过："拥巨富而死者以耻辱终。"卡内基是美国"钢铁大王"，临终前向社会捐出全部身家 3.3 亿美元[1]，这奠定了商业化运作的现代慈善组织运作模式的基础。其捐建的图书馆如今遍布全美，设立的基金会仍然十分活跃。美国的微软公司创始人比尔·盖茨退休后，仍作为微软公司董事长以保证公司的运营，但却并把 580 亿美元个人财产捐到比尔及梅琳达·盖茨基金会（Bill & Melinda Gates Foundation）[2]，用以从事公益事业。

二 公益服务与公益组织

经过很多国家和公益组织的努力，公益成为一项事业和现代服务业，有很多个人和组织投身于公益事业乐此不疲。因而，公益被诠释为不以营利为目的而为全体人民提供无偿服务的行为。公益组织成为国家视域中的为经济活动、社会活动和居民生活提供服务的部门，涉及公共交通、电气热供应、卫生保健、文化教育、体育娱乐、邮电通信、园林绿化等行业。这些行业在公共管理学上被称为公共事业。在我国的传统行政体制中，公共事业被称为

---

[1] 《美国慈善史：从卡内基到盖茨》，http://news.cctv.com/science/20080624/104791.shtml。

[2] 《美国慈善史：从卡内基到盖茨》，http://news.cctv.com/science/20080624/104791.shtml。

社会事业，在政府有社会事业局的部门设置。

公益服务，是不以营利为目的，为国家、社会、他人提供无偿帮助的行为与活动，与有偿的、营利性的服务相对应。在国外，20 世纪中叶以后，很多公益服务都是由非政府组织或非营利组织提供的。这与国外的福利国家建设、公共管理危机、政府治道变革、社会治理兴起等相关联，是对政府失灵、市场失灵的应对。于是，非营利组织在全球范围内得到了广泛发展，形成了空前的发展规模，这被称为"全球结社革命"，被誉为 20 世纪最伟大的创新。在当今美国社会中，形成了政府、企业公司和非营利组织三足鼎立的格局。企业公司是社会财富的创造者，非营利组织致力于提供社会服务，政府则宏观地进行政策调节、法规制定和财政支持。种类多样的公益服务机构层出不穷，不论是在与政府配合还是独立提供公益服务的过程中，都发挥了重要作用，扮演了不可替代的角色。这既与社会公益文化的成熟有关系，也与国家扶持公益组织、提升公益组织能力、强化政府监管、倡导行业自律有密切关系。

我国的公益组织发展较晚，相关立法工作相对滞后。据考证，公益一词是从西方传到日本，在日本被翻译为"公共福利"，后来又从日本传到中国的①。公益一词在 1887 年已经在中国出现并被使用，且被写入清光绪三十四年（1908 年）12 月 27 日颁布的《城镇乡地方自治章程》中。1994年，我国第一家综合性的慈善组织，即中华慈善总会成立。1988 年我国颁布了《基金会管理办法》，1999 年颁布了《中华人民共和国公益事业捐赠法》。1998 年 6 月，国务院将设于民政部的社团管理司更名为民间组织管理局。民间组织一词成为重要的概念。2007 年党的十七大报告中明确使用了社会组织这一新概念，社会组织取得了合法性。我国的社会组织主要包括社会团体、民办非企业单位和基金会，不包括事业单位。

随着我国社会转型的加速和政府职能转变的逐步完成，社会组织如雨后春笋般地在中国涌现。早在 20 世纪 50 年代初，全国性社团只有 44 个，

---

① 秦晖：《政府与企业以外的现代化：中西公益事业史比较研究》，浙江人民出版社，1999，第 27 页。

1965 年不到 100 个，地方性社团只有 6000 个左右[①]。而且，当时的社会团体主要是中华全国总工会、中国共产主义青年团、中华全国妇女联合会、中国科学技术协会和中华全国工商业联合会等。改革开放给我国社会带来了深刻变化，出现了社会组织数量迅速增加、种类逐渐增多、自治性明显增强和作用日益增大的局面。到 1989 年，全国性社团剧增至 1600 个，地方性社团达到 20 万个。1992 年全国性社团有 1200 个，地方性社团约有 18 万个。到 1997 年，全国县级以上社团达到 181318 个，其中省级社团 21404 个、全国性社团 1848 个、县级以下社团约 300 万个[②]。

中国社会组织网引用 2021 年 1 月 28 日《公益时报》的数据显示，"2012 年我国社会组织总量只有 32 万家，2013 年达到 39 万家，2014 年超过 46 万家，2015 年超过 53 万家，2016 年达到 61 万家，2017 年达到 69 万家，2018 年超过 76 万家，2019 年超过 84 万家，2020 年超过 89 万家"。截至 2021 年 1 月 20 日，"全国社会组织累计登记数量达到 900914 家，突破 90 万家。依照目前的速度，预计 2022 年，我国社会组织数量将正式突破 100 万家"[③]。另据《中国慈善发展报告（2022）》，截至 2021 年底，全国社会组织总量为 90.09 万个，其中，社会团体 37.1 万个，社会服务机构 52.1 万个，基金会 8885 个[④]。2021 年 6 月 18 日，据报道，民政部社会组织管理局的有关领导在民政部举办的发布会上指出，近年来，全国社会组织数量整体上保持平稳较快增长，党的十八大前夕，全国社会组织约 46.2 万个，截至 2021 年 5 月底，全国社会组织数量已超过 90 万个，其中全国性社会组织 2289 个，已基本遍布所有行业和各个领域。"我国社会组织发展正进入从'数量增长'向'质量提升'迈进阶段。"[⑤]

西方提供公益服务的非营利组织其实并不是免费提供服务的福利组织。

①　吴忠泽、陈金罗：《社团管理工作》，中国社会出版社，1996，第 5 页。

②　俞可平：《中国公民社会的兴起与治理的变迁》，社会科学文献出版社，2002，第 200 页。

③　《我国社会组织登记总数已经突破 90 万家》，http://wap.xjche365.com/zhixiao/zhixiao/20210128/58354.html。

④　《〈慈善蓝皮书：中国慈善发展报告（2022）〉发布　慈善资源总量持续增加》，http://k.sina.com.cn/article_1881124713_701faf69020014hdn.html。

⑤　《我国社会组织登记总数已经突破 90 万家》，http://wap.xjche365.com/zhixiao/zhixiao/20210128/58354.html。

目前，西方国家已经形成了比较成熟的社会组织运行和管理模式，诸如良好的经营理念、成熟的筹款模式、独立的组织机构框架和社会监督体系，以及完善的财会制度，同时还有相应的税收政策和法律制度等。中国的社会组织虽然尚不具备严格意义上的西方公益组织的特征，但在摆脱对政府的依附、增强履行职能的自治性、减弱实际上的营利性等方面已经做出了很多努力。

2016年3月，《中华人民共和国慈善法》颁布，为社会组织发展提供了制度保障和广阔空间，中国社会组织的数量迅速增加。我国社会组织类型日益丰富，已初步形成良性发展的内部生态系统与良性互动的外部生态圈。然而，在中国这样一个地域广袤、人口众多、服务内容广泛的国家，仅靠社会组织来提供公共服务、公益服务，是远远不够的。中国从事公益事业的组织和机构的规模、活动能力等尚存在诸多问题，公益事业发展所必需的法律制度、社会支持、文化背景、专业水平和经济基础等还并未满足条件，公益事业在获取资源、展现能力、提升水平、充实内容、设计未来、完善机制等方面的巨大优势尚未充分发挥出来。在这种背景下，被划归到社会组织的事业单位向公益组织转型是十分正确的选择。将事业单位纳入社会组织必将引起我国公益服务格局的新变化。

把由政府行政部门主管的事业单位纳入中国特色公益服务体系，是我国事业单位改革过程中逐渐明确的改革目标。这是事业单位最好的选择。事业单位可以在中国特色公益服务体系中认清使命，大展宏图。

三　事业单位与建设中国特色公益服务体系

事业单位作为中国特有的组织，形成于计划经济时期，在没有国际参照的情况下，随着我国经济、政治、社会、文化的发展而不断发展壮大。由于传统的事业单位涉及教育、科研、文化、卫生、体育、新闻出版、机关后勤等诸多方面，加之举办者又涉及党、政、工、团等，所以，事业单位成了中国最复杂的组织，既包括具有行政机关性质的组织，也包括具有社会公益服务性质的组织，还包括由市场支配的具有企业性质的组织。这些组织在管理模式、运营方式等方面存在着明显的差别，这就为事业单位的改革和建设增加了难度。

事业单位承担着为国家创造或者改善生产条件，促进社会福利，满足人民教育、科技、文化、卫生、体育等需要，为社会发展提供公益服务的任务。随着参与我国经济与社会活动的人数的增加、各种活动数量的增多和规模的扩大，特别是全面建成小康社会以来，面对人民对美好生活、改善现实社会生活状况的新期待，事业单位提供的服务的数量增加、规模扩大成为必然。在我国确立了市场经济体制后，随着政府职能的转变和服务型政府建设进程的加快，积极推进长期依赖政府的事业单位的改革和建设成为国家发展的紧迫任务。为此，在农村改革和企业改革完成以后，事业单位的改革和建设的任务就被提上了日程。

自 1996 年以来，我国将改革的重点放在事业单位的改革上，改革和建设并举。经过试点探索后，2011 年 3 月 23 日，我国出台了重要文件《关于分类推进事业单位改革的指导意见》，明确提出"到 2020 年，建立起功能明确、治理完善、运行高效、监管有力的管理体制和运行机制，形成基本服务优先、供给水平适度、布局结构合理、服务公平公正的中国特色公益服务体系"。这告诉我们，推进事业单位改革与建设的目标是瞄准和凸显公益服务，构建中国特色公益服务体系。事业单位改革绝不能像农村改革和企业改革那样突出"以经济建设为中心"、狠抓"经济效益"，事业单位的改革要有追求、有境界、上档次、上台阶，即凸显公益服务。

我国的事业单位虽然有别于国外的非政府组织或非营利组织，但是又与其有着一定的相似之处。国务院早在 1998 年发布的《事业单位登记管理暂行条例》中就指出，事业单位是为了社会公益目的而建立的社会服务组织。2011 年出台的《关于分类推进事业单位改革的指导意见》鉴于我国公益服务的薄弱情况，以推动我国公益服务发展，特别是建设中国特色公益服务体系为目标提出了事业单位改革的要求。"事业单位改革根本目的是促进公益事业发展、不断满足人民群众日益增长的公益服务需求。这是一项庞大的系统工程，要破除的是制约公益事业发展的体制机制障碍，要解决的是事业单位在管理体制、机构编制、财政投入、人事制度、收入分配、养老保险等方面的深层次问题。"[①]

展现事业单位的公益属性、发展公益事业、建设中国特色公益服务体

---

① 赵兵：《事业单位改革，健步迈向公益性》，《人民日报》2017 年 10 月 18 日，第 13 版。

系是事业单位改革与建设的主线任务,一切分类改革、体制调整、机制构建,都要凸显这一主线任务。在过去的计划经济年代,政府是公共事务管理者,也是公益服务、社会福利的唯一提供者,事业单位只是政府部门的附属,在政府的安排下,以专业部门的身份分担一部分公益服务的职能,并未成为发展公益事业的主体。

事业单位的公益性是由事业单位所承担的社会功能和市场经济体制的要求所决定的。在市场经济的框架中,市场对资源配置起决定性作用,但是,在教育、卫生、基础研究、市政管理等领域,相关产品或服务则不能也无法由市场来提供。为了满足社会成员的需要,就只能由政府出面安排、组织或委托社会公共服务机构从事社会纯公共产品和准公共产品的生产活动。我国的事业单位基本上分布在公益领域,具有提供公益服务的良好基础和条件。在新时代,在人们实现对美好生活向往的过程中,"这份美好生活有着更好的教育、更稳定的工作、更满意的收入、更可靠的社会保障、更高水平的医疗卫生服务、更舒适的居住条件、更优美的环境、更丰富的精神文化生活……承载这些重要使命的正是广泛分布在教育、科技、文化、卫生等领域的各类事业单位"①。

发展市场经济以后,随着社会利益格局的调整,公益服务供给中总量不足、质量不好、效率不高、方式不行及资源配置不合理的问题日益凸显,甚至放弃和损害公益的行为时有发生。为了适应市场经济、搞活事业单位,基础教育、卫生防疫甚至承担政府法定责任的机构以及承担监督执法职能的机构等也被允许创收。某些事业单位的目标和行为背离社会事业发展的基本要求和规范,过分突出小群体利益。即使是在国家给事业单位的预算拨款和预算支出较快增长、事业单位创收明显较快增长的情况下,为全社会提供有偿服务的事业单位也未能自动降低各种收费标准,致使低收入人群因没钱付费而越来越难以获得必要的公共服务。人民群众"看病难、看病贵"的问题也成了社会问题之一。现代治理理论认为,公共治理的主体是多元的,事业单位应当与其他非营利组织一样成为社会良性治理结构中的重要治理主体,与其他部门形成一种良性的"伙伴关系"。由此

---

① 赵兵:《事业单位改革,健步迈向公益性》,《人民日报》2017年10月18日,第13版。

可见，公益事业发展任重而道远。

公益事业建设必须要有强大的方方面面的专业队伍，当事业单位的公益属性被明确以后，事业单位发挥了重要的作用。资料显示，2014 年我国有事业单位 111 万个、事业编制 3153 万人①。在明确地实行政事分开、将事业单位划归社会组织的背景下，随着我国事业单位改革的逐步推进，我国的社会组织队伍逐步壮大，成为世界上规模最大的社会组织。我国提供公益服务的能力和实力都发生了巨大变化。事业单位与各种力量协同作战，就会形成推动公益事业又好又快发展的全新格局，勠力建设中国特色公益服务体系。

但是，我国目前的公益服务基本上还是由政府直接提供的，由社会力量兴办的公益事业明显不足。鼓励、支持、大力发展由事业单位、社会团体、民办非企业单位和基金会等社会力量兴办的公益事业，可以扩大公益服务供给规模、增加公益服务品种、提高公益服务的质量和水平，使社会公众拥有更多的选择空间和余地。

中国特色公益服务体系的建设意味着我国在公益服务方面将拥有美好的未来。这美好的未来有更优质的教育、更稳定的工作、更满意的收入、更可靠的社会保障、更高水平的医疗卫生服务、更舒适的居住条件、更美丽的环境、更丰富的精神文化生活，而承担这个使命的正是广泛分布在教育、科技、文化、卫生等领域的各类从事公益服务的事业单位和其他广大的社会公益组织。当然，作为全面深化改革的重要组成部分，将实现了政事分开、事企分开、管办分离的事业单位划归提供公益服务的社会组织，是一项庞大的系统工程，既要破除制约公益事业发展的机构编制、财政投入、人事制度、收入分配、养老保险等深层次的管理体制和运行机制障碍，还要解决思想观念等文化问题。

公共服务与公益服务既有联系又有区别。一般来说，公共服务指的是政府组织和非营利组织向社会公众提供的服务。公共服务的提供可能要利用公共权力和公共资源，公共服务可能是无偿的，也可能是有偿的，但却是

---

① 姚奕：《我国现有事业单位 111 万个、事业编制 3153 万人》，http://renshi. people. com. cn/ n/2014/0515/c139617‐25022183. html。

不以营利为目的的。不论是服务主体还是服务内容，公共服务都在突出公共组织的公共行为，以及惠及社会公众的普遍行为，强调与企业、商业组织的私人行为相区别。公益服务强调的是公益精神、施惠于人。这更能体现公益文化的内涵，展现人间美好的互助精神、志愿服务精神、利他精神、不计名利得失的奉献精神。公益服务不限固定的社会主体，不论是政府、企业，还是组织、个人，都可以提供公益服务。在公共服务和公益服务两个概念做对比的情况下，公益服务强调由非营利的社会组织通过募集、捐赠、赞助等方式获得社会资源来提供的社会服务，当然也包括志愿服务。公共服务体现的是政府责任与公民权利之间的公共关系，公益服务体现的则是心存善念的社会成员和具有奉献精神的社会组织与社会之间的社会关系。

四　事业单位融入中国特色公益服务体系的意义

在国家层面强调公益服务体系建设，尤其是《关于分类推进事业单位改革的指导意见》中关于建设中国特色公益服务体系的思想，具有十分重要的意义。

第一，传统公益服务体系的重建已成大势所趋。我国传统的公益服务体系主要由政府及其所属的事业单位以及极少的非营利组织构成。随着事业单位改革的逐步推进，事业单位将被置于社会组织行列，事业单位的公益属性将凸显，其存在的目的和功能都会随之发生重大转变。这对公益事业的发展极为有利，同时也有利于推动中国特色公益服务体系的建设，满足社会公众的新需求。改革开放以来，经过几十年的发展，我国已从以温饱为主要目标的生存型社会阶段向以人的自身发展为主要目标的发展型社会新阶段转变，社会需求结构从私人产品需求向公共产品需求的新阶段迈进。社会需求结构升级，人们对教育、医疗、文化等问题的关注超过了对温饱问题的关注。公益服务供给总量不足、供给方式单一、资源配置不合理、质量效率不高、支持公益服务的政策措施不配套、监督管理薄弱等问题则成为影响公益事业发展的关键问题。

第二，在地域辽阔、人口众多的国度里，公益服务的提供单靠个人和个别社会组织是无法完成的，需要形成大规模组织供给、结构供给和体系供给的态势。也就是说，应当加快形成提供主体多元化、提供方式多样化、提供内容多层化的公益服务新格局。这种公益服务新格局的建构将改变过去公益服务分散化、小型化、碎片化、临时化的状态，主要与政府的积极倡导和大力扶植有关，也与国家新的社会治理理念的推行有关，当然更与事业单位建设密切相关。由于历史原因，事业单位尽管也强调其公益性质，但组织发展长期单纯依赖政府扶持、经费来自政府投入、活动依靠行政机构安排，连自身能力建设都存在问题，公益服务更无暇顾及。分类改革后被保留下来的都是公益事业单位，自然被纳入我国的公益服务体系。事业单位从社会定位到自身发展都发生了重大转型，这对公益服务规模化、体系化、集约化具有决定性的意义。

第三，以体系化的方式整合社会资源，优化公益服务供给结构。公益服务体系指的是一定范围内的公益组织按照一定的规则和关系组合而成的整体。这个整体可以借助公益服务来成立公益服务机构，并以此来为促进和推动中国特色公益服务体系建设贡献力量。目前发达国家和地区就存在着数量众多、种类多样的公益服务机构并形成了体系，其在社会公益服务的过程中扮演了重要的角色。事业单位涉及行业众多、社会领域广，与人民生活联系密切，当其融入公益服务体系后必然会成为这个体系中的重要组成部分，对凝聚公益力量、提供专业服务、满足社会高层次需求具有重要作用，也将彻底改变公益服务供给结构。

第四，在公益服务的广阔舞台上，让公益组织平等竞争，让优质的公益服务获得更多更好的发展机遇。按照公共产品的理论可知，公共产品有两种类型，一是纯公共产品，二是准公共产品。前者是由政府等公共组织提供的无偿服务，后者是由事业单位等提供的有偿服务。公益服务也适用于这一理论。在公益服务的提供过程中可能存在着"拥挤效应"和"过度使用"的问题，且公益服务具有明显的排他性和争夺性，往往需要通过付费才能享受服务，也就是说某些公益服务遵循"谁花钱，谁受益"的原则。当然，这并不是商业性、营利性收费，只是适当地收取一些成本费，但要建立在服务对象理解的基础上。公益和商业的区别，并不在于公益是免费的、商业是收费的，而在于二者收费的目的。商业收费的目的在于赢利，在于股东利益的分配；而公益收费的最终目的在于回馈公益事业，在于促进公益组织的活动开展，不允许进行利润分配。具体来说，公益收费是为了解决公益组织办公场所、设备、活动的物资消耗，维修成本，人员薪酬等问题。有成本，就要有人来买单。较为常见的是政府买单，即政府向社会组织购买服务后再免费提供给社会公众。当然，也可以由其他社会组织、个人或服务对象自己来买单。公益服务具有排他性和争夺性，自然就存在着选择性问题。所以，竞争和博弈就成为事业单位和其他公益组织生存的机制。社会公众的认可和接受程度成为评价的砝码。公益服务的水平决定了公益组织在社会治理结构中的沉浮变迁。

第二节　事业单位融入公益服务体系的任务

一　实现公益活动精准管理

人类社会有两种利益，即公共利益和私人利益，简称为公益和私益。人类社会的总物品可以分为公共物品和私人物品两类。在社会事务方面，有公共事务和私人事务两类。在具体的管理实践或者社会活动中，我们会面对一些从专业角度比较难以厘清的相关概念，尽管有的时候可以混用或者交叉使用，但是，从精准管理的角度出发，认清相关的问题对于搞好管理活动和社会活动具有实际意义。这样可以在工作中把事情整明白、把活儿干清楚。

（一）明确公益服务主体

究竟谁是公益服务的主体，这并没有具体规定。有个人从事的公益，也有组织从事的公益；有政府从事的公益，也有民间组织从事的公益。现代的公益，是人人都可以参与的活动。公益组织一般是指那些除了政府以外的非政府、非营利的社会组织或民间组织。世界上最早的公益组织源于慈善机构，主要从事赈灾济贫、救援救助等人道主义活动，后来的公益组织保留了这个传统，未忘初心。在公益服务主体中，有些组织属于纯公益服务主体，有些则属于半公益服务主体。这两类主体，在公益服务中服务的方式是不一样的，纯公益服务主体免费，半公益服务主体收费。公益一类事业单位属于纯公益服务主体，公益二类事业单位属于半公益服务主体。

（二）从事公益活动

现代公益活动是指个人或组织从事的向有需要的人、组织、地区提供财产物品、时间精力、知识智慧等方面帮助的活动。公益活动的内容没有具体规定，也没有具体限制，凡是人们有需要而可能得到满足的皆可，包括公共福利、社会援助、社会治安、紧急援助、环境保护、社区服务、青年帮教、扶贫帮困、助残恤孤、救苦救难、义演义卖、义工活动、专业服务、知识传播等。很多人往往以志愿者和义工的身份参加公益活动。公益活动具有组织性、针对性，但是缺乏系统性。由于公益活动的内容丰富，因而现代公益方式呈现多元化、多样化的特点。人们可以亲身参加公益实践活动，也可以登录公益网站平台参加相关活动。

（三）笃行公益事业

公益事业属于公共事业的一部分，指的是政府、社会组织等为满足社会公共需求、提高整体生活质量而提供的非物质生产和劳务服务的活动。《中华人民共和国公益事业捐赠法》对非营利的公益事业做了具体的规定，如教育、科学、文化、卫生、体育、环境保护、社会公共设施建设，以及促进社会发展与进步的其他社会公共和福利事业等。

（四）提供公益服务

公益服务属于公共服务的内容之一，是以政府为核心的公共部门为社会提供的服务，包括城乡公共设施建设，以及发展教育、科技、文化、卫生、体育等公共事业。公益服务其实属于现代服务业的内容，已经超越了民间的、社会的公益活动。它是政府、公益组织和企业为实现社会治理提供的专门化、系统化的，通过公益项目的实施来落实的公共服务。在现代服务业中，公益服务属于三大产业之一，与包括交通运输、信息传输、金融商务等在内的生产性服务业，以及包括零售、房地产、文体娱乐、居民服务等在内的生活（消费）性服务业相并列。现代服务业又与国家战略性新兴产业和现代制造业共同成为我国经济发展的支柱型产业。值得注意的是，当我们了解了现代服务业在国家经济发展中的地位后，我们就会明白《关于分类推进事业单位改革的指导意见》中重点提到的不是开展公益活动，而是提供公益服务，构建中国特色公益服务体系。

（五）搞好公益项目

公益项目是指具有非营利性和社会效益性的项目，一般具有规模大、投资多、服务年限长、受益面宽、影响深远等特点。公益项目有政府部门发起的，利用公共财政实施的农业、环保、水利、教育、交通等项目，也有社会组织发起的，利用民间资源实施的扶贫、妇女儿童发展等项目。由庞架的内容构成的公益项目并非一个单纯的建设工程，实际上公益项目堪称一项事业。

二 凸显公益组织地位

公益服务体系是一个囊括领域众多、涉及面宽、承载不同期待、体现各类关系的庞大框架，在我国现阶段公益水平有待提高的情况下，建设公益服务体系还有很长的路要走。目前在打造体系模式、协调各种关系方面依然面临着很多问题。

在计划经济体制下，公益服务是由政府来主导、企事业单位和社会团体响应的事业。公益服务提供的主体毫无疑问应该是政府，因为政府掌握着公共财政，具有公共权力，统管公共资源，提供制度框架和政策支持。改革开放以后，我国政府改变了管理方式，根据"小政府、大社会"的建设要求，改变了全能型、包办式政府管理体制，尤其是在实现了政企分开、政事分开以后，"公共服务提供主体和提供方式逐步多样化，初步形成了政府主导、社会参与、公办民办并举的公共服务供给模式"①，同时提出了向社会力量购买服务的要求，并将其作为提供公共服务的重要方式。公益服务也在政府购买清单之列。

党的十八届三中全会通过的《中共中央关于全面深化改革若干重大问题的决定》中提出了国家治理的概念。国家治理概念的提出，为落实全面深化改革提供了全新的视角和方法论上的框架。相比于管理，治理是一种良性、多元化、多角度的管理，内涵更丰富。在国家治理理念转变和事业单位改革的背景下，深入探讨公益服务体系建设，增强治理能力，实现公益服务的优化，具有十分重要的意义。

目前，我国公共服务体系正在悄然发生变化。政府正在改变全能型、包办式的管理体制，提出了公共服务、公益服务、政府购买服务、社会组织承

---

① 《国务院办公厅关于政府向社会力量购买服务的指导意见》，http://www.gov.cn/zwgk/ 2013 - 09/30/content_2498186. htm。

接服务的思想。按照这种思想，政府转变为公共服务、公益服务的外包方、监管者和评估者，而不再是直接提供者，但是，分配权、控制权、决策权依然掌握在政府的手里。在政府购买公益服务的大背景下，政府依然处于主导地位，其他可以是学校、医院等专门的公共服务机构，也可以是民间经济组织和社会组织，还可以是义工和社工。事业单位改革后，事业单位将成为公益服务体系建设的主要力量，在公益服务的舞台上扮演重要的角色。

事业单位改革以后，只有具有半公益性质的公益二类事业单位，如普通高等学校、非营利医疗机构、敬老院等，才能成为政府购买服务的承接主体，并按照政府确定的公益服务价格收取费用。公益二类事业单位可以根据国家确定的公益目标开展相关活动，其建设和发展所需经费由国家财政根据不同情况予以相应补助。在完成规定任务的基础上，公益二类事业单位可依法自主开展相关业务经营活动，并依法取得服务收入，其服务价格执行政府定价或政府指导价。公益服务收费的项目、标准、规模等目前还没有统一规定。尽管国家规定，开展增值服务所收取的资金应用于公益组织发展并按相关规定进行监管，但是，在操作上还缺少完善的管理机制，缺乏有效的监督与评估体系，也还没有引入第三方监管和评估机构。在事业单位日渐成为公益服务主体的态势下，公益二类事业单位管理的成效将成为影响中国特色公益服务体系建设的重要因素。

三　完善公益服务的制度和政策

建设中国特色公益服务体系是《关于分类推进事业单位改革的指导意见》中第一次明确提出的重大战略部署，以高屋建瓴的方式，借着事业单位改革的机会将大部分事业单位保留在公益事业领域，从政府、市场、社会多个层面入手。在中国特色公益服务体系中，政府是制度和政策的制定者，事业单位以社会组织的身份与其他社会组织一起成为建设的主力军。在事业单位改革中，虽然会将承担行政职能和生产经营职能的部门分离出去，但是这不意味着把事业单位搞小变弱，而是为了集中力量、凝聚管理资源促进公益事业健康发展，更好地满足人民群众日益增长的公益服务需求①。为了完成

---

① 迟福林：《以构建有中国特色公益服务体系为主题的事业单位改革》，《光明日报》2012年5月29日，第4版。

这一目标，我国在很多具体方面进行了设计，包括人事管理、收入分配、社会保险、财税政策和机构编制等方面的具体改革，以及管办分离、完善治理结构等方面的体制改革等。

然而，中国特色公益服务体系的建设方案还面临很多的问题。首先，时间的紧迫性与宏伟目标的艰巨性之间的矛盾。当时提出建设目标的时候还有不到十年的时间来完成，倘若从 5 年阶段目标、10 年长远目标的角度来看，应该是可以的。但是我国的情况比较复杂，特别是事业单位改革推行的速度比较慢，这对长远目标的实现会产生重要影响。其次，扶持发展的法律框架急需构建与完善。尽管我国这些年来颁布了一些相关的法律法规，如《社会团体登记管理条例》《中华人民共和国公益事业捐赠法》《基金会管理条例》等，但是亟待修订完善。在关于事业单位的法律法规中，关于改革后公益事业单位的较少。再次，目前涉及公益事业的税费优惠等鼓励政策还有待完善。现行规定对个人和企业捐助的善款的减税免税比例偏低，对改革后的公益事业单位的税费问题尚未予以考虑。最后，脱离体制、保留在公益领域的事业单位在属性上已经属于社会组织，但是，这不意味着事业单位的地位降低了，也不意味着事业单位在管理上与社会团体、民办非企业组织一样了。事业单位与政府的关系、与社会团体的关系、与企业的关系等要被重新明确，在社会中将会获得新的认识和评价，会在新的体制、新的制度建设中出现新的变化，打开新的局面。

四 保障公益服务均衡发展

公益服务发展不平衡、服务结构不合理，是我们建设中国特色公益服务体系的一大难题。针对这一难题需要特别指出的是：不是说我国的公益服务与过去比、与国外比有多么落后，也不是不做国情和发展分析地谈论城乡、区域公益服务发展不平衡。党的十九大报告提出，中国特色社会主义进入新时代，我国社会主要矛盾已经转化为人民日益增长的美好生活需要和不平衡不充分的发展之间的矛盾。人们现在对公益服务的需求也是美好的、高水平的、高质量的，而不再是过去那种唯求雪中送炭型的、救济型的、免费型的。传统的公益服务属于社会保障体系中的内容，现代公益服务的重点是体现社会治理的方式。公益服务机构具有很强的社会整合和社会服务功能。与公益服务机构协作，通过公益服务机构实现国家有效治理，是搞好公益服务的明智选择。"在推动公益服务机构组织能力建设方面，国家应为公益服务机构发展提供足够的社会空间"，实行"政府选择让位于社会选择，政府规则让位于社会规则，依靠社会评价、社会竞争和社会淘汰机制，推动公益服务机构能力建设"①。

党的十九大报告将我国从 2020 年到 21 世纪中叶的发展分为两个阶段，我们可以从中看到公益服务在社会发展中的伴随问题。在第一个阶段，公益服务的主要任务是协助基本公共服务均等化目标的实现，使地区之间、城乡之间、不同群体之间在基础教育、公共医疗、社会保障等基本公共服务方面的差距逐步缩小，不均衡发展问题得到缓解。在第二个阶段，公益服务作为一项事业，主要参与实现国家治理体系和治理能力现代化建设，以实现共同富裕的目标。

从国家有效治理的角度来看，中国特色公益服务体系建设面临的公益服务发展不平衡、服务结构不合理这一问题，是发展中的问题、管理中的问题，以及供给结构中的问题。比如，我国目前在医疗保健、教育、文化、体育等急需发展的公益事业方面，社会组织参与的比例太小、力量明显不足。社会公众对公益服务各个领域的关注度有高有低，对教育、文化、卫生方面的需求量居高不下，而我国目前缺少公益服务结构的系统规划，公益产品和服务供给与需求存在偏差。各类组织在东部地区的发展明显比西部地区迅速，沿海地区比内陆地区发达，城市比乡村活力强。我们相信，这些问题将会在中国特色公益服务体系建设中经过各方面一起努力得到逐步解决，形成人民满意的局面。

五 加强公益组织的公信力建设

公信力，顾名思义是公共信服力、公众信服力的意思，可以理解为在社会公共生活中，掌握和运用公共权力的组织在公共关系中所表现出的以

---

① 宋世明：《公益服务机构发展的国际经验》，《经济日报》2012 年 11 月 27 日，第 8 版。

坚持公平、正义、人道、民主、效率、责任为内容的信念和行为的能力。公信力作为公共权威的真实表达，表现为人民对政府的期待和希冀，也表现为政府的行为、制定的公共政策在社会公众中的影响力和被认可的状况。后来，公信力也被用于对其他使用公共资源、从事公共活动的公共组织的评价，如事业单位、慈善组织等。实际上，公信力就是公共组织在社会公众中的可信赖程度，表现为言必信、行必果，承担责任，兑现承诺。

传统的公益组织分为挂靠在官方的正式组织和民间自发的组织两种类型。作为公益组织，其与政府部门和企业具有明显的不同，但是在公信力方面它们具有一致性。企业追逐利益，但不能违背诚信原则；政府部门行使行政权，但看中社会信赖；公益组织虽然弱小，但富有爱心、乐于奉献。公益组织的公信力状况直接影响其公共募资、社会筹款能力，因此公信力是公益组织的生命力。

事业单位在分类改革后将被逐渐归入社会组织序列，会转变为公益性、非营利的组织。当包括公益事业单位在内的各综合类社会公益组织、公益媒体类公益组织、公益慈善基金类公益组织，以及各种基金会、联合会、协会融入中国特色公益服务体系以后，这些公益组织的共同文化特征除公益以外，就应该是公信力了。"只要是人与人的交往，信任都是重要的。公益组织最大的特性是使用公共资源，尤其是社会的捐款，换言之，它花的是别人的钱"，"代人花钱花得让人信任，是一件需要百般小心的事。公信力可以说是公益组织生命的源泉"①。

近年来，我国公益领域出现了很多问题，直接造成了公益组织的公信力危机。由于公益组织募资使用信息不透明、外部诚信监管力度不够、内部管理机制不健全、日常工作中与公众的互动沟通力度不够、运作模式不成熟等原因，公益组织背离了使命，面临着严重的信任危机。公信力危机的产生将给公益组织带来严重的影响。公益事业单位被纳入公益服务领域之后，还会面临包括公信力建设在内的很多新问题。

----

① 贾西津：《公益组织的公信力从何而来》，《新京报》2011 年 7 月 2 日，第 B1 版。

第一，事业单位公益意识不足。由于多年来事业单位依附行政部门，作为相对独立的组织运作的时间较短，并不熟悉公益服务领域，被纳入公益服务领域后，很多事业单位公益意识不足，公益属性不强，支持公益服务发展的措施不够完善，监督管理环节很薄弱。

第二，公益服务机制准备不充分。虽然经过改革和长期建设，但是目前某些事业单位功能定位依然不清，政事不分、事企不分的问题尚未彻底解决，旧有的行政化问题依然盘根错节，官僚主义作风、官场文化作风的影响依然存在。

第三，追逐利益的意识犹存。在最初的事业单位改革中，人们曾经探讨过"事业单位企业化管理"模式，以及"社会化、市场化"的模式。事业单位在市场经济体制中受到的逐利化的影响依然存在，很难理顺那些既错综复杂又交织在一起的行政性、市场性和公益性的区分问题，错误观念的影响犹存，很难实现事业单位建设从注重单位利益向注重公共利益回归的大转弯。更为重要的问题是事业单位如何成为中国特色公益服务体系中的主要载体和重要支柱。

第四，把公信力建设落到实处。2018 年 1 月 23 日下午召开的中央全面深化改革领导小组第二次会议强调，"推进社会公益事业建设领域政府信息公开，要准确把握社会公益事业建设规律和特点，加大信息公开力度，明确公开重点，细化公开内容，增强公开实效，提升社会公益事业透明度，推动社会公益资源配置更加公平公正，确保社会公益事业公益属性，维护社会公益事业公信力"[1]。

第五，把公信力建设延伸到相关领域。公信力建设不仅仅是文化问题，还涉及事业单位的思维方式、价值观、管理模式、发展框架、社会关系、体制机制、文化支撑等诸多方面，甚至还需要关注组织成员个人的职业修养、业余爱好、生活方式、人生态度、道德自律等方面。所以说，公信力建设是事业单位未来组织建设的重要内容，必须高度重视，积极建设，不可掉以轻心。

---

[1]　《思想再解放改革再深入工作再抓实 推动全面深化改革在新起点上实现新突破》，《人民法院报》2018 年 1 月 24 日，第 2 版。

第三节 事业单位融入公益服务体系的举措

一 形成多元化、多样化的公益服务体系

关于公益服务新格局建设，国家的思路非常明确。按照《关于分类推进事业单位改革的指导意见》的部署，要发挥政府主导作用，引导社会力量广泛参与，引入市场竞争机制，形成提供主体多元化、提供方式多样化的公益服务新格局。这一格局的构建是事业单位改革和建设的一大亮点，充分体现了我国关于发展公益事业的新理念。首先，要强化政府责任意识，发挥政府的主导作用，优先发展关系人民基本需求的公益服务，缩小城乡之间、地区之间的公益服务水平差距。其次，要鼓励社会力量兴办公益事业。引入民间资本和市场机制，实现政府由包揽向多元发展的转变，形成政府与社会力量兴办公益事业时相互竞争、共同发展的局面。最后，注意发挥市场机制的作用，营造良好环境，鼓励社会资本投资，推动相关产业加快发展，减轻公益服务压力，推动公益服务新格局的形成。

在按照国家设计的公益服务新格局中，为了破解发展难题、厚植发展优势，2015年，我国提出了创新、协调、绿色、开放、共享的新发展理念。2016年，国家提出了供给侧结构性改革方案，倡导以"互联网＋"为依托的新经济。特别是党的十八大以来，以政府推动、民间运作、社会参与、各方协作为特征的中国特色慈善事业格局正在逐步形成。我国社会慈善工作稳步推进，慈善事业快速发展，社会慈善意识普遍增强。据《慈善公益报》报道，截至2017年10月，全国社会组织总数达到75.6万个，其中被认定和登记为慈善组织的2429个、发给公开募捐资格证书的606个，年受益人群超过1000万人次，捐赠金额持续增长。而且，慈善公益事业发展正在发生变化，慈善活动形式多样，慈善领域越来越广泛。同时，网络募捐成为慈善新模式，网络募捐、"互联网＋慈善"成为公益慈善新模式，造就了全新的公益服务生态，也促成了便捷化的互联网公开募捐信息平台。2016年《中华人民共和国慈善法》的颁布施行为社会组织提供了新的发展空间，中国慈善事业新格局已经悄然形成。

二 凸显事业单位在公益服务体系中的服务作用

公益结构是指构成公益系统的各个要素之间的搭配、安排等相互关系，包括公益组织结构、公益募资结构、公益投资结构、公益服务结构、公益服务对象结构、公益服务区域结构等。

从系统论角度来说，公益结构属于大系统，大系统中各个子系统或者要素之间尽管存在差别，甚至属性不同，但却相互关联、相互结合、相互影响，形成数量对比关系、沟通共享关系、配合协作关系。这种关系的确定既要符合实际，又要具有科学性，因为不是随意建立的任何一种公益结构都是合理的。一个国家和地区的公益结构既与当地的历史文化传统、道德风尚、文明程度有关系，又与经济发展水平、科学管理水平、人力物力财力有较大关系。合理的公益结构能够保证各类公益组织与部门协调促进，合理地调整公益服务的供给需求关系。

美国约翰斯·霍普金斯大学萨拉蒙教授等通过对 22 个国家公益部门的比较研究发现，大量的公益组织集中在教育、文化、卫生、娱乐等相关领域①，按照不同国家对公益服务领域的侧重程度，划分出了五种公益结构类型，如图 7-1 所示。

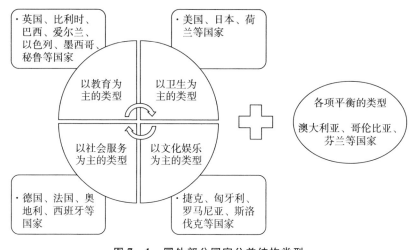

图 7-1 国外部分国家公益结构类型

① 莱斯特·M. 萨拉蒙等：《全球公民社会：非营利部门国际指数》，陈一梅等译，北京大学出版社，2007。

以往发展公益事业，很少进行公益结构分析，对公益结构类型的关注也比较少，基本是跟着社会需要走；而现在的公益事业已经摆脱了过去的扶贫帮困、救灾救难的应急性公益活动状态，进入现代服务业状态。所以，明确公益结构类型，就需要将公益服务纳入现代服务产业规划，进行科学的前瞻性设计，了解社会公益需求，明确投入重点领域，避免出现公益服务提供与公益服务社会需求相偏离的状况，让公益服务进入理性发展状态。

当事业单位完全进入公益服务领域后，中国公益结构将发生深刻变化，不仅会形成公益服务的新格局，而且公益组织也会成为继政府、企业之后的第三种推动社会发展、促进社会和谐的重要力量。在公益服务体系多元化、多样化建设的过程中，尤其是在事业单位以公益组织的完整身份进入公益服务领域的过程中，应当做好相关工作。

第一，通过宣传消除社会舆论对公益服务体系中公共服务的公益性及服务质量的质疑。公益服务中也会包含利益机制，当社会资本、企业资本进入公益服务体系后，并不会完全为了公益而放弃营利。在公益服务体系中可能会出现公益事业的公益性与社会资本的趋利性之间的冲突，甚至可能影响事业单位的公益性，降低公益服务水平。这个问题可以通过法律保障来约束，通过契约来限制，防止利润流向私家的局面出现。社会公众既要理解社会力量参与公益服务的动机和意图，也要懂得事业单位作为公益服务主体的引领作用。

第二，经过改革后的事业单位应当从过去的注重单位利益向注重公共利益回归，凸显公益服务精神，努力成为公益服务体系中的主要载体和重要支柱。其中既包括对改革后事业单位的认识，也包括对中国特色公益服务体系的认识，要认识和懂得中国公益事业发展的新特点、新情况、新格局。

第三，充分发挥事业单位的专业化服务作用，提高公益服务的水平。事业单位属于知识密集型组织，集中了绝大多数教科文卫等方面的专业人才，提供的公益服务十分强调专业性。倘若事业单位的改革不能调动其成员的积极性，就很难说改革取得了成功。因此，要充分调动事业单位广大工作人员的积极性、主动性、创造性，激发生机与活力，提高公益服务水平，促进公益事业大力发展，改善公益服务质量。

第四，搭建事业单位从事公益服务的技术平台。从流程管理、数据更新到责任落实、实施保障，从服务优良的专业咨询机构设置到项目公开招标中介，都应当加强管理。

第五，加强资源共享，优化资源配置。在公益服务体系中，不同的提供者之间最大的问题就是资源共享度不高。过去由不同的组织类型、各自为政造成的缺乏沟通问题，导致了公益服务领域的资源浪费。在公益服务的共同目标中，各类事业单位都可以利用政府这一强大的信息平台，对公共资源进行整合和规划，强化长远设计，并且通过建立共享机制，使得公益服务体系中的所有提供者都可以充分利用既有的公共资源，避免重复投入基础设施建设等浪费现象。在条件成熟的情况下，还可以打破条块分割和行政区域界限，共享不同省、市、县之间的信息和资源。

三　形成公益组织的全方位监督管理

完善的规章制度和科学的质量管理体系，是公益服务体系存在和发展的基础。在公益服务领域，建立长效严格的监管机制，可以使公益服务的主体在法律法规的框架内有序开展工作，高效地为服务对象提供优质服务。监督管理是管理的重要环节，是巩固事业单位建设成果、构建公益服务体系的重要手段，可以让事业单位在实现政事分开、事企分开后，学会走好成长、创新、提高、完善的发展道路。

首先，实行部门对应监管。可以按照性质的不同，对具体的公益事业单位进行对应部门监督管理。这主要是为了增强监管的有效性和针对性。监督管理部门的主要任务是检查相关管理规章制度和行为准则的落实情况，按照公益服务体系的建设要求，根据有关公益组织的建设标准和发展规模，依法对公益服务行为进行有关质量、效果方面的审查、督查。部门对应监管与组织监督类似，主要包含三个层面：一是上级主管行政部门对社会公益组织工作的检查和问责；二是负责对社会组织登记管理的政府部门对社会组织进行的年度检查和定期评估；三是社会组织联合会、行业协会等自治组织对其成员的监督。

其次，加强外部监督。根据《中华人民共和国慈善法》要求，公益事业单位应当将自身的经营情况和资金流向情况做详细说明，定期向社会公众公布，使所有的信息都处在社会的监督之下，让社会发挥其监督的作用。外部监督主要有社会公众监督和舆论监督两种类型，这两种类型虽然是非国家权力监督和非法律监督，但是，依然具有强大的约束力，尤其是在涉及公益问题时，社会公众监督和舆论监督更有说服力。社会公众监督也是公民参与公益事业管理的重要方式。值得强调的是，社会公众监督中最重要的是捐赠人监督。捐赠人监督是指捐赠人对社会公益组织捐赠接收情况、落实情况、使用情况进行的监督。舆论监督主要是媒体监督，即通过新闻、报纸、网络等大众传播媒介力量进行的监督。这是外部监督的重要渠道。舆论监督的特殊意义在于既可以就捐赠的总体情况，也可以就具体某一具体项目情况、活动、工作和事件进行新闻报道；既可以反映事业单位等公益社会组织的工作宗旨、工作状态、工作水平及工作成绩，也可以发现存在的问题及其成因，还可以进行中外比较；同时，可以体现捐赠者等社会公众对公益事业的热心、关心和爱心，保障其知情权和质询权。

再次，搞好专业监督。专业监督包括法律监督、审计监督和质量监督。事业单位长期习惯于行政部门的权力监督，改革以后要适应法律监督。对公益事业单位等社会组织进行法律监督的主要作用是维护公益事业的尊严，防止公益事业单位公益失灵现象的发生。通过法律的约束和规范，保证公益事业在业务活动中的公平公正。审计监督即财务监督，是对公益事业单位等社会组织实施监督的重要方式。为了推动科学管理，每年都要由政府审计部门或者社会审计机构对社会组织的财务运行状况依法审核检查并将结果公之于众，包括财务收支活动和遵纪守法情况，以保证国家投入、社会捐赠款额的合理使用，防止因管理不善造成的资源浪费和违规使用。质量监督是指为了确保社会公益服务的质量，对公益服务活动、项目、产品、过程、体系、结果、效益的状态所进行的连续的监视和验证，并给出监督记录进行分析。质量监督的实质是质量分析和评价，监督的对象是公益服务的产品、服务过程、服务体系、服务条件、有关的质量文件和记录等。质量监督可以实现保护公益消费者、社会捐赠者和国家投入的利益不受侵害，维护公益服务的秩序和保证良好的公益服务效果。

最后，完善监督机制。监督机制是落实监督任务的方法和手段。方法和手段的选择可根据具体情况来确定，其中主要包括督查制度和问责制度。督查制度是在工作目标、工作职责明确的情况下，对确立的工作制度的落实和执行情况所做的监督和检查。可以设立专门的机构，分层次进行督查。督查的方法主要有集中督查、随机抽查、调研查访等。集中督查可以在规定的时间内定期进行，搞好书面情况汇报和有关数据采集工作；随机抽查主要是对公益组织工作成效、社会公众反映的热点问题等，不预先通知、不指定单位、不定期地直接深入基层，加强对工作任务执行过程和落实情况的督促指导；调研查访可以采取座谈交流，以及发放问卷调查表、测评表、征求意见表等形式，以听取意见、总结经验、查找问题、分析原因、研究对策。公益事业单位的问责制度主要强调对有悖公益服务宗旨、不履行公益职责、变相营利、乱收费、乱涨价、干扰和影响公益服务秩序与效率、贻误工作、损害公益精神、给公益服务造成不良影响和后果的行为所进行的监督和责任追究的制度。

四　将公信力建设落实在事业单位建设的文化协同之中

不论是公益活动还是公益事业，抑或是公益服务，都是有利于他人、有利于社会的公共事业，是可以承载爱心、尽显爱心，体现人与人之间"疾病相扶、守望相助"的事业，是不计得失、仗义疏财、慷慨解囊、博施济众、乐善好施的善举。因此，公平、正义、诚实、信任，以及由此而构成的使公众信任的力量，乃是公益组织的生命源泉。只有具备良好的公信力，公益组织才能赢得社会的信任和支持，才能永葆青春、事业长存。事业单位建设的文化协同必须十分重视和落实公信力建设，将公信力建设落实在事业单位建设的文化协同之中。

第一，把公信力建设作为公益组织长期发展的基础。公益组织的公信力建设是一项不可须臾懈怠、不可一日偏废的工程，而且公信力的提升并非一时之力，亦非一日之功，正所谓聚沙成塔、积水成渊。公信力是公益组织必备的素质，从个人到团队都应当高度重视。不论来自哪个层面的组织，只要从事公益事业、进入公共服务领域，就应当恪尽职守，从提供的服务或产品，到从事的活动及信念，都应当以公信力为最高价值。

第二，把公信力建设作为公益组织制度建设的基础。公益组织制度包括很多方面，诸如法人治理制度、组织人事管理制度、财务管理制度、信息披露制度、宣传传播制度、廉洁自律制度、法律制度等很多方面。现代制度是由一定的组织制定的具有普遍约束力的行为规则。这种约束力是以大家能够遵守为前提，具有较强的公信力，从而可以规范、约束、影响人们的行为。不论制度怎么变化，不论制度怎么创新，都不能离开公信力。很多公益组织在制定章程的时候都愿意把信用至上、诚信为本之类的思想提炼为规制，把凝聚力、公信力、创新力作为组织发展的软实力，并以此来塑造组织形象。

第三，把公信力建设作为公益组织精神文化协同的基础。与行政组织、企业组织相比，公益组织既没有行政的权威，也没有企业的市场能力，所具有的只有公信力。公信力建设是公益组织文化建设的基础，有了公信力才能建设好公共道德、公共伦理、公益文化。公益事业是人类美好的事业，从古代的慈善到现代的公益，从中国的善举义行到国外的人道博爱，始终都是人类可贵的精神境界和美德善行。在公益精神家园里，公信力成为维系公益组织发展的巨大精神支撑。作为组织成员，在个人的道德规范、职业操守、良心、社会责任、做人底线等方面应当渗透诚信、公信精神。因此，公信力建设不仅是组织伦理建设的主线，也是个人品德修养的前提。

第四，把公信力建设作为赢得公众信任的基础。古代不仅有"商鞅立木取信于民"的故事，还有很多关于赢得公众信任的高见，诸如"得人心者得天下""得人者兴，失人者崩""得土地易，得人心难""众叛亲离，难以济矣"等。任何公益组织必须崇尚公益文化，任何公益文化必须首推公信力。公信力是公益组织的形象，也是信念。事业单位融入公益服务体系后，首先应当搞好公信力建设。公益组织取得公众信任的前提是为社会公众办实事、办急事、办要事，解民之忧，纾民之难，赢得社会公众的信任、拥护和爱戴。公益组织赢得社会公众信任的渠道有很多，除了提供帮助以外，还可以通过新闻报纸、官方网站、微博、微信、抖音等媒体进行宣传。这是便于沟通与交流的平台，也是体现知情权、参与权和监督权渠道。因此，公益组织不仅要重视组织形象建设，也要重视网络形象塑造。

第五，把公信力建设作为打造公益服务品牌的基础。商标法中有规定，自然人、法人和其他组织对其生产、制造、加工、拣选或者经销的商品，需要取得商标专用权，应当向商标局申请商品注册。事业单位属于法人，可以注册商标，也可以有品牌。而且，很多事业单位具有较大的社会影响力，单位名称与徽标代表着相应领域的权利、信誉与职责。如果申请注册商标，会更容易得到人们的信赖，这对于事业单位融入市场经济、拓展业务更有利。除了申请注册商标，很多事业单位通过自身良好的口碑，成为人们心目中值得信赖、令人向往、乐于接近的组织，当然这也是赢得社会信誉、获得社会捐赠的基础。公益事业单位的品牌既可以是有形的产品，也可以是无形的服务；既可以是公益项目品牌，如"希望工程""春蕾计划"等，也可以是机构品牌，如中华慈善总会、中国宋庆龄基金会等。品牌在宣传公益理念、整合公益资源、推动公益事业发展方面具有十分重要的意义和作用，而品牌的实质则是公信力。

第三篇

事业单位建设的文化路径和文化协同效应

第七章

事业单位建设文化协同的思想理论

事业单位建设文化协同没有直接的思想来源，倘若沿着现代文化协同思想往前追溯，可以找到协同论。协同论虽然是一门自然科学理论，但由于它研究不同事物从无序变为有序时的共同特征、相似性及其协同机理，于是其就有了哲学意义和方法论意义，成为社会实践的指南。将协同论引入管理学领域之后，就生成了管理协同论。当管理协同论融入文化理论之后，就诞生了管理文化协同论，而且在实践中形成了文化协同效应。这促进了协同论思想的连续飞跃。用这种思想辅助事业单位建设，就会使事业单位建设的文化协同拥有丰富的思想资源。

第一节 协同论思想

一 协同与协同论

协同的概念来自自然科学（物理学、生物学和药学等），科学家将其看作存在于系统演化过程中的普遍原理，在任何系统中的各个子系统之间依靠具有自我调节功能的自组织，使系统产生相互作用，并形成新的稳定而有序的结构。从系统理论的角度来看，无论是在自然界还是在人类社会中都普遍存在着自组织系统，比如生命系统和社会系统。在一定条件下，任何系统都会自动地由无序走向有序、从简单走向复杂、从粗糙走向细致、从低级有序走向高级有序。从进化论的角度来看，自组织系统是指受"遗传""突变""优胜劣汰、适者生存"机制影响的系统。"其组织结构和运行模式不断地自我完善，从而不断提高其对环境的适应能力的过程。"①

协同是协同学的理论概念，由德国斯图加特大学教授、物理学家赫尔曼·哈肯（Hermann Haken）于 1971 年提出。哈肯是数学博士，早年先后担任理论物理学讲师、教授，是美国、英国、法国、日本等国多个研究机构的客座科学家、顾问和访问教授，并当选中国科学院外籍院士。哈肯在物理学、光学、化学等方面的理论造诣颇高，在研究激光理论的过程中，发现了在合作现象的背后隐藏着的深刻规律。1969 年，哈肯提出了协同概念，使协同学的理论初见端倪。1971 年，哈肯与格雷厄姆合作撰写《协同学：一门协作的科学》一文，正式提出协同学思想，指出协同学乃"协同合作之学"②。翌年，在首届国际协同学会议上，哈肯明确阐释了其思想，"可把协同学看作是处理复杂系统的一种策略"③，并出版了会议论文集《协同学》（Synergetics）。1976 年，随着哈肯对协同学中心原理——臣服原理的完善，他系统地论述了协同论，发表了《协同学导论》，这标志着协同学理论正式创立，此后哈肯著有《高等协同学》。

哈肯发现，在系统发展演化过程中存在一个普遍现象，即任何系统的活动都依靠子系统之间有调节、有目的的自组织作用。自组织可以使千差万别的子系统协同作用，产生新的具有稳定有序特征的结构。无论是平衡相变，抑或是非平衡相变，系统在变化之前处于"无序状态"，皆源于组成系统的大量子系统尚未形成"合作关系"，而且"各行其是、杂乱无章"，并不可能产生"整体的新质"。倘若系统达到或处于临界状态，即使是某种偶然因素，也会导致临界涨落，其中一个或若干个参数就会滋生"临界慢化"，连带产生"临界无阻"现象。这种变化会支配其他子系统迅速建立起合作关系，并以颇有组织性的方式"协同行动"，进而导致系统宏观性质的"突变"。所以，哈肯将协同定义为系统的各

---

① 师汉民：《从"他组织"走向自组织——关于制造哲理的沉思》，《中国机械工程》2000年第 Z1 期。
② 赫尔曼·哈肯：《协同学：大自然构成的奥秘》，凌复华译，上海译文出版社，2005，第 2 页。
③ 喻传赞、彭匡鼎、张一方、黄兆雄、熊思远主编《熵、信息与交叉科学——迈向二十一世纪的探索和应用》，云南大学出版社，1994，第 1 页。

部分之间相互协作，使整个系统形成微观个体层次所不存在的新质的结构和特征①。

　　协同学亦称协同论或协和学，是探讨和研究不同事物通过自己内部作用，从无序变成有序时的共同特征、相似性及其协调机理的学科。协同学是自问世以来便被普遍接受、广泛应用并很快发展成为综合性的学科。自协同学诞生后，科学界将系统论、控制论和信息论称为"老三论"，将同时产生于 20 世纪 70 年代的耗散结构论、协同论、突变论并称为"新三论"。于是，协同学成为当代显学。

　　协同论认为，无论是自然界还是人类社会，各种事物通常是有序或无序的。在某些条件下，秩序和混乱可以相互转化。混乱是紊乱，秩序是协调；无序就是混沌，有序乃是协同，这是一个普遍规律。协同不仅在自然界而且在人类社会都是常见的现象。可以说没有协同，人类就无法生存，生产无法发展，社会也无法前进。在一个系统内部，倘若各个子系统没有很好地协调但是却彼此内耗，这样的系统必处于无序状态，不能作为整体运行而最终导致崩溃。相反，如果系统内部的子系统可以很好地协作，则可以将多个力聚合成一个总力。两方或多方之间的协同作用不仅可以相互助益，而且可以相互促进、强化整体。这种促进相关事物共同发展的重要因素是协同作用的机理。协同论认为，导致事物间属性互相增强、互相促进、向着积极方向发展的相干性即协同性。协同论就是研究事物相干性、协同性的科学。

　　协同论强调，客观世界中存在多种系统，诸如生命系统或无生命系统、宏观系统或微观系统、自然系统或社会系统。这些看似不同的系统有很多相似之处。由此，我们认为协同是世界上普遍存在的现象，自然与社会之间、政府与社会之间、组织与组织之间、人与人之间、人与机器之间、科技与传统之间、文化与经济之间均可以共同合作、协调发展，即使是不同应用情景之间、不同数据资源之间、不同应用系统之间皆可以实现多角度和全方位的协同。协同论告诉我们，在管理领域，存在着不同单位

---

① 赫尔曼·哈肯：《协同学：大自然构成的奥秘》，凌复华译，上海译文出版社，2005，第 21～25 页。

间的相互配合与协作、不同部门间的协调与促进、不同组织之间的相互竞争与博弈，可以打破资源（人员、资金、货物、信息）之间的障碍和边界，消除壁垒与隔阂，以便通过资源的开发、利用和增值来实现共同目标。

二 可以向文化协同移植的协同论原理

协同论可以向文化协同移植的原理主要包括协同效应原理、伺服（servo）原理、序参量（order parameter）原理、自组织原理和涨落原理。

（一）协同效应原理：协同效应把无序变为有序

协同效应原理告诉我们，协同效应是指复杂开放系统中由大量子系统的相互作用所产生的整体效应。这种效应是普遍现象，无处不在。不论是千差万别的自然生态系统，还是复杂多样的人类社会生活系统，均存在着协同效应。而且，各个系统间还存在着彼此影响、相互合作、互相制约。当系统受到外部能量影响或内部材料聚集达到某个阈值时，子系统之间会产生协同作用。协同效应可以使系统在关键点发生质的变化，使系统从无序变为有序、从混乱变为稳定。协同论堪为人们理解和分析事物的方法论原则。

（二）伺服原理：与管理控制效应相互映照、彼此诠释

伺服一词源于希腊语，表示奴隶的意思。在物理学中，人们把根据控制信号的要求而动作的机关称作"伺服机构"。在信号未发出之前，转子静止不动；信号到来之后，转子立即转动；随着信号消失，转子能即时自行停转。在控制论中，人们把用起来得心应手、具备伺服性能的工具称作伺服系统。伺服系统可分为开环、半闭环、闭环三科。从伺服的具象来看，伺服驱动机的种类有电气式、油压式和电气-油压式三种。伺服系统有数字化、集成化、智能化、模块化和网络化等特点。在协同学中，关于快变量服从慢变量、序参量支配子系统行为的理论，可称为伺服原理。伺服原理，也叫支配原理，又称役使原理。伺服原理旨在实现对系统的有效控制。协同学将表征子系统状态及其相互依赖关系的关键行为分为快速和慢速两类。在运动中有许多控制变量，分为快变量和慢变量。虽然快变量是活跃的和异常的，但它们对系统演化的整个过程没有明显的影响，处于

次要地位；慢变量可以确定系统相变的形式和特征，支配其他变量。慢变量和快变量是相互关联的，各自都不能独立存在，必须相互联系才能发挥作用。控制是管理的基本职能之一，伺服原理可与管理控制效应相互映照、彼此诠释。

（三）序参量原理：导致崩溃效应、诱发协同效应的阈值

序参量是协同学中的核心概念。它指的是系统演化过程中从无到有，影响系统中每个元素从一个阶段过渡到另一个阶段的集体协同行为，并且可以促进新结构形成的参数。序参量是描述系统有序程度的变量，属于系统状态变量中随时间变化较慢的因素，有时也被称为慢变量，而慢变量——序参量才是处于主导地位的。

子系统总是有自发的和不规则的独立运动，同时它们由其他子系统组合在一起。随着控制参数不断变化，系统接近临界点，子系统之间形成的关联逐渐增强。当控制参数达到阈值时，子系统之间的关联起主导作用，因此由关联确定的子系统之间的协同作用发生在系统中，并且出现宏观结构或类型。序参量是系统阶段变化之前和之后发生的定性跳跃的最突出的标志。它代表了系统的有序结构和类型，它是所有子系统对协调运动的贡献之和，是子系统干预程度的集中表达。突变前系统处于无序状态时，序参量为零；当外界控制参数超过临界值后，序参量会随着系统有序结构的出现而具有一定的数值，并在系统发生突变时起着支配其他变量的作用。

序参量支配子系统行为说明，序参量的行为决定了系统突变的形式与特点，决定了其他量的变化情况，所以寻找系统的序参量是把握系统演化性质的关键步骤。在协同学中，系统状态的变量一般有许多个，从中抽取序参量是考察临界点系统演化行为的关键。当序参量被选定以后，人们就可以通过研究它来了解整个系统的演化行为。有时在临界点处有几个序参量同时存在，它们协同一致地控制系统，共同决定着系统的有序结构。但随着控制参数的继续变化，处于合作状态的几个序参量的地位也会变化，一旦控制参数达到一个新的阈值，就可能导致只有一个序参量单独决定系统的行为，使系统达到更高一级的有序。

哈肯非常重视序参量的作用，曾经形象地将其描绘为可导致整个系统崩溃、主宰系统、决定全局演化的重要变量。一切管理的关键是发现管理中可以导致整个系统崩溃的序参量，不论是管理协同，还是文化协同，最终就是要研究和探讨制约全局、引起崩溃的序参量。

（四）自组织原理：文化协同可能来自内部诉求或外部指令

组织是指系统内的有序结构。哈肯认为，从进化形式的角度来看，组织可以分为两类，即他组织和自组织。如果一个系统通过外部指令形成一个组织，那么它就是他组织；倘若没有外部命令，系统根据某个默认规则而自动形成有序结构，这就是自组织。协同学主要解决的问题是寻找到存在于各类系统中的自组织现象的一般原理。从这个角度出发，可以说协同学是一种自组织理论。

系统理论中的自组织理论，形成于 20 世纪 60 年代后期，主要研究复杂自组织系统如生命系统和社会系统的形成与发展机制，研究系统如何自动地从无序变为有序、从低阶发展到高阶的问题。协同论中的自组织理论，主要研究系统内各要素之间的协同机制。哈肯将自组织解释为在序参量的主宰下，使得系统产生自组织过程而形成的一种全新的结构[1]。自组织具有自我调节能力，可以在没有外部干预的情况下，依靠系统内部要素的相互作用而实现从无序到有序、从低阶到高阶。他组织则不然，在他组织中，一个系统要达到有序的状态，就需要外界的特定干预，即他组织的作用，通过在系统内外建立一系列完备的信息传输机制、控制机制等，使得各种资源达到优化配置[2]。师汉民教授归纳了自组织系统的行为模式具有的突出特征，包括信息共享、单元自律、短程通信、微观决策、并行操作、整体协调、迭代趋优等[3]。完整的自组织理论由四个部分组成，即耗散结构理论（theory of dissipative structure）（自组织条件方法论）、协同学（自组织动力学方法论）、突变论（catastrophe theory）（自组织结构复杂化方法论）、混沌理论（chaos theory）（自组织演化过程和图景

---

[1] 赫尔曼·哈肯：《协同学：大自然构成的奥秘》，凌复华译，上海译文出版社，2005，第 233~244 页。

[2] 苗东升：《系统科学原理》，中国人民大学出版社，1990，第 517 页。

[3] 师汉民：《从"他组织"走向自组织——关于制造哲理的沉思》，《中国机械工程》2000 年第 Z1 期。

方法论)①。自组织理论告诉我们，任何一个组织都必须具备自组织的基本要素，否则就会失去存在的基础和发展动力。其实，在社会生活中，从外界的特定干预的情况来看，纯粹的自组织和他组织是不存在的，组织都需要内部与外部的信息交换，都可能受到内部需要与外部环境的制约。

（五）涨落原理：文化协同可以决定系统稳定态与非稳定态的转变

涨落原理表明，系统是易受外界干扰的。当系统独立运动受到环境因素的随机干扰时，系统的实际状态值就会偏离平均值，这种波动在发生偏离时所呈现的幅度大小叫作涨落。不论是在系统处于从一个稳定状态到另一个稳定状态的转换时，还是在系统处于独立运动或协同运动的平衡阶段时，任何轻微的涨落都会迅速放大乃至波及整个系统的剧烈涨落。这种涨落可能推动系统进入有序状态或无序状态。涨落是偶然的、随机的，也是杂乱无章的。然而，在临界点（阈值）附近，情况就大不相同了，这时涨落可能不会自生自灭，而是被不稳定的系统放大，最后促使系统达到新的宏观态。

涨落原理给我们的启示是，在一定的外部能量流、信息流和物质流输入的条件下，系统将通过大量子系统之间的协同作用形成新的时间、空间或功能有序结构。文化协同就是要达到这种效应，即通过文化的辅助作用，促进事业单位系统内部通过慢变量的作用从稳定态向非稳定态过渡、从旧体制状态通过分类改革向新体制状态转变，形成功能有序的结构。伴随着这种有序结构的产生、发展，文化协同的效应更加凸显。运作方式是在系统的发展过程中，当系统达到不稳定状态时，只有在快变量的作用下才能使系统达到一个新的稳定状态。

三　协同论的特点和启示

（一）普适性

协同论堪称系统联系的通用解释理论。不论是自然界还是人类社会，都是由系统构成的。系统除具有结构的相对完整性以外就是需要与外界的沟通、联系和交换。协同论的价值在于试图把无生命自然界和有生命自然

---

① 冯予：《自组织系统的形成条件与微博舆论演化》，《传播与版权》2014 年第 12 期。

界统一起来，把混沌和有序贯通起来，揭示了共同本质规律。协同论为人们研究千差万别的自然现象和纷繁复杂的社会经济文化发展与变革提供了思维原则和思想方法。由于协同论属于自组织理论的范畴，因此自产生以来，它便被广泛地移植并应用于对各种不同系统的自组织现象的分析之中。正是因为协同论的普适性特点，人们才将其从自然界引入社会领域、经济领域、管理领域，甚至用其研究改革，希望获得新的启迪，改变思维模式，取得满意的效果。

（二）实效性

用协同力量解决系统内部相互掣肘、离散、冲突问题。协同是现代管理发展的必然要求，协同论从方法论的角度解决了现代管理中的很多难题。协同论告诉人们，系统发挥协同效应的机制是由系统内各个子系统之间的相互作用所决定的。如果系统的协同与配合很默契，系统的整体功能就会渐入佳境，产生良好的协同效应，同时也可以解决系统内部掣肘制约、摩擦冲突、离散变异等诸多问题，防止系统陷入混乱无序状态。在具体的管理领域，尤其是在现代管理面临的情况复杂多变、问题不可预测、竞争激烈纷呈、高新技术迭现、大数据如汪洋瀚海的环境中，企业生产、公共服务、社会治理等各种系统要想获得生存与发展，除了协同好各子系统之间的相融相契关系之外，还需协同一切可以协同的力量来保障系统有效、有序运行，达到善治的实际效果。

（三）明晰性

把握了序参量就找到了解决协同问题的关键因素。序参量是协同论的核心概念，是系统协同问题的主导因素。在系统演化过程中，序参量是促进各要素由一种相变状态向另一种相变状态转化的关键因素。序参量不仅可以主导系统产生新的功能结构，而且通过对子系统的支配或役使作用，主宰着系统演化的进程和结果，进而推动系统走向新的有序。因此，管理系统问题的关键是把握序参量，只要审时度势，通过管控系统内部协同和外部参数，把握必然因素与偶然因素、本质因素与非本质因素、关键因素与次要因素，就能使管理系统井然有序。

（四）导向性

努力把握系统从无序向有序转化的途径。协同论既是思维智慧，又是方法理论，还是行动指南。自组织理论阐释的思想说明了系统从无序向有序转化的过程和规律，其中协同可以成为促进系统结构变化的手段。协同的过程实质上可以理解为系统内部进行自组织的过程，因此，协同是自组织的形式和手段。可以说自组织是管理系统进行自我修复、自我调整、自我完善的有效途径。而且，自组织要求管理系统必须具有开放性，可与系统的外部环境进行信息交流，并为系统的生存和发展提供活力。同时，管理大系统内部的各个子系统之间应当积极协调和精诚协作，以减少内部摩擦，让各自效应充分发挥。这就是协同的目标。

第二节　管理协同思想

在西方文化中，协同思想源远流长，早在古希腊时代就有着朴素的协同意识①。几乎在协同论产生的同时，管理学界就引入了协同的概念，出现了管理协同。然而，管理学对协同的关注和引入，更多的是组织中的协同问题，"在这里，协同泛指组织中多人共同完成同一或多个事务的行为方式和过程。协同工作是组织行为的基本模式和状态。能够通过组织内部协同工作，高效实现组织目标的一种活动就是协同。由于电子工具的发展，互联网的发展，软件的发展，协同理念能够在组织当中真正实现"②。

一　协同论与管理协同

将自然科学中的协同理念引入管理学，是协同论的巨大飞跃。实现这一飞跃的关键人物，是美国战略管理学家伊戈尔·安索夫（Igor Ansoff）。安索夫在1965年出版的《公司战略》（*Corporate Strategy*）一书中指出，协同是公司的"战略四要素"，即产品市场范围、发展方向、竞争优势和协同之一。尤其是协同要素，它可以像纽带一样把公司的多元业务联结起来，使公司能够比较充分地利用现有的优势拓展新的发展空间。安索夫借用"投资收益率

---

① 周济：《识同辨异　探源汇流　中西科学思想比较研究》，厦门大学出版社，2010，第163页。

② 杜栋：《协同、协同管理与协同管理系统》，《现代管理科学》2008年第2期。

理论"分析了协同的管理学意蕴，将协同的公式表达为"2＋2＞5"，即"公司整体的价值大于公司各独立组成部分价值的简单总和"①，或者说就是企业通过识别自身能力与机遇的匹配关系来发展新的事业，达到企业整体价值有可能大于各部分价值的总和的企业战略。"2＋2＞5"是对协同效应的最通俗的诠释。其实，安索夫对协同的解释，比较强调其经济学含义，亦即取得利益的潜在机会，以及这种潜在机会与公司能力之间的关系。安索夫认为，管理协同的要义是在企业进入新行业后，倘若发现新领域问题与过去遇到的问题相类似，那么，就可以将以前成功的管理经验应用到新的领域，分享共同的管理标准和经验。

国内学者还是喜欢把安索夫的管理协同与哈肯的协同论一起研究。从二者的区别来看，安索夫甚至比哈肯在协同学中使用协同这一概念的时间还早，尽管他们对协同内容的阐释大相径庭、相差甚远。哈肯的协同说明的是自然科学特别是物理学的激光理论，安索夫的协同阐明的是经济管理理念。哈肯创立的协同学具有较强的抽象性，寄寓了协同思想哲学意蕴，堪称形而上的方法论层面。安索夫对协同的研究具体到了管理层面，堪称形而下的实践层面。从联系来看，哈肯和安索夫都是人类社会的两位大师级的人物，他们思想中闪烁的睿智光芒具有惊人的相似之处，可以说他们思想的结合囊括了整个协同思维理论和协同实践理论。

其实，管理领域的协同思想可以说是有渊源的。它虽然与自然科学、哲学不是主从关系，但是却与它们有异曲同工之妙。美国的弗雷德里克·温斯洛·泰勒（Frederick Winslow Taylor），是管理科学创始人，被称作"科学管理之父"，创立了泰勒制。泰勒制曾经被列宁评论为既是资产阶级剥削工人最巧妙的"残酷手段"，又是包含一系列丰富内容的"科学成就"，泰勒又常被人们称为"最没人性的管理"的人。常被人指责为最没"人性"的泰勒的科学管理也包含着和谐思想。弗雷德里克·温斯洛·泰勒明确提出，"管理人员和工人亲密无间的、个人之间的协作是现代科学

---

① 安德鲁·坎贝尔、凯瑟琳·萨姆斯·卢克斯：《战略协同》（第2版），任通海等译，机械工业出版社，2000。

或任务管理的精髓"①，"没有双方的这种全面的心理革命，科学管理就不能存在"②。被称作"现代经营管理之父"的法国古典组织理论的代表人物亨利·法约尔（Henri Fayol）在其所著的《工业管理与一般管理》（*Industrial Management and General Management*）一书中，曾经提出管理具有"计划、组织、指挥、协调、控制"五项职能，其中，"协调就是联结、联合、调和所有活动及力量"。这可以看成最早的管理协同观③。提出人是"社会人"而不是"经济人"著名思想的美国管理学家乔治·埃尔顿·梅奥，在其著名的霍桑实验的总结中突出地强调了建立良好人际关系的理论，特别强调包括混杂在正式组织中的非正式组织在内的构成有效能的总体组织系统问题。美国系统组织理论创始人、现代管理理论之父切斯特·巴纳德（Chester Barnard）提出了"社会协作理论"。这一理论被认为可能比管理思想发展过程中的任何理论都更为重要。他认为，组织是一个有意识地对人的活动或力量进行协调的体系，好的组织是一个协作系统，"正式组织的协作使团体力量能够扩大到个人能做的范围之外"④。由此可见，从弗雷德里克·温斯洛·泰勒到安索夫，世界管理学走完了从协调到协作再到协同之路，协同思想达到了顶峰。

二　管理中的战略协同

安索夫根据投资收益率中的元素，将协同分为销售协同、运营协同、投资协同和管理协同四种类型。安索夫未将思想停留在管理协同层面，又进一步阐释了战略协同（strategic synergy）思想。这一思想在理论界引起了强烈的共鸣和反响。1985 年美国哈佛商学院教授迈克尔·波特出版了《竞争优势》（*Competitive Advantage*）一书。在这部著作中，波特强调对公司各下属企业之间的相互关系进行管理，认为这是公司战略的本质内容，

---

① 弗雷德里克·泰勒：《科学管理原理》，马风才译，机械工业出版社，2007，第 17 页。
② 竹立家等：《国外组织理论精选》，中共中央党校出版社，1997，第 12 页。
③ 亨利·法约尔：《工业管理与一般管理》，迟力耕等译，机械工业出版社，2007。转引自苏乐天、杜栋《协同管理研究综述与展望》，《科技管理研究》2015 年第 24 期。
④ 丹尼尔·A. 雷恩：《管理思想的演变》，李柱流等译，中国社会科学出版社，1997，第 348 页。

应当构造公司的竞争优势，多元化公司存在的唯一理由就是获取协同效应。1990 年，普拉哈拉德（C. K. Prahalad）和哈默尔（G. Hamel）在《哈佛商业评论》上发表的《企业核心竞争力》（*The Core Competence of the Corporation*）一文中谈到企业核心竞争力时指出，发展不同下属企业可以共享的技术或能力并通过协同应用到不同的终端产品上是成功企业的主要战略目标。这个思想与安索夫的管理协同是一致的。

活跃于 20 世纪 90 年代的资源能力理论认为，战略协同效应，既通过人力、设备、资金等有形资产，也通过知识、技能、关系、品牌、企业文化等隐形资产，来实现降低成本、分散市场风险，以及实现规模经济效益、范围经济效益和学习效应。战略协同的目的是打造核心竞争力，形成长期竞争的优势，以及获取可以共享的足够资源和能力，同时，还包括合理地预测战略协同的成本和效益，避免得不偿失，陷入协同陷阱。

协同发展战略通常在重要的时刻产生，如企业集团重组、扩张、兼并和收购，以及建立战略联盟之时。因此，实施战略协同要求企业在协同发展战略下进行协调。应该从公司的共同愿景（shared vision）和使命开始，根据企业集团资源、能力、环境和发展阶段，在有效辨识协同机会的基础上，形成清晰的协同发展战略和有效的战略步骤。战略协同是一项复杂的工作，两个以上的公司为了凸显核心竞争力、达到快速占领市场的目的，通过信息交流和共享而达成组织合作，从而形成战略伙伴关系。其关系可以是密切合作的，也可以是虚拟企业（virtual enterprise）联盟；可以是长期的合作关系，也可以是为了某一个项目的完成形成的短期合作关系；可以在没有产权关系的公司之间联合，体现为战略联盟或虚拟企业，也可以在一个企业集团内部成员公司之间合作；甚至可以是曾经的合作伙伴，也可以是竞争对手。这种战略协同犹如向组织结构简单化、扁平化方向发展，在信息网络基础之上共享技术与信息、共用资金和原料、共管市场和销售、共获利益和成果的虚拟企业。

虚拟企业的运作模式既是一个资源合理配置的整合体，也是战略协同体，可能会产生"1 + 1 > 2"的功效。这就改变了企业之间那种完全的"你死我活"的输赢关系，形成了一种共赢关系。可以说，虚拟企业的战略协同是经济全球化背景下相关企业协作生产的创新形式。早期的战略协同的虚拟企业有网络型虚拟企业、品牌型虚拟企业、联盟型虚拟企业、管理型虚拟企业、职能型虚拟企业等。

战略协同不仅仅是企业的战略，也是企业的管理工程。在实施的过程中，应当充分体现协同工作服务战略，战略服务整体效益的原则。除协同机会识别、协同组织建设以外，关键就是形成协同机制。其中重要的机制有五个。一是战略导向机制。这主要是以企业发展战略为核心，有效把握发展方向，凸显竞争优势。二是资源共享机制。资源共享是手段和方式，不是目的。资源共享机制的关键是采取正确方法、程序，合理整合、利用现有的条件，以最佳的路径、最短的时间获得最大的利益，取得最好的协同效应和绩效。三是约束机制。战略协同是企业的组合联盟，虽然搭建了良好的协作平台，但是，由于可能并非企业实体，而仅保留企业的关键职能部门，将不重要的职能部门虚设，以较低的构建成本实现资源的最佳组合，实现企业快速发展。因此，为了协同的顺利推行，必须建立具有共同约束性的机制，包括操作规程、工作职责、绩效考核等制度来保证协同的顺利实施。四是激励机制。协同与管理一样，都是需要员工来完成的任务。人的因素是协同的关键，协同离不开管理的基本方法。因此，应当充分利用管理中的激励方法，实现业务动力驱动和经济效益分享。五是纠错机制。这主要是为了避免出现协同负效应而采取的方法。在协同管理过程中，由于协同不力、信息失灵、市场不稳定、管理不完善等原因，可能会出现市场应变速度迟缓、运作效率降低、协同中心指挥不灵等情况。所以，在协同设置之初，就要建立较好的应对协同危机的机制、协同关系调整机制、协同问题修复机制等，以防不测之虞。

安索夫在1979年出版的《战略管理》（*Strategic Management*）一书中系统地提出了战略管理的八大要素，包括战略动力、战略预算、战略领导、战略行为、管理能力、权力、权力结构和外部环境，然而，这里面并没有关于企业文化的专门论述。其实，这个时期正是管理学界关注企业文化建设的时期，尤其是在美国管理学界，"管理软化"的热潮方兴未艾。众多企业把战略、制度、组织等硬性因素抛在一边，纷纷开始研究企业文化或管理文化等柔性因素的作用。先后有一批有分量的著作问世，诸如迪尔与肯尼迪的《企业文化——企业生活中的礼仪与仪式》、大内的《Z理论》、帕斯卡尔与阿索斯的《日本的管理艺术》、彼得斯和沃特曼的《追求卓越》。"这种状况进一步加剧了对企业战略的冷落，战略管理的鼻祖安索夫自然也陪同进入'冷宫'。"① 关注企业文化并没有错，从实际来看这是我国企业界，在不成熟的市场经济面前，针对林林总总、五花八门的管理理论，在既不能盲目照搬，又不能食洋不化的情况下，为了避免文化冲突带来的麻烦，以中国的思维方式、中国文化的接收方式来接受和消化这些来自市场经济发展成熟的外国的硬邦邦的理论，无须指责。其实中国没有出现过在"管理软化"潮流冲击下，以"文化管理，废除管理制度"的情况，但真的出现过在照搬外国管理理论不灵的情况下，向国学求助的情况。当然，这也无可厚非。

三 管理的协同效应

安索夫虽然没有专门论述战略协同中的文化问题，但是，并不等于他忽略了文化。他在《战略管理》中指出，其论及的公司战略制定，"是以美国的经济社会为背景的"。这就考虑了战略管理的普适性问题，告诉人们在学习和引进的时候应当注意国情问题。有所不为才能有所为，安索夫的战略协同重点考虑的是刚性的管理问题，如果用文化的视角来分析，那么它探讨的基本上都是制度文化建设。其实安索夫所谈到的战略柔性就是根据环境变化来调整战略的能力结构。所以，部分企业有意识地进行了文化弥补，因为经营管理者懂得战略协同是复杂的实践过程，需要靠多种力量要素、各种管理策略方能有效完成。战略协同离不开良好的文化条件，因为企业员工的文化差异可能很大，价值观可能不同，忠诚度可能有别。这使得企业的员工要素存在着明显差别。企业要达到相互协调的平衡发展状态就必须进行协调，而文化可以成为首选方法。协同重要的是组织协同和行为一致，这当然包括各种组织文化要素，诸如企业愿景、企业使命、企业价值观与行为规则等。这些组织文化要素与组织内部协同体系相伴随，也受此制约，必须重塑自己，形成组织协同文化。倘若在这个过程中

---

① 《安索夫战略在中国》，http://finance. sina. com. cn/leadership/mglqz/20060329/16362458208. shtml。

形成的文化被企业员工所认同，就能够在利益问题上很容易达成共识，就会使战略协同具有强大而持久的内在推动力。这种文化的中国表达方式就是"上下同欲""同心同德""同舟共济""荣辱与共""合作共赢""成果共享"。因此，一定的文化背景下，以战略协同思想为基础，落实在管理层面，可以看出管理协同具备以下特点。

第一，聚合系统要素，追求协同效应。不论是"1＋1＞2"，还是"2＋2＞5"，都是管理追求的目标，表明管理的效应溢出、聚合放大和功能倍增。实现这样目标的关键是按照科学的协同方式，找到主导系统发展的序参量，促进各个要素之间产生互动、协调、同步的增量效应。

第二，走非线性路径，达到直观性效果。数学关系中的非线性指的是两个变量间的关系的复杂性，即非直线性、曲线性，或者叫不确定的属性。在管理学上非线性表明因果关系的非明朗性、隐藏性、复杂性，或者是多层次性、多元性、错综交叉性，但在结果上却既简单又明了，好坏分明、成败直观。

第三，利用现有优势，采取最佳方案。在动态的经济领域，在多变的竞争场合，管理需要面对很多不确定性。不论是战略协同还是管理协同，其关键是利用好现有的优势，协调各方关系，整合不同因素，促进相互合作，实现管理目标。

第四，抓住管理关键，实现纲举目张。管理关键在哲学中叫主要矛盾，在协同论中叫序参量，在成语中有纲举目张。其中，纲是指渔网上的总绳，在这里我们将其喻为管理的关键所在。目是指渔网的网眼。《吕氏春秋·用民》中说"壹引起纲，万目皆张"[①]。这就是说处理问题时，要善于抓住问题的关键之处，做到提纲挈领、纲举目张。

第五，时空同步，协调配合。管理协同的基本要求是在时间空间上的步调一致、同时并举、互相配合。老子有言，"有无相生，难易相成，长短相较，高下相倾，音声相和，前后相随"。时间的同步性要求各个要素之间要紧密衔接，空间上的同步性则要求其互相配合，如琴瑟和弦，走向有序。

---

① 转引自王涛等《中国成语大辞典》，上海辞书出版社，1991，第413页。

第六，明确机制，实现效应。企业的管理协同已经走向了机制化，主要包括管理协同的形成机制和实现机制两大类。这两类机制相互影响、相互作用，促使企业系统有效且顺畅运转，保证管理协同效应的实现。倘若细化研究，管理协同的形成机制可以分成利益机制和评估机制；管理协同的实现机制可分成协同价值预先评估机制、协同机会识别机制和整合机制等①。

第三节　文化协同思想

一　文化协同思想的由来

文化协同主要是指组织文化协同，它的出现并非与协同论相伴而生，它是在管理软化、组织柔化、变革泛化、文化强化的时代诞生的管理思想和方法。纵观世界企业文化协同的发展历史，从最初的明确引入到普遍受到青睐并在理论上有所建树，在上百年的历史中，大约可分为四个阶段。

（一）文化协同的基础时期（20 世纪初到 20 世纪 50 年代）

管理始终没有离开过文化，无文化即无管理。纵观人类工业文明的管理史，可以发现管理一直是由知识伴随的，管理的成功历史就是一部文化协同史。现代管理的出现，就是现代经济文明的开始，就是用知识指导经济、驾驭经济的开始。在经济发展的背后是管理的成功，当然也是知识的成功、文化的成功。无数专家学者将聪明睿智付诸经济研究，推动了经济的发展，积累了管理的经验。管理科学每发展一步，都是知识改变命运、文化协同发展的光荣历程。

自管理学诞生之日起，很多管理学家就比较重视文化的作用，认为文化是人不可或缺的东西，管理离不开文化。他们在很多理论中谈到了文化，把文化看成管理的重要组成部分。其中涉及文化与管理关系的著名管理理论有韦伯的科层制理论、法约尔的一般管理理论、梅奥的人际关系理论、麦格雷戈的 XY 理论、马斯洛的需要层次理论、赫茨伯格的双因素理

---

① 潘开灵、白列湖：《管理协同机制研究》，《系统科学学报》2006 年第 1 期。

论、奥尔德弗的 ERG 理论、亚当斯的公平理论、斯金纳的强化理论、弗鲁姆的期望理论、卢因的群体动力理论等。每当经济发展遇到困难的时候，重新品读这些理论总会让人有拨云见日、茅塞顿开之感，不能不令人感慨经典思想家们的真知灼见。虽然这个时期没有文化协同的完整表达，但是，书写文化协同的历史，应当追溯到这个知识与经济相结合且二者关系坚如磐石的时期，文化协同的基础时期，文化解读经济、诠释管理、协同成功的时期。

（二）文化协同的起步时期（20 世纪 50 ~ 60 年代）

多种知识关注企业发展。如果说第一个时期是单一理论诞生后持续影响的时期，那么第二个时期就是各种学科关注企业管理、群雄并起的时期。1945 年第二次世界大战结束以后，世界的热点由军事争夺转向了经济争夺，由战场转向了市场。这个时期，世界经历了世界大战的战火洗礼和多次经济危机的严重打击之后，很多地区满目疮痍，企业毫无生机。管理学理论经历了从古典管理理论向行为科学再向"管理理论丛林"跨越的阶段。

大批政治学家、人类学家、物理学家、生理学家、数学家等纷纷进入管理学领域，形成了决策理论、系统理论、经济主义、权变理论和管理科学等多种管理流派。这些流派不仅在理论渊源上相近，而且在理论内容上相互交错、相互影响，形成了群芳斗艳的局面。各种管理理论枝节交错，簇叶蔓生；各派标新立异，甚至互相攻讦，以至于导致了一场混乱的"丛林战"。在多种学科和流派交叉碰撞的过程中，新兴的管理理论十分明确地把企业看成是一个"开放系统"，将系统论、控制论、信息论和计算机科学等最新理论成果应用到企业管理之中，使管理出现了令人耳目一新的局面，并由此推动了别开生面的研究，促进了管理理论和实践的飞跃。也正是在多种学科协同企业管理的过程中，企业文化理论逐步诞生。

（三）文化协同的兴起时期（20 世纪 70 ~ 80 年代）

在管理中，文化协同的成功尝试滥觞于日本。20 世纪 70 年代中后期，日本经济迅速崛起，成为继美国、苏联之后的世界第三大经济强国。日本以经济大国的身份登上世界经济舞台，引起了美国的高度关注。这一时期，美国经济正面临着很多深层问题，诸如经济衰退、通货膨胀、企业竞争乏力、产能下降。于是，美国专家带着种种疑问踏上了日本群岛。他们经过考察、比较后发现日本优于美国的既不是科技，也不是财力和物力，而主要在于企业管理方面。他们认为，日本企业的家族主义企业文化优于美国企业的个人主义企业文化。"日本企业管理的优势和核心在于其有一种巨大的精神力量在起作用，那就是企业的价值观和企业精神，即企业文化。"① 于是，一场以"软化管理"为特征的文化管理变革在美国悄然兴起。

从 20 世纪 70 年代末开始，美国开展了深入的企业文化研究，出版了一系列关于企业文化的研究论著。代表性的著作有：埃兹拉·沃格尔的《独占鳌头的日本》（1979 年）、大内的《Z 理论》（1981 年）、迪尔和肯尼迪合著的《企业文化——企业生活中的礼仪与仪式》（1982 年）、彼得斯和沃特曼合著的《追求卓越》（1982 年）、帕斯卡尔和艾索斯合著的《日本企业管理艺术》（1981 年）、米勒的《美国企业精神》（1984 年）、彼得·德鲁克（Peter Drucker）的《创新与企业家精神》（1985 年）。大内在《Z 理论》中指出，不论是日本企业管理方式，还是美国企业管理方式，都各有利弊。应当结合优点，形成一种突出企业成员之间密切管理的文化②。

《日本企业管理艺术》是论述企业文化的早期著作之一，至今依然是理论界公认的经典之作。这本书明确提出，企业管理既是科学，也是文化，而且是有其价值观、信仰、工具和语言的一种文化。以这本著为标志，企业文化作为一门重要的企业管理学科正式形成。其认为企业管理的现实并不是独立的，而是由社会和文化决定的。美国哈佛商学院教授海斯特凯在其著作《文化周期》中指出，企业文化对利润的影响实际上是可以量化并计算的：那些有良好的企业文化、目标明确的公司，比同类型但文化较为松散的公司高出 20% ～30% 的业绩。这提供了丰富的适应现实与未

---

① 邹广文：《企业文化漫谈之二 从管理模式的演化看企业文化的兴起》，《理论学习》2002 年第 3 期。
② 转引自张铭远《企业文化导论》，辽宁大学出版社，1990，第 41～43 页。

来需要的新型企业文化，对后来文化协同论、跨文化管理理论的诞生起到了十分重要的理论奠基作用。

国外学者所阐释的企业文化，指的是企业组织内形成的独特的传统习惯、风气准则、伦理规范和价值观。大内将公司文化看成传统、风气，包含一个公司的价值观，如"进取性、守势、灵活性——确定活动、意见和行动模式的价值观"①。迪尔和肯尼迪在《企业文化——企业生活中的礼仪与仪式》中指出，公司文化是指公司成员共享的"价值观念"，以及大家共同遵守但并不用写在纸上的"行为准则"，甚至还包括各种各样用来宣传、强化这些观念的仪式②。

迪尔和肯尼迪还指出，价值观"是一个组织的基本观念和信念，因而成为企业文化的核心"，"价值是任何企业文化的基石。作为赢得成功的企业的哲学的实质，价值为所有职工提供了共同的方向，并指导着他们的日常工作"③。企业文化一词的发明者、美国管理学大师埃德加·沙因（Edgar H. Schein）认为，企业文化是组织在解决外在适应与内部整合的问题时发明、发现、发展出来的一组基本假定，这些假定可以分为人与自然的关系、现实与真相的本质、人性的本质、人类活动的本质和人际关系的本质共五个方面④。迪尔和肯尼迪在阐述企业文化的内容时指出，企业文化是由企业的价值观、英雄人物、习俗仪式、文化网络及企业环境五个因素组成的系统，其中企业环境是形成企业文化最大的影响因素，"杰出而成功的公司大都有强有力的企业文化"⑤。彼得斯和沃特曼认为，企业文化是由企业领导者积极倡导的，由企业领导者和职工恪守的共同信念或共同价值观。他们归纳总结出美国企业文化的八个原则，即乐于采取行动；接近顾客；自主和企业家精神；通过发挥人的积极性来提高生产率；领

---

① 威廉·大内：《Z理论》，朱雁斌译，机械工业出版社，2007，第169页。

② 特伦斯·迪尔、艾伦·肯尼迪：《企业文化——企业生活中的礼仪与仪式》，李原、孙健敏译，中国人民大学出版社，2008，第31页。

③ 特伦斯·迪尔、艾伦·肯尼迪：《企业文化——企业生活中的礼仪与仪式》，李原、孙健敏译，中国人民大学出版社，2008，第14、109页。

④ 埃德加·H. 沙因：《企业文化生存指南》，郝继涛译，机械工业出版社，2004，第22～42页。

⑤ 阿伦·肯尼迪、特伦斯·迪尔：《公司文化——公司生活的礼节和仪式》，印国有、葛鹏译，生活·读书·新知三联书店，1989，第20～27页。

导身体力行，以价值准则为动力；发挥优势，扬长避短；简化组织结构与层次；宽严相济，张弛结合①。正在人们探索企业文化的时候，安索夫的管理协同理论和上升到哲学方法论层面的哈肯的协同论广为流传，为人们探讨企业文化建设、跨文化管理和文化协同管理问题提供了新的思路。

企业文化建设是企业文化协同的基础或者说是早期的探索。现在我们研究文化协同问题时，必须要从企业文化的兴起和建设谈起，找到源和流的关系。然而，文化协同的概念起于何时，尚难确考，或许与企业文化建设的时间基本相同。而且，伴随着协同论的诞生、战略协同思想的发展，特别是随着企业文化的异军突起，管理文化、文化协同思想应运而生。

（四）文化协同的兴盛时期（20 世纪 80～90 年代）

在这个时期中，跨文化管理成为热点。最初的关于文化协同问题的研究出现在企业跨国联盟出现以后，也就是在跨文化管理的研究过程中。关于"企业间合作"的概念甚丰，诸如战略联盟、企业联盟、企业联合、战略同盟、战略合作、企业协作、企业网络战略联营、虚拟企业等。战略联盟的形式有国际联合、合资经营、股权参与、契约性协议等几种。"企业战略反映着企业宗旨和价值观念，战略的实施过程又会促进和影响企业文化的发展和创新。"② 在跨国战略联盟企业中，对不同国家的企业进行跨国整合，多元文化的跨国战略联盟势必会导致文化差异与文化冲突。这就需要文化的协同，选择文化合作或文化融合的方式，实施求同存异的文化战略，以文化的一致性为基础，尽量避免、减少和消除文化的碰撞与冲突③。

可能正是基于文化的考虑，管理学界在 20 世纪 60 年代安索夫提出协同效应的概念后开始使用文化协同概念。对此，很多人做出了详细的理论阐述，甚至有人从反面研究了这个问题，认为组织、文化、战略等非技术

---

① 托马斯·彼得斯、小罗伯特·沃特曼：《寻求优势：美国最成功公司的经验》，管维立译，陈季东校，中国财政经济出版社，1985，第 60 页。
② 张爱邦：《跨国战略联盟企业的文化构建》，《中国商贸》2011 年第 2 期。
③ 张爱邦：《跨国战略联盟企业的文化构建》，《中国商贸》2011 年第 2 期。

因素的协同匹配的缺失是造成许多技术创新项目不成功的一个重要原因①。

随着企业跨国联盟形式的出现，企业界、学术界将企业文化理论研究的重点聚焦于跨文化管理的研究上来。荷兰籍管理学教授霍夫斯塔德首开跨文化管理研究之先河。他不仅撰写了《文化的影响力》等影响较大的著作，还对世界50多个国家的文化进行了调查、分析和比较，提出了"权力距离"理论，成为跨文化管理的重要理论。霍夫斯塔德还总结了不同国家和民族文化中差别存在的五个方面因素，即个人主义与集体主义、不确定性规避、权力距离、长期取向与短期取向、男性主义和女性主义，提出了"文化分维系统"，为跨文化冲突分析提供了重要理论。他因此被视为研究文化差异及管理策略的权威。

在20世纪70年代末和80年代初，跨文化管理学作为一门新兴的边缘学科在美国产生。此后，世界进入了对文化以及不同文化条件下的管理行为进行研究的活跃时期，成果异常丰富。1995年，美国的布莱克（T. Brake）和沃克（D. Walker）撰写了《在国际上做生意》（*Doing Business Internationally*）一书，分析研究了在企业管理和商务活动中不同国家和不同民族的不同文化定位的十个变量，提出了文化定位框架说。荷兰的冯·特姆彭纳斯（Fons Trompenaars）和英国的查尔斯·汉普顿-特纳（Charles Hampden-Turner）合著的《驾驭文化的浪潮》（*Riding the Wave of Culture*）一书，分析了不同种族的人做生意采取的文化技巧。这些不仅推动了企业国际化经营中的跨文化研究，也将文化融入经济活动之中。

在这些研究中，形成理论体系的有莫朗、阿德勒和保罗·毕密斯的跨文化组织管理理论，以及阿德勒的文化协调配合论。莫朗在《跨文化组织的成功模式》及《文化协合的管理》中，探讨了"文化一体化"问题，指出协同效应即"2+2>5"。但是，由于跨文化障碍的影响，其文化协同方程可能为"2+2<4"，但只要不是负数，就是获得了成果。阿德勒针对跨文化管理中的"文化上的协调配合"问题，建议人们要把文化上的差异看成一个组织发展的有利因素，不要忽视差异或一味地去缩小差异。阿德勒

---

① 陈光、杨红燕、丁媛：《协同创新管理的形成机制研究：一个案例》，第三届软科学国际研讨会会议论文，2004，第11~17页。

总结了企业跨文化管理成功的四个要素，即共同的长期战略、共同管理、互利、互信，提出了文化支配、文化顺应、文化妥协、文化回避和文化协作的思想①。阿德勒对文化地位和作用的精辟阐发对跨文化管理的实现具有深刻启迪意义。

从跨文化管理的目标来分析，多元文化被视作组织资源及核心竞争力的要素，文化协同尚在实现文化加文化大于原文化的效果。尼格尔·霍尔顿（Nigel J. Holden）在文化周期表中列举了两个公式来表达跨文化管理中的文化问题：一个是"C1 + C2 = 文化休克、摩擦、误解"；另一个是"C1 + C2 = C3"。其中，C1 和 C2 代表若干异质民族文化，C3 则代表协同后新创造的第三种文化。这两个公式比较恰当地表明了文化协同的产生过程。由此可以看出，跨文化协同意味着不同文化的构成要素（其中包括适应模式、规则、价值观、行为等）以某种方式结合在一起，这些要素的总和产生了高质量和有价值的结构，其总和的价值要大于各元素的个别价值之和②。

总之，在这个时期，管理领域无论是对文化差异的基础性理论研究，还是对跨文化管理和文化协同的应用研究都已经硕果满枝了。

二 企业文化协同

文化协同的概念产生于管理学领域，也可以说是管理实践的发展推动了文化学的发展，丰富了其内涵。文化协同当属于管理文化的内容，是管理文化所使用的概念，更确切地说，是企业在跨文化经营管理过程中，为了合作的目的和创造管理的新模式，超越原本存在的不同职员、不同顾客、不同种族之间文化差异的有效方法。我们既要看到多元文化的存在、文化差别的存在，又要尊重差别，创造新的文化交流和融合的模式。这样的解释可以用儒家的"和而不同"来说明，即在人际交往中能够与他人保持和谐友善的关系，但在具体问题的看法上却不必苟同于对方。

---

① 转引自王君华《跨国企业战略联盟的文化协同研究》，博士学位论文，武汉理工大学，2007，第 10 页。
② 何丹：《在华跨国公司内部文化协同问题》，《经济研究导刊》2012 年第 12 期。

　　我国学者对文化协同有很多的解释，其中有代表性的观点主要有三个。首先，从管理文化来诠释。陈佳贵认为，文化协同是指管理人员根据组织成员和顾客个人的"文化倾向模式"，形成组织的战略、策略、结构和管理的过程①。其次，从文化协同效应来解释。廖泉文、李鸿波认为，文化的协同效应是为文化协同所产生的"规模效应"，意味着多个文化要素的总和价值，大于单个文化要素的简单加和②。最后，从达成团队共识的角度来阐释。文化协同的意思是承认差别，求同存异。

　　企业管理中强调的文化协同，人们往往将其当作管理方法来用，看作是迄今为止寻找到的解决跨国公司文化冲突的良策。但是，采用文化协同方法，应当坚持两个出发点或原则。一是尊重文化的差异性，不减少文化的多样性。站在协同的角度，把组织文化的差异性和多样性视为设计和发展组织系统的重要资源。文化协同用一种新的超越主流文化的方式达到组织管理的目标。二是坚持文化权变理论，消除文化天生优越论，在不违反组织内任何文化规范的同时，很好地反映所有成员在战略、结构和过程中各自文化的各个方面，相信成功的管理方式取决于采用方式的人所具备的特定文化。

　　运用文化协同方法，就必须对文化协同方案进行精心设计，采取合理的步骤。国内有学者提出了实现企业文化协同的三个步骤：一是识别文化差异，增强文化认同；二是让具有不同文化背景的员工混合在一起进行跨文化培训，以增强其对文化环境的适应性，培育高质量的跨文化管理人才；三是打造多元文化交融的"合金"企业文化③。

　　文化协同作为一种解决组织问题的方法，普遍认可的三个实现步骤如下。

　　第一步，描述当前形势，认识到文化差异。基本做法是要求团队成员运用各自所属的文化类型，从各自的角度来描述同一个问题，而不是从其各自的文化观点出发认识问题。这一步骤是解决复杂的多文化难题过程中

---

①　陈佳贵：《现代企业管理理论与实践的新发展》，经济管理出版社，1998，第82~83页。
②　廖泉文、李鸿波：《企业并购的文化整合动因、障碍分析及其模式选择》，《管理科学文摘》2003年第1期。
③　刘长庚：《企业跨国经营论》，中国经济出版社，1996，第46~47页。

最困难、最关键的步骤，也是创造第三种文化的有效方式。

第二步，解释当前的形势。面对来自不同文化的形势描述，大家经过讨论找出每一种形势描述背后所涉及的文化在思想、情感和行动上的异同和思维逻辑，消除自身文化的局限、偏见和思维窠臼，用灵活性的换位思考或者多维视角寻找和选择解决问题的路径。

第三步，创造文化协同。企业设计文化协同方案就是寻找适当的文化方式来解决涉及多文化背景的问题。这里的基本方法是通过学习转化，整合和改进各种文化起作用的方式，通过说服疏通达成共识，超越每个个体文化的行为模式。这是比较困难的方法，因为文化问题不仅涉及思想感情转化，也涉及思维定式，还涉及习惯伦理乃至信仰。

可以说，文化协同并非易事，需要管理者的威信，也需要被管理者的理解，还需要大家互相的尊重，甚至包括妥协、顺从。倘若能取得建立在文化基础上的满意，那样的管理才是高水平、高层次、高境界的管理。

三 协同创新与文化创新

协同创新应该是协同与创新两种思想的合金。创新概念和思想由美籍奥地利经济学家约瑟夫·熊彼特（Joseph A. Schumpeter）在其《经济发展理论》（*Theory of Economic Development*）一书中第一次提出，后来又相继在《经济周期》和《资本主义、社会主义与民主》两书中加以运用和发挥，形成了创新理论体系。

熊彼特的创新理论是一个具有包容性的体系，除包括开发新产品、使用新的生产方法、发现新的市场、发现新原料、创建新产业组织之外，还囊括创新、创新方式、创新者、企业家、企业家精神等多方面内容。

20 世纪中叶，现代管理学的奠基人、管理大师彼得·德鲁克第一次在管理领域中使用了创新概念，同时第一次提出了管理创新这一新概念，引起了强烈反响、研究热化，以至于形成两个流派，即技术创新和制度创新。这两项创新又与管理创新紧密联系、相辅相成，把创新理论推向了新的境界。2003 年，美国的切萨布鲁夫把创新问题延伸到了实践领域，提出了开放式创新模式，认为一个组织可以从其内部和外部同时获取有价值的创意和优秀的人力资源，运用内部和外部的研发优势实现成果的商业化运营，并在使用知识产权过程中获利①。

协同创新是由美国麻省理工学院斯隆管理学院的研究员彼得·葛洛（Peter Gloor）提出的概念。他认为，协同创新是将各个创新主体要素进行系统优化、合作实现共同的目标、合作创新的过程。2007年，维罗妮卡·塞拉诺（Veronica Serrano）和托马斯·费舍尔（Thomas Fischer）提出了合作绩效变化理论，将协同创新解释为行为互动维度（X轴）和资源整合维度（Y轴），认为行为互动维度主要包含互惠信息、共同约定、系统协调、优化同步等协同要素，资源整合维度主要包含信息、目标、性能、行动等要素。创新应当根据两个维度上的不同位置进行，协同创新是由沟通到协调再到合作的过程②。

由此可见，所谓协同创新，可以理解为经济组织、科技组织和社会组织等组织内部之间形成的文化共享机制和分享机制，包括知识、思想、精神、理念、信息、技术、技能等创新资源与要素的有效汇聚与深度合作。协同创新具有四个鲜明特点。

第一，突破创新主体之间的壁垒，实现创新资源的共享。协同创新体现的是集体的智慧、团队的力量，非一人之力、一个部门能够完成，必须要整合起来，形成集中的优势。换句话说，协同创新的生态系统要求各种相关要素应当形成有机结合的态势而不是简单叠加，无论存在方式，抑或目标功能，都应当表现出统一整体性，所以需要突破创新主体之间的种种壁垒，充分释放出彼此间关于"资本、人才、技术"等创新要素的活力，全力实现创新资源的共用共享，形成创新主体之间深层次合作之势。

第二，体现了新的共赢文化精神。在协同创新的过程中，虽然各个创新主体是相对独立的，但是由于拥有共同的目标，可以生成共同的内驱动力，搭建合作的平台，进行多方位交流和多样化协作，所以合作参与的各方都拥有新创造、新成果的机会和条件。因此，协同创新体现了一种追求

① Chesbrough, H. W. *Open Innovation*: *The New Imperative for Creating and Profiting from Technology* (Boston: Harvard Business School Press, 2003).

② Serrano, V. and Fischer, T. "Collaborative Innovation in Ubiquitous Systems." *Journal of Intelligent Manufacturing* 18 (2007): 599–615.

共赢的合作精神和文化理念。

第三，属于复杂的创新组织方式，要求实行动态管理。协同创新的创新主体是多元的，创新要素可能是多样且相互关联的，可能由于某个要素的变化会引起其他要素的改变，这种不稳定的、无规律的、或然的、复杂的非线性效用使协同创新形成了一个完整的共生链和互惠链。这种复杂的系统结构和组织方式，要求实行动态管理，采取因时制宜、因地制宜和因事制宜的灵活的管理机制。在充分考虑非线性效用的情况下，推动协同创新产生蝶变。

第四，多元协同中的文化协同，多元创新中的文化创新。协同创新所包容的协同因素不仅有"人才、资本、技术、信息"等科学技术因素，还囊括了"知识、思想、理念、精神"等文化因素，甚至还涉及"体制、模式、制度、机制"等管理因素，而这些因素其实就是文化中的制度文化和精神文化层次因素，因此我们可以一言以蔽之曰文化协同。在协同创新中所产生的创新，不仅包括科技创新、经济效益创新，还包括管理绩效创新，甚至思想理论创新，而这些创新可以宏观地被称为文化创新。因此，从文化学的视角来看协同创新就是文化协同与文化创新。

四　文化协同效应

德国物理学家哈肯于1976年在系统阐释协同论时谈到了协同效应问题，认为整个自然环境中的各个系统间存在着相互影响、相互干扰、相互制约而又相互合作的关系。可以发现政府组织、企业组织、社会组织等不同组织之间也存在着相互配合、相互协作与相互制约的关系。这种关系作用的结果就属于协同效应问题。

协同效应概念在安索夫的战略协同理论中也被强调和使用着。从企业管理的实用性角度出发，协同被理解为经营者有效利用资源的方式。协同效应被视作公司整体的价值大于公司各独立组成部分价值的简单总和，可以简单地表述为"1 + 1 > 2"或"2 + 2 > 5"。这里的"＋"表明两个企业经过并购合成为一个企业后，所达到的一体化状态，属于真正地融为一体，在这一体化的企业中需要进行文化整合①。在企业中，协同

---

① 徐向真：《过程控制的企业并购文化协同效应构建研究》，《管理现代化》2008 年第 4 期。

效应体现于生产、营销、管理等不同环节、不同阶段和不同层面，可以充分利用同一资源去实现整体效果。在合并后的公司中，协同效应可以体现出综合实力增大、博弈竞争力增强，实际业绩会比两个公司独立存在时的预期业绩要明显提高。可见，协同效应并非简单相加和简单总和，而是先融合，再整合，不然就不会有协同后的正效应。协同效应一般可从三个方面来分析，即管理协同效应、经营协同效应、财务协同效应。

英国学者坎贝尔和卢克斯曾经说过，通俗地讲，"协同就是'搭便车'"[1]。从成本效益的角度来看，当把公司的一个部门积累的资源无成本地应用于公司的其他部门的时候，当两个有联系的公司经过重组成为一个新的公司后，当优势资源被共同使用来获取新的效益后，协同效应就产生了。英国管理大师蒂姆·欣德尔（Tim Hindle）认为，可以通过共享技能、共享有形资源、协调战略、垂直整合、与供应商谈判和联合力量等方式来实现企业协同效应。

美国波士顿咨询公司纽约总公司资深顾问马克·L. 赛罗沃（Mark L. Sirower）在深究协同效应经济价值时曾经提出过一个判断企业并购价值的公式，即"并购价值＝协同效应－溢价"。其中，溢价是并购者支付的超过公司内在价值的价格。倘若溢价为零，则并购价值＝协同效应。假如没有协同效应，那么，溢价堪称并购方送给目标公司的礼物。其中，协同效应存在不确定性，是决定企业并购战略成功的关键因素[2]。

从上面的论述中可以看出，文化协同效应是用新的文化改造、整合、替代旧文化的过程，也是文化扩散、渗透和同化的过程。一定的企业组织合并、整合、再造的过程也是文化协同效应生成的过程。在这个过程中，还需要通过对观念、伦理、习惯、制度等方面的重塑与再造，达到组织成员广泛接受并认可、心理服从、行为配合的良好状态。从质量上看，文化协同效应有优劣、大小之分。这取决于两个层面的因素。一是原来的组织文化被新的组织认同的程度。认同程度越高，文化的协同效应就越强。二

---

[1]　安德鲁·坎贝尔、凯瑟琳·萨姆斯·卢克斯编著《战略协同》（第2版），任通海、龙大伟译，机械工业出版社，2000，第67页。

[2]　马克·L. 赛罗沃：《协同效应的陷阱：公司购并中如何避免功亏一篑》，杨炯译，上海远东出版社，2001。

是组织各方文化的差异程度。文化的差异程度越大，就越容易造成文化冲突，需要整合的内容就越多，文化同化、包容、融合的困难就越大，花费的时间就越长，产生文化协同效应的速度就越慢。

文化协同效应的内容主要包括以下几个方面。

第一，消解文化差异。文化差异是不同文化之间的差别，有文化上的观念差别、心理差别、习惯差别及背景差别等多方面因素，还有宗教信仰、年龄、受教育程度、道德修养、组织群体等方面的差异。正是由于文化的差异性，才决定了文化的多样化。当存在差别的组织群体相遇时便会产生碰撞、冲突、排斥，所以，文化差异是文化整合、文化协同效应生成的障碍。从另一个方面来说，文化差异对重组、再造、并购的组织来说，也有积极影响，因为文化差异较大可以促使不同文化单元进行多方面的学习、沟通与互补，甚至可以通过文化碰撞与整合来促进组织创新，以便提高经营效率和绩效。从这个意义上说，在跨国文化交往中，应当注意文化的这些特点。

第二，实现文化适应。文化适应主要是指文化对环境或者一种文化对另一种文化圈的接受和认可。美国人类学家罗伯特·雷德菲尔德等认为，文化适应发生于具有不同文化背景的两个以上群体之间，在所发生的直接和持续的文化接触中，可能导致"一方或双方原有文化模式发生变化"[1]。文化适应分为同化、分离、融合、微小化（弱势群体）四个阶段。贝里等把个体在文化适应过程中采取的文化适应策略分为四类：整合、同化、分离和边缘化[2]。斯坦福大学的阿马多·帕迪拉（Amado Padilla）和威廉·佩雷斯（William Perez）认为，在文化适应的过程中要考虑"社会认知""文化胜任力""社会认同""社会性劣势"四个因素的影响[3]。

当一种文化与另一种环境中占主导地位的文化接触时，文化适应问题

---

[1] Redfield, R., Linton, R., and Melville, J. Herskovits. "Memorandum for the Study of Ac-culturation." *American Anthropologist* 38（1936）：149 – 152.

[2] Bersry, W. J. et al. *Cross-cultural Psychology*：*Research and Application*（Cambridge：Cambridge Vniversity Press, 1999），p. 278.

[3] Padilla, A., and Perez, W. "Acculturation, Social identity, and Social Cognition：A new per-spective." *Hispanic Journal of Behavioral Sciences* 1（2003）：35 – 55.

就产生了。美国文化人类学家怀特（L. A. White）认为，文化对于环境的适应表现为工具和技术适应、组织适应、思想观念适应三个方面。每一种社会组织都是为了一个特定的目的而建立的，按此可以理解为，组织适应主要是对组织存在目的的适应。虽然环境变化在先，思想变化在后，但思想对于环境的变化是最敏感的。文化对环境的适应其实是要求文化做相应的调整，而符合历史发展趋势的环境适应则是积极的、进步的适应。所以，文化适应是文化协同的关键环节。如果考察人的心理感受，那么，文化适应过程可以分为初始期、碰撞期、磨合期、适应期等不同的阶段。戴维斯将文化适应分为兴奋期、困惑期、挫败期、有效期和欣赏期五个阶段①。

第三，促进文化整合。文化整合的一般解释是不同文化相互吸收、融合、调和而趋于一体化的过程。这就是说，文化整合的过程是不同文化相互冲突、博弈、吸收、融合、涵化、更新的过程。文化整合的概念虽然初起于文化人类学、文化社会学，后渐为地理学所重视，现在多用于经济领域说明企业之间通过吸收、学习，创造优良的企业文化。企业文化整合可以促使整合与被整合组织的文化背景与行事风格等发生碰撞、冲突乃至被继承和修改，也可以将由文化差异而造成的文化冲突限制在较小的范围之内，同时形成多元性和整体性的兼容统一，进而增强组织的活力、实力与竞争优势。通过文化整合，可以重建、重塑组织文化，形成组织凝聚力，促进各种文化交流融合，推动新的文化生成，为新的组织提供精神支撑和价值导向。当然，重建组织的文化整合并非立竿见影，而是需要一个漫长的过程，对文化既需要比较选择、体验吸收，又需要积淀培育、吐故纳新，逐渐实现整合更新。由此可见，文化协同效应的生成并非易事。

第四，响应文化同化。文化同化一般是指相对弱小、弱势、落后的文化在与相对强大、强势、先进的文化接触的过程中，学习、吸收、引进强势的文化，接受强势文化的影响，通过弥补、提升、创造，具备强势文化特征的过程。在文化生态中，既存在着互相学习、取长补短的问

---

① 转引自石卉《论跨文化交际中的文化适应》，《唯实》2009 年第 11 期。

题，也存在着互相博弈、此消彼长的问题，文化同化应当是文化本身在一定环境中顺势自然的发展过程。但是，文化也有被强制同化的问题，表现为一种文化的发展影响了另一种文化的存活，甚至存在着文化顺从、文化压抑、文化消弭的现象。文化除具有先进与落后、积极与消极之分以外，在品格上应该是平等的，即使发生了文化同化也应当给予被同化的文化充分的尊重，最好是采取兼容并包的态度，而不是随意地封存、排次、拒绝。尤其是涉及民族文化问题时，应当多包容、少整合，采取"和而不同""以和为贵"的态度，追求内在的和谐统一，而不是表象上的个性泯灭、相同一致。在谈论文化同化问题时，我们应当遵循社会学家费孝通的"十六字箴言"："各美其美，美人之美，美美与共，天下大同。"①

第五，倡导文化融合。融合的原意是指融解、熔化后成为一体。所谓文化融合，是指不同形态的文化在接触后相互包容结合、彼此接纳吸收的过程。文化融合以文化的整合、文化的同化为前提而达到一体、完整状态，可以表现为原来文化体系的消失或改变形貌，也可以表现为新文化体系的孕育生成。在文化融合的过程中，前沿的科技水平、良好的文化观念、先进的管理经验等优质文化将会得到保留、继承和传播，那些陈腐习惯、落后意识、不良观念等劣质文化将被淘汰，为优秀文化传统的复兴、现有文化的重塑与创新提供条件。

第六，推动文化创新。文化创新是一个大的概念，在不同的层面有不同的解释。从组织管理的角度来说，文化创新是指一定的组织为了达到科学治理的目的，从实际出发，遵循事物发展的规律，本着理想化、完善化的需要，提出有别于常规的思路和见解，推动新事物产生、提炼新方法、选择新路径，获得有益效果的行为。文化创新属于包容性的概念，可以包括治理创新、体制创新、内容创新、人才创新、科技创新、组织创新、制度创新等多方面内容。"现代的管理与其说是制度的管理不如说是文化的管理"，"在管理实践中，组织文化具有深层的管理意蕴。管理意蕴意味着在组织文化里面渗透出来的管理理性内涵，张扬着寓管于情的人文精神，

---

① 费孝通：《"美美与共"和人类文明》（上），《群言》2005 年第 1 期。

以及洋溢的管理精义或者管理主旨"①。这就是管理与文化的渗透和结合。新的时代不仅要求有新的管理理念，还要求有新的文化。在经济全球化时代，各种组织都面临着激烈的竞争，为了获得生存与发展的机遇，适应快速发展的环境，很多组织进行了裁员、合并、重组、再造等改革，以迎接新形势、新情况的挑战。这些变化不仅使得原有的组织雇佣关系发生了根本性的改变，也使组织文化发生了新的转型。因此，推动文化创新，形成良好的组织文化氛围，打造清新的工作环境，保持与组织发展战略相一致的愿景，创新与管理模式相匹配的组织文化，已成为非常重要的课题。文化创新的核心是内容创新，既包含优秀传统文化的创新，也包括现代文化的创新。而且，文化的创新的重要意义是推动文化自觉、文化自信和文化自强。

第四节　协同治理思想

一　治理思想与协同治理理论

治理思想在历史上就是一个内涵丰富、思想厚重的概念。其滥觞于何时，说法不一。据武汉大学李龙先生和任颖博士考证，作为治国理政之道的治理一词并非舶来品，在"尧舜时期就有治世的思考"，在先秦的典籍《商君书》《孟子》《老子》《韩非子》中就有大量的使用，"诸子百家将其用于治国、理政、平天下抱负的抒发"②。在国外，治理一词也是古已有之。早在13世纪之时，治理一词就在法国流行。到14世纪末叶，英格兰国王亨利四世使用过该词。17~18世纪，治理成为王权与议会权力平衡的理念③。但是，作为意指"控制、操纵和引导"含义的治理（governance）一词，则是在1989年被世界银行第一次使用，用来解释面对的治理危机（crisis in governance）。后来，治理一词被逐渐应用于解读政治发展方面，

---

① 张志刚：《非政府组织文化建设》，人民出版社，2012，第19页。
② 李龙、任颖：《"治理"一词的沿革考略——以语义分析与语用分析为方法》，《法制与社会发展》2014年第4期。
③ 让－皮埃尔·戈丹：《何谓治理》，钟震宇译，社会科学文献出版社，2010，第4页。

且经常与统治一词交叉使用，其中使用最频繁的当属世界银行、经济合作与发展组织（OECD）和联合国有关机构的报告或文件中。20 世纪 90 年代以来，治理一词超出了政治学领域，成为经济社会领域、公共管理领域中具有普适性的概念，被广泛应用。

美国政治学家、国际事务专家、治理理论的主要奠基人詹姆斯·N. 罗西瑙（James N. Rosenau），认为治理堪称一系列活动领域里的一种规则体系或称管理机制。更明确地说，治理是只有被多数人接受才会生效的规则体系。这些规则体系的韧性在于虽然未能得到正式授权，却能有效地发挥作用，"即使受到普遍反对，仍然能够付诸实施"①。

英国学者罗伯特·罗茨（Robert Rhodes）是把治理作为新管理过程实施的倡导者。他在《新的治理》中强调，治理标志着政府管理的内涵发生了新的变化，属于新的管理过程，表明"改变了的有序统治状态"，或者可以说治理是一种"新的管理社会方式"②。而且，罗茨还把治理类型做了归纳，有国家治理、公司治理、新公共管理治理、善治治理、社会治理、自组织网络治理等。治理具有鲜明的特征，人们常常引用 1995 年全球治理委员会的解释来说明，"治理不是一整套规则，也不是一种活动，而是一个过程；治理过程的基础不是控制，而是协调；治理既涉及公共部门，也包括私人部门；治理不是一种正式的制度，而是持续的互动"③。

协同治理理论，是伴随着自然科学中协同论和社会科学中治理理论发展而来的新兴的交叉融合思想理论。其基本思想包括治理主体多元化、系统内部的子系统协同互动、自组织之间竞争合作以及共同规则的制定等。协同治理的基本要求是在处理复杂社会公共事务的过程中形成相互协调的耦合关系，实现资源共享和行动统一，避免治理主体的单一性、独自性治理的局限性。在治理效果上，通过消除隔阂与冲突，实现协同增效的功能。

---

① 詹姆斯·N. 罗西瑙：《没有政府的治理》，张胜军、刘小林等译，江西人民出版社，2001，第 5 页。
② 转引自詹姆斯·N. 罗西瑙《没有政府的治理》，张胜军、刘小林等译，江西人民出版社，2001，第 5 页。
③ 转引自俞可平《全球治理引论》，《马克思主义与现实》2002 年第 1 期。

协同治理是带着协同论走入公共管理领域的善治理论。善治一词被使用于 20 世纪 90 年代，是主要国际组织如世界银行、国际货币基金组织、联合国（特别是联合国开发计划署）等提出并乐于使用的、使用频率较高的术语①。作为一类治理形式，善治即良好的治理，是强调使公共利益最大化的"社会管理过程"，其本质是实行政府与公民对"公共生活的合作管理"②，表明政府与市场、社会所形成的新型关系。善治更强调公共服务的效率。

老子曾提出过"正善治"一说，认为应对社会实行柔性管理："上善若水……居善地，心善渊，与善仁，言善信，政善治，事善能，动善时。"善治是治理的良好状态，党的十八届四中全会明确指出："法律是治国之重器，良法是善治之前提。"③ 法国玛丽－克劳德·斯莫茨提出，善治或有效治理的构成有四个要素：公民安全有保障；法律得到尊重；公正管理，公共开支；政治领导实行责任制，具有政治透明性④。法学家张文显认为，中国语境中的善治，远超西方学者赋予善治的内涵，我们强调以人为本、依法治理和公共治理⑤。这里的公共治理表明治理的开放状态，实现了广泛吸引社会公众对公共事务管理的参与，体现了治理主体多元化、治理方式多样化。眭依凡教授认为："善治绝非一种管理时尚，而是社会发展进步到一定阶段的需要和产物。对一个组织而言，善治的价值理性在于追求管理效率，善治的工具理性立足于民主管理。善治是一种对以自上而下的统治为手段、以就事论事的碎片化行政为特征、以利用经验的简单管理之管理模式的扬弃。善治是使不同利益主体缓解或放弃冲突，并以共同的目标为纽带，以互动合作的方式走到一起的旨在追求效率的管理模式。善治的提出及其势在必行，很大程度上是因为现代管理对象的日益复杂、多

---

① 王正绪、苏世军：《亚太六国国民对政府绩效的满意度》，《经济社会体制比较》2011 年第 1 期。

② 俞可平：《治理与善治》，社会科学文献出版社，2000，第 7 页。

③ 《中共中央关于全面推进依法治国若干重大问题的决定》，http://www.gov.cn/zhengce/2014－10/28/content_2771946.htm。

④ 玛丽－克劳德·斯莫茨：《治理在国际关系中的正确运用》，尚孝毛译，《国际社会科学杂志》（中文版）1999 年第 1 期。

⑤ 张文显：《法治与国家治理现代化》，《中国法学》2014 年第 4 期。

样、快变而必须重视管理过程的整体性和动态性。相对于治理，善治是一个更适于组织改革和管理的、较少政治色彩的概念，其目的在于改变由于官僚管理模式导致管理不善并带来的效率不高等诸多问题。"①。

二　协同治理与公共组织协同治理

在协同论诞生以后，协同一直成为人们追求的美好的和谐状态，从管理到治理都在不懈地努力探索和追求协同状态。从学理上说，协同治理理论属于新兴交叉理论，其理论基础来自作为自然科学的协同论和作为社会科学的治理理论，"协同治理，简单来讲，就是在开放系统中寻找有效治理结构的过程"，其实，协同治理理论依然使用的是协同论的思想和方法，然而，协同治理理论的提出对改善治理效果、实现善治目标具有着重要参考价值②。尽管协同治理理论目前"还没有形成明晰的概念和框架"③，但不影响其理念的应用和实践。

早在 1995 年，全球治理委员会解释说，协同治理具有较强的管理覆盖性，包容了个人、公共及私人机构管理共同事务的全部行动。在协同治理的过程中，特别是在现有的机构和具法律约束力的体制之上，各种诱发矛盾的利益以及由此而产生的"冲突得到调和"并"产生合作"，当然这里也离不开非正式的协商与和解。由此可以看出，协同治理是调解冲突、化解矛盾、产生合作的方式和手段。在公共管理实践中，协同治理强调政府、市场、社会各方在平等基础上进行公开理性的交流和协商，达成并维持相互信任和理解，包容不同的思想或诉求，在不同利益相关者之间形成一种动态均衡。

协同治理给管理工作带来了新的特点。一是方法论方面的新视角，即应当具备从系统的角度看待经济、社会等不同领域发展的整体宏观视角。二是理论内容方面的新思维，即要求在思维层面、决策层面对经济社会系统的复杂性、动态性和多样性有清楚的认知。三是实践领域的新拓展，即

---

① 眭依凡：《论大学的善治》，《江苏高教》2014 年第 6 期。
② 李汉卿：《协同治理理论探析》，《理论月刊》2014 年第 1 期。
③ 胡颖廉：《推进协同治理的挑战》，《学习时报》2016 年第 5 期。

协同治理不仅适用于经济领域，也适用于社会各种组织领域。

协同治理具有重要的应用价值，可以将政府、企业、社会组织、公民个人都视作治理者，并可以发挥其各自资源、知识、技术等方面的优势，实现对社会公共事务的管理，使得各种要素通过一定的途径和手段有机地组合在一起，形成"整体大于部分之和"或者"各子系统单独的、彼此分开时所发挥功能的代数和"的治理功效①，堪称治理社会公共事务的理想模式。

北京大学政府管理学院燕继荣教授将协同治理置于较高的层次，指出如果从国家治理的角度来看，善治理论的发展可分为三代变迁。第一代善治理论强调以政府治理为核心，把公共管理诠释为政府管理，善治被理解为实行政府良政，主张政府对社会的有效管控。第二代善治理论主张以社会治理为核心，将社会管理的理念纳入公共管理范畴，把善治解为社会自我管理状态，主张社会组织、公民个体是地方公共治理的主体，认为最好的治理应该是"社会自治"。第三代善治理论属于公共治理或协同治理理论，把公共管理解释为政府、社会组织、社区、企业、个人等所有利益攸关者共同参与、协同行动的过程。善治意味着国家与社会良性互动、协同治理，因此，应当建立集体决策和共同参与制度，体现公共选择和公共博弈，实现权力协同、利益分享、责任共担②。这些观点清晰地阐释了协同治理的内涵和地位作用。

协同治理作为前沿的理论具有鲜明的特点。

第一，以协同论和治理理论为基础，凸显协同和治理的双重特点。协同治理既体现了对不同治理资源和治理主体的协调，又体现了对问题的管理和整治。协同治理力图通过治理资源和治理主体的汇聚，并通过突破治理主体间的壁垒，来实现治理要素之间的深度合作，充分释放人才、资本、信息、技术等要素的活力，形成合作和分享机制。在这里，合作是基础，分享是收益，创新是动力，治理是目的，构成了一个完整的治理

---

① 陆世宏：《协同治理与和谐社会的构建》，《广西民族学院学报》（哲学社会科学版）2006年第6期。

② 燕继荣：《协同治理：社会管理创新之道——基于国家与社会关系的理论思考》，《中国行政管理》2013年第2期。

图景。

第二，治理主体的多元化。这一点体现了治理的务实精神，不计较治理的权威和排序的先后，强调参与的广泛性与合作性，具有管理民主的特点。在治理系统中，强调充分发挥不同资源、不同治理主体的功能，以解决问题为核心。

第三，形成共同遵守的规则。规则属于管理的文化，是约束行为的无形力量。从依靠强制力管理到依靠文化约束表明了协同治理的进步。协同治理中需要共同遵守的规则很多，关键是要一起制定，认同并共同遵守。协同治理的前提是各种行为主体对行动规则的认可，而行动规则的水平决定着治理成果，影响着治理结构的平衡。在共同遵守行动规则的基础上，才会有组织之间的协商对话、相互合作，才能建立起平等的合作伙伴关系。在这期间，他人的存在和作用得到重视和尊重，彼此的知识和智慧得到分享和传播，管理的共治得到响应。

第四，自组织的自治自由得到尊重。协同治理通过相互关系协调，实现共同行动、共享资源，避免治理主体单一化和单一主体孤立化，消除可能存在的隔阂和冲突，产生协同增效功能。但是，这不等于限制了各子系统、自组织的自由和自治的自由。协同治理功能的发挥是以各子系统相互协同性、自组织之间既竞争又合作为原则的。只有在自组织的自治自由得到尊重的基础上，才能达到各子系统之间紧密配合与相互影响的耦合状态，以最低的成本实现最大的效益。

事业单位建设文化协同的理由和价值

一般说来，组织建设包括硬件建设和软件建设，或者可以说包括组织载体建设、组织制度建设、组织思想建设、组织文化建设，还可以说包括组织基层建设、组织领导建设等。我们对事业单位的研究重点在于事业单位发展中的建设问题，重点研究事业单位建设中的改革问题、发展问题，特别是在这个过程中的文化协同问题。

改革开放以来，我国赋予了改革十分重要的意义，认为改革是摧枯拉朽的伟大事业，是社会发展的动力。若说最初的改革是迫于无奈、被迫进行的摸着石头过河、破冰行船、攻坚克难的探索，那么，经历了社会震荡、有了切身体验之后，如今的改革更多的是在理性指导下，在经过充分论证和顶层设计后有战略、有步骤进行的建设工程。或者说，如今的改革真切地考虑了社会心理、人的感受、伦理接纳、价值分析等非制度因素。这就是增加了文化协同的结果。事业单位改革，是中国经历了经济体制改革、政治体制改革之后，进行的第三大领域的改革。这场改革不同于前两场改革之处，不仅在于涉及的社会领域之广、事业单位层次之多、经历时间之长、影响范围之大，还在于事业单位的改革不仅仅是为了理顺体制、激活机制，更主要的是为了解决事业单位的建设问题。为了不让改革后的事业单位留下粗糙的体制、生硬的机制和锐利的制度，我们认为应该辅之以文化协同，让事业单位的改革顺利，让事业单位的建设通畅。

第一节　事业单位建设文化协同的理由

改革开放以来，与国家的其他领域、行业或部门一样，事业单位建设的问题主要是改革。或者说研究其建设重点要研究其改革。改革中有建设，建设离不开改革。

事业单位的改革是与国家的全面改革同步进行的，倘若从 1978 年底党的十一届三中全会召开开启了国家的全面改革算起，事业单位的改革已经走过了 40 余载；倘若从 1992 年党的十四大明确提出事业单位实行科学分类改革的目标算起，事业单位的改革也历经 30 余个春秋。事业单位改革的内容涉及管理体制变革、机构编制调整、人事聘用制度推行、绩效工资制度实施、养老保险制度建立等诸多方面内容。其间，不仅引起了社会各界对事业单位改革的极大关注，也引发了事业单位员工思想心态、观念意识的深刻变化，出现了从体制改革到文化嬗变的趋势。

体制改革属于刚性改革，涉及制度、模式、机制等层面；文化嬗变属于柔性变革，涉及传统习惯、心理感觉、观念作风等方面。不论是刚性改革还是柔性变革，都是在改革的过程中引发的社会变革。其中，事业单位文化的嬗变，是指逐渐消除计划经济时期行政权力束缚的影响、摆脱行政化管理方式的过程。在事业单位改革过程中，已经解决了体制的宏观架构和制度安排问题，如今的任务是顺利完成费时已久的分类体制改革，建设中国特色公益服务体系。这是事业单位建设的关键任务。要完成这一艰巨的历史重任，仅仅依靠制度建设并不够，还应当考虑文化等非制度因素。

非制度因素是相对于制度因素而言的。制度因素，一般是指基于一定社会制度而形成的社会体制，比如我国法律规定了我国原有的事业单位体制，这个法律就是制度因素。非制度因素主要是指与制度因素相对应的制度运行的环境，比如习惯、观念、意识等文化因素。美国著名政治学家、行政学家、公共选择理论的开创者之一文森特·奥斯特罗姆（Vincent Ostrom）认为，非制度因素是人类在生活进程中逐渐积累下来的，与意识形态和文化渊源有关的各种思维方式、思想观念、价值观、道德伦理、风俗习惯、行为规范、环境氛围等，"它和制度性因素一样并共同对人们行为构成约束力"[①]。制度因素具有根本性、全局性、稳定性和长期性的特征，非制度因素则具有不确定性、不自觉性、隐蔽性，甚至似是而非性的特

[①] 文森特·奥斯特罗姆：《美国联邦主义》，王建勋译，上海三联书店，2003，第 259 页。

点。在事业单位改革过程中，非制度因素一直伴随，成为影响改革顺利的关键因素。实际上，事业单位改革的顺利进行在很大程度上得益于非法律的社会规则。因此，研究非制度因素是探讨事业单位建设文化协同并取得良好效应的第一步，对推动事业单位改革、建设中国特色公益服务体系具有十分重要的现实意义和深远的历史意义。

一 柔化政策，体现人文精神

回顾我国改革开放走过的 40 多年，改革一直是我国政治生活的主题，作为改变旧事物和旧制度的手段，作为调整生产关系和上层建筑的机制，成为我国社会发展的强大动力，承载着我国人民的殷切期盼。改革虽然不像革命那样以暴力的方式促使政权更迭，但也以不温情的方式摧枯拉朽、革故鼎新。就效果而言，成功的改革能影响国家的命运，失败的改革则可能导致内乱或冲突。

改革作为政府改良革新各种政治、经济、文化和社会事务的手段，需要运用很多相关政策。这里说的政策主要是指党政机关为了推行改革的路线和方针、实现改革所提出的一系列主张，为了达到改革的目标所采取的方略和措施，具有鲜明的目的性、执行的强制性、过程的实效性等特点，一言以蔽之，即政策的刚性。

按照新制度经济学的观点来看，我国党和政府发布的各种政策、法规以及国家颁布的法律基本上都可被纳入经济学意义上的制度范畴，可以作为根本性、贯通性、全局性、稳定性的行动指南，在执行上具有不可怀疑性和笃行性。从我国改革开放 40 多年的发展历程来看，改革进程中几乎所有的重大制度建设和体制重建都是靠诸多政策推进的，通过政策明晰目标、坚持原则、规范行为，体现了强大的执行力。

从事业单位建设的历史来看，每一步都与党和国家的制度政策休戚相关。在涉及教育、科研、文化、卫生、体育五类主体，以及广播影视、新闻出版、社会福利、勘察设计、农林水利气象、城建公用交通、环境保护等诸多事业单位的改革中，在触及权责配置、部门分类、模式机制、收入分配、社会保障、人才流动等多个层面的复杂情况下，正是依靠强大制度建构和政策体系配套，改革才得以进行。

政府制定的改革配套政策，是政府为达到推进改革的目的而制定的行动原则，采取的工作方式和步骤措施。当政策作为改革的措施付诸实践以后，就成为刚性的引领改革的行动原则和步骤措施。刚性的政策对于推动改革来说无疑是良好的工具，可以保障改革的执行性。

一般来说，政策具有权威性、时效性、笃行性、原则性、灵活性等特点。在政策的执行过程中比较强调原则性和灵活性。原则性就是不可动摇性、无条件性，而灵活性则是在执行政策时可以根据实际情况和条件适当灵活地采取具体的调整措施。这种灵活性就是加进去了文化的因素或者说是非制度因素，考虑到了偶然的变数，就是根据时间、地点、条件等不同的情况进行变化，其目的还是保证改革政策的贯彻执行。因此，在考虑了非制度因素之后，柔化了政府改革政策的刚性，让棱角分明、锐意执行的政策附着了人情味、增添了人文关怀。

二　醇化目标，释放公益精神

从部门设置的宗旨上看，事业单位是以履行政府职能、从事公益服务为主要目标的公益性部门，参与社会事务管理，为社会发展提供服务，主要涉及教育、科技、文化、卫生等领域。事业单位最明显的特征有两个：一是不以营利为目的，从事公益服务；二是活动经费由财政及其他部门拨入，不计经济效益，不以经济利益的获取为回报。这就为凸显公益服务精神铺就了基石。

事业单位的改革和建设都要凸显事业单位的宗旨，也就是说要增加社会效益，体现公益服务精神。公益服务精神是高尚的文化理念和服务意识，具体表现为社会责任感、利他意识、互助精神等，属于人类社会高尚的文化精神。公益服务精神的状况可以成为衡量社会进步和社会文明程度的标志。公益服务可以分为国家官方提供、社会团体提供与民间自愿提供等多种方式。

在过去的计划经济体制下，我国的公益服务精神主要通过党团组织、工会、中华全国妇女联合会、社会团体、政府机关等官方领导的组织来实行。这与国外的公益服务民间化的趋势是不一样的。按照国家的设计，事业单位改革以后，保留的公益事业单位依然是国家各类社会组织中从事公益服务活动的主体。将经营类事业单位划归企业后，保留的公益事业单位将日益凸显其公益性质，成为社会上承担公益服务职能、从事公益事业的重要组织。《关于分类推进事业单位改革的指导意见》中十分明确地强调了事业单位改革和建设的目标，认为经过改革后我国将建立各方面完善的事业单位管理体制，构建国家公益服务的新格局。

公益服务精神是事业单位改革的精神支柱和文化理念，必将成为引领事业单位前行的航标灯塔。

三　内化驱动，构建发展模式

从体制上说，事业单位是国家机构的分支，履行政府管理和服务职能。事业单位的上级部门或者主管部门多为政府行政部门，活动经费的来源多为财政拨款，事业单位的登记在编制部门进行，因此，其行为必须依据法律，所做出的决定多具有强制性。事业单位的性质和特点，决定了其社会角色和行为方式，其在组织管理上比较注重组织凝聚力，强调组织成员的价值观和职业伦理。

价值观和职业伦理堪称事业单位的精神灵魂和文化标志。从实质上说，事业单位的改革不仅要调整管理体制，还要重塑事业单位价值观和进行文化再造。在改革中，基于新的认知、理解、判断而形成的是非抉择倾向和行为取向，就是新的价值观。它能帮助人们提高对改革地位、作用和意义的认识和理解水平，做出系统的思维判断和行为抉择。事业单位组织价值观是事业单位组织文化的核心，与组织心理、组织精神、组织伦理共同构成了事业单位组织文化的主要内容。同时，其又与事业单位规章制度、行为规范、生态环境，构成了事业单位文化的同心多重结构。在与其他行业的比较中，事业单位逐渐形成自己的管理模式、法律保护模式和文化发展模式。

价值观承载着事业单位的发展信念和行为准则，是组织生存和发展的生命线，是长期、健康、持续、稳步发展的保障。抓住了事业单位组织价值观培育，就抓住了事业单位组织建设的关键。刚性的制度建设应当与柔性的文化相结合，将事业单位的改革和制度建设以组织价值取向、组织成员的心理期待和职业理想的形式展现出来，达到对制度文化的理解、接受、巩固和强化，这对凸显事业单位文化特质、完善事业单位文化结构、形成事业单位文化模式具有十分重要的理论意义和实践意义。

四 润滑机制，实行舒心工程

我国的改革已经成为摧枯拉朽、披荆斩棘、推动社会文明前行的动力。改革是完整的系统工程，经过长期的、全面的改革，坚定了改革意志，明确了正确的改革方向，做出了无悔的改革选择，采取了果断的改革行动。这就是刚性的改革。正是依靠坚持改革的魄力和勇气，我国走出了一条破冰攻坚、开拓进取的改革之路。

但是，由于改革不仅涉及体制问题、制度问题和机制问题，还涉及观念问题、思维问题、文化问题，因此，改革后就需要组织整合、关系理顺、心理适应、文化再造。这就为文化协同提供了契机和舞台。

不论是改革初期所进行的改革，还是现在所进行的深化改革，都没有摆脱文化的碰撞和冲突，都经历了文化的自觉调整和心理适应的过程。这一过程包括观念更新、思维转换、心理接受、习惯养成、思想贯通等过程，当然这中间或许经历过冲突与抗争、愤懑与对峙、无奈与消极等。所有这些都可归结为文化的适应、心理的修复与慰藉的协同过程。

事业单位改革指向的是众多的非政治组织、非经济组织、文化组织，面对的群体是非公务员队伍、非企业劳动人员，是以知识分子为主的群体，因而具有特殊性。因此，在刚性的改革面前，倘若以文化润滑改革就可以促进改革的顺利进行，使改革走向成功。伴随着文化协同，改革工程将会变为圆融畅达的文化工程和舒心工程。

第二节 事业单位建设文化协同的目的

随着经济体制改革的完成和政治体制改革的深化，事业单位改革的重要性和紧迫性日益凸显。事业单位是我国第二大社会组织，主要提供教育、科研、文娱、医疗、体育等公共服务，范围广大，行业众多，业务各异，成员复杂，在国民经济和社会发展中占有重要地位。事业单位的管理体制形成于计划经济时期，受到传统社会的深刻影响。在市场经济体制逐步建立并走向成熟的条件下，事业单位面临着极大不适应，亟待通过体制改革来解决这一问题。需要强调的是，事业单位改革是在我国成功进行了经济体制改革和政治体制完善后的新的改革，鉴于以往改革的经验和事业单位自身的特殊性，事业单位的改革应当配以文化协同，这对顺利完成改革、达到改革的目的具有十分重要的实践价值。

一 突破事业单位建设和发展所面临的习惯障碍

在传统管理体制的框架内，事业单位是由党政机关主办的，实行垂直管理。经过长期的运转，不论是在制度上还是在习惯上都适应了上级主管部门的工作风格，甚至某些事业单位形成了牢固的思维模式、思想观念、行为习惯和组织生态。这种体制状况给事业单位带来了很多问题。这些问题既是管理问题，也是文化问题，成为深化改革的障碍。

第一，组织扩张过度，边减边增，增不及减。事业单位的创建、建设应当基于经济和社会发展的需要，以满足公益服务需求为主要宗旨，以参与社会事务管理，满足社会教育、科技、文化、卫生等方面的需要为职能。但是，从事业单位发展的历史和现实情况来看，有些事业单位的设立并未有充足的社会价值意义和经济管理的理由，有的甚至只有单一的功能，如某些国有农场、国有宾馆等，再如南方的茶叶管理机构、烟叶生产管理机构等。有的只是临时性的，或者是为应对某种情况而暂时设置的机构，如就业安置机构、卫生管理机构。有的是为了满足某些应急防控需要而设置的部门。有些事业单位设置的时候容易，一旦要撤销会引来各种阻力，所以说，事业单位的改革存在着社会风险，倘若处理不好势必会影响社会稳定。

第二，政府财政负担过重，事业单位涉及领域过多、开销较大。由于政府财政负担过重，需要考虑的层面和领域较多，因而真正具有社会公益性的公共事业难以获得足够支持。2012 年的时候，我国有 126 万个事业单位。在大约 3000 多万名正式职工中，教育、卫生和农技服务从业人员三项相加，占总人数的 3/4，其中教育系统人员即达到一半左右，另有 900 万名离退休人员，总数超过 4000 万人[①]。经过改革，到 2014 年的时候，我

---

① 《你所不知的那些"部级"事业单位》，https://business.sohu.com/20120502/n342176302.shtml。

国有事业单位 111 万个，事业编制人员 3153 万人①。其中，人员经费在财政补助中所占比例很高，挤压了用于发展公益事业方面的支出。

第三，管理体制不顺，某些事业单位功能定位不清、机制不活。《关于分类推进事业单位改革的指导意见》指出，"一些事业单位功能定位不清，政事不分、事企不分，机制不活"②。体制问题涉及隶属关系、权限划分、机构设置等问题，机制问题包括程序、方法、环节等问题。体制和机制及制度问题都是长期以来困扰事业单位管理的关键问题，也是事业单位建设面临的严峻问题。

第四，公益服务不彰，总量不足、质量不高、特色不明。《关于分类推进事业单位改革的指导意见》指出，中国社会事业发展相对滞后，"公益服务供给总量不足，供给方式单一，资源配置不合理，质量和效率不高；支持公益服务的政策措施还不够完善，监督管理薄弱。这些问题影响了公益事业的健康发展，迫切需要通过分类推进事业单位改革加以解决"③。近年来，国家给事业单位的预算拨款增长较快，投入的预算支出也在不断提高。与此同时，事业单位的创收增长较快。但是，有些事业单位却没有降低各种收费标准。这就使低收入人群由于支付不起高额的事业单位收费而难以获得必要的公共服务，等于被排斥在公共服务之外。

第五，市场化改革过度，公益事业受损。市场化是指用市场作为解决社会、政治和经济问题的一种状态，强调不能主要靠行政办法解决资源配置问题，而是要发挥市场作用，以市场需求为导向，以竞争中优胜劣汰的手段，实现资源充分、合理配置，实现效率最大化。然而，在市场化初期，一些承担社会公益职能的事业单位与营利性市场主体相混淆，直接参与经营活动，使公益事业受到损害，给公益服务带来不利影响。

第六，事业单位在管理上具有了浓厚的行政化色彩。这里讲的所谓行政化，通常是指专业性、技术性较强的事业单位管理，不以专业化、技术化为手段，而是采用带有强制性的行政命令、权力指示、政府规定等行政

---

① 《中国现有事业单位 111 万个事业编制人员 3153 万人》，https://china. caixin. com/2014 - 05 - 15/100677802. html。
② 《关于分类推进事业单位改革的指导意见》，《人民日报》2012 年 4 月 17 日，第 1 版。
③ 《关于分类推进事业单位改革的指导意见》，《人民日报》2012 年 4 月 17 日，第 1 版。

措施来调节和管理的行为。事业单位管理中行政化色彩比较突出的往往是教育、科研领域等。去行政化就是去除教育、科研等领域的行政化色彩，凸显行业、职业的自治地位和主导作用，体现依法办事、依规做事、依章成事的精神。不以行政命令的方式对专业性、技术性较强的工作进行行政管理，不凸显长官意识，不夸大行政权力作用，既要尊重科学、尊重专业规律，也要体谅行政工作的不易，维护行政权威，具有大局意识。

第七，管放权限纠结，管不住、放不活。放管问题是困扰事业单位管理多年的问题，在改革之初就力图要解决，政府实行简政放权，由事业单位自主管理。这个问题的解决已经成为民之所望、施政所向。随着改革工作的不断深入，政府做了许多努力，迈出了坚实的步伐，制定和完善了许多政策法规，采取了十分有力的措施，解决了大量制约改革和发展的瓶颈问题，为事业单位的改革打开了有力的局面。然而，由于旧体制的长期影响，某些事业单位存在着许多不适应改革的问题，诸如长期依赖政府，在心理上和习惯上缺乏独立性和自治性，不适应市场经济的机制，困于营利与非营利之间，公益服务精神难以完全彰显，甚至找不到业务发展的逻辑与运行规律。虽然也敢于要求改革，并力图改革，但往往畏葸不前，甚至手足无措，在改革的大潮中困惑迷茫。一些事业单位曾经随意搞创收，活动任自由，结果是出现了小群体以及不顾公益精神的难堪局面。这就造成了事业单位管理的混乱和不成熟。在2016年全国两会期间，习近平总书记参加上海代表团审议时指出，深化经济体制改革，核心是处理好政府和市场的关系，"看不见的手"和"看得见的手"都要用好。关键是加快转变政府职能，该放给市场和社会的权一定要放足、放到位，该政府管的事一定要管好、管到位。要推进简政放权，强化事中事后监管①。习近平总书记的指示为政府的管放工作和事业单位的改革指明了方向。

二　以多元治理模式代替单一线性管理模式

包括事业单位在内的社会管理领域的协同治理模式，是基于当代民主

---

① 《坚决扭转政府职能错位越位缺位现象》，https://www.163.com/news/article/BHEHR8R900 014AED.html。

政治的管理模式，凸显了社会管理模式的创新。这个模式的核心思想体现在以公共服务和社会诉求为价值导向，以满足社会公共利益需求为追求目标，按照管理重心下移和管理权力下放的原则，着力构建从社会需求到政府回应的管理循环链条，形成以政府、事业单位、社会组织等为多元治理主体，构建囊括民主参与、要素协同、信息交互、透明决策的管理模式。

传统管理模式是工业革命年代形成的通过组织大生产来提升效率、减少单位成本的管理模式。由于当时生产力水平不高、管理环境简单和管理关系复杂性不强等，传统管理模式带有历史的特点：一是虽然也强调人本理念，但管理依然以管物为主，强调人力、财力、物力的节约使用；二是虽然也强调团队合作精神，但管理依然以个体为主，处理问题往往就事论事；三是虽然也强调权变观念，注意对周围环境的适应和选择，但管理依然实行线性思维决策，缺乏通盘考虑。协同治理模式是现代信息网络发展的结果。信息的共享性要求变僵化思维为敏捷思维，网络的交互性要求变线性思维为多元思维，管理的开放性也改变了沟通和交流的模式。在如此大环境下，多元合作型协同治理模式应运而生。这种治理模式强调治理主体的多元性与有效衔接和良性互动，以及多因素协作默契性。协同治理理论作为一种新兴的交叉理论，是自然科学中的协同论与社会科学中的治理理论的结合。"作为一种新兴的交叉理论，协同治理理论对于解释社会系统协同发展有着较强的解释力。"① 在管理模式中，协同治理模式不仅要搭建即时沟通、数据共享、移动行政等方面的平台，解决日常事务处理、资产监督管理、业务推进管理、信息交流沟通等常规协同问题，而且强调系统内外、体制内外的配合与协调，达到共治共享、协作发展的目的，同时，也在搭建低成本、高性能、强整合性、智能化的综合性管理应用平台。

包括事业单位改革在内的改革工作，不仅历时悠久、过程较长，而且涉及领域之多、遇到的困难之大，是其他工作未曾遇到的。以促进公益事业又快又好发展为目的的事业单位改革，需要具体落实清理、规范、分类、总结等阶段性工作。涉及的内容包括明确规定哪些事业单位应当撤

---

① 李汉卿：《协同治理理论探析》，《理论月刊》2014 年第 1 期。

销、合并、下放、转企，明确规定保留的事业单位的机构名称、职责任务、机构规格、人员编制、经费形式、领导职数和内设机构情况。在实际过程中，还要求做到严格清理、不留死角、界定准确、规范科学。与此同时，还要充分考虑保留的从事公益活动的事业单位改革后的管理问题，如建立健全考核评价制度和打造符合事业单位特点的管理方式，使之真正成为自我管理、自我约束、自我发展、自我完善、面向社会服务的独立法人。在配套制度和政策方面，可能既涉及事业单位人事制度改革、分配制度改革和养老保险制度改革，又涉及财政投入制度改革、事业单位法人登记管理制度改革，以及降低准入门槛、鼓励社会力量参与发展公益事业等配套政策改革，以确保国有资产不流失、事业单位职工队伍和社会稳定等。所有这些内容，不仅给事业单位的改革增加了难度，而且作为一项长期任务，可能会导致高成本、低效率及低社会动员能力的情况。

事业单位建设的成功主要靠制度和政策建设，但要想人们心悦诚服地接受和适应改革，最终得靠文化。以包含文化因素在内的多元治理模式代替单一线性的传统管理模式，可以加快事业单位改革进程，避免高成本、低效率以及低社会动员能力的情况出现。首先，在经历了重大改革后，事业单位在没有行政管理权限约束的情况下，可以凭借其重新建立起来的公共伦理规范和公益文化精神，不以营利为目的地向市场提供公共产品和公益服务。文化的意义在于能够解决我国事业单位公益精神不彰的问题，从根本上保证我国公益事业单位建设顺利进行，打好展示公益精神的组织建设基础。其次，可以清除分类改革中的行政伦理障碍，减少社会心理抵制情绪激化等管理冲突和组织危机。行政伦理是行政管理和具有行政管理特点的管理机构中的角色伦理和职业道德。行政伦理障碍主要表现为规章条例等方面的程序不公正，人与人之间、部门与部门之间信任关系的破裂，单位或者部门在行为目标、价值取向和自觉接受监督等方面的公共责任意识缺失，以及组织内部激励机制失灵等。倘若这些与改革相伴而生的问题不解决，就可能成为事业单位改革的障碍，也可能成为社会心理抵制情绪激化的根源。最后，可以避免事业单位建设过程中政策执行不力、心理负担过重等问题。在制度框架内的改革，虽然不是摧枯拉朽、疾风暴雨式的革命，但其所触及的体制和机制问题也是刚性的东西。文化协同的意义在于能够有效地促进人与人、机构与机构、机构与人之间的沟通，消除隔阂、促成合作、共享愿景、积极回应，并指导行为，为制度建设、政策执行奠定心理基础并指明精神道路。所以，当有利于推动改革的价值观和行为规范被认可以后，意味着新的管理秩序的形成。而且，以文化协同的管理将使改革温润、顺畅、易行、易成。

三　构建价值、伦理、心理良性互动的发展模式

在不涉及经济利益和政治权力的情况下，从价值观、伦理规范、心理适应等方面，引导、劝告人们心平气和地看待事物、讨论问题、做出决定。

改革带动着文化的变迁，文化伴随着改革。文化对改革具有多方面的意义。首先，诉诸心灵，振奋精神。文化可以通过世界观、人生观、价值观潜移默化或者深远持久地改变人的精神世界，解决深层的思想问题。其次，凝聚力量，达成共识。在刚性体制改革造成原有组织震荡后，在新的组织文化建立前，文化可以辅佐事业单位建设实现"软着陆"。最后，温润心灵。任何一项改革都会或多或少地触及人们的利益，带来情绪的变化，而不良情绪的郁结往往成为改革的社会心理阻力。文化的感召力和影响力会成为使人启迪心智、明晓事理的精神力量，成为促进改革不可替代的力量。

事业单位不是经济利益的直接生产创造组织，也不是行政权力的行使组织，而是知识密集型组织、知识分子麇集组织。在事业单位工作的人绝大多数受过高等教育，具有较高的学历。这既是一个文化群体，也是一个需要文化慰藉的群体，还是一个十分看重人生价值和职业伦理、强调心理感受的人才群体。

因此，他们往往凭理性解读改革、借思考分析命运，在改革中调整价值取向，在变化中重塑伦理，在行动中改变心态。所以，事业单位改革的复杂程度要高于其他社会改革，或者可以说，这是一项需要文化协同和靠文化辅助才能成功的改革。应以文化的视角与方法看待和推动事业单位的改革，弥补管理本身的不足，在刚性体制改革中实现事业单位改革"软着陆"，进而增强组织的凝聚力，构建价值、伦理、心理良性互动的事业单

位发展模式。第一，虽然明确了事业单位建设的原则，但是，要真正实现公益事业单位产品和服务的公共性仍然面临很多困难。文化的导向功能可以使改革后的事业单位在发展目标、服务定位、职能行使等方面处于公益服务框架之内。第二，随着事业单位建设进程的加快，部分事业单位将去行政化，变成企业，成为市场主体。倘若借助文化的力量帮助其实现这种落差较大的转变，寻找新的定位，扩大发展的空间，以全新的社会角色提升核心能力、彰显自身的实力，将有益于这类事业单位改革的顺利完成。第三，保留在公益服务领域的公益事业单位可以利用新制度的优势和特点搞好组织文化建设，形成组织凝聚力，实现个人价值观与组织价值取向的匹配，吸引和留住人才，重建公益家园。第四，事业单位的改革不仅关乎事业单位自身的前途，也关乎社会发展和社会公益事业发展。也就是说，其不仅是事业单位内部知识分子的事情，还关乎社会公众的福祉。因为事业单位涉及的教、科、文、卫、体等事业正是满足人的社会发展需要的事业。这部分事业搞得好不好将影响人们生活质量的高低。以文化视角推动的改革考虑的不仅仅是经济利益问题和旧体制的破除问题，更多的是建设发展问题、社会进步问题、人民生活问题。

第三节　事业单位建设文化协同的价值

事业单位在体制改革中摆脱了对政府的依赖，融入了社会组织，从事公益服务。这是一片新的天地，虽然从事的业务没有改变，但是，管理体制发生了变化，管理模式得到重新架构，管理机制得以重新调整，这在理论和实践层面都是重大突破。在这个变化中，旧的束缚将被解除，旧的文化习惯将被改变，以最大限度地释放体制的空间，置换出新鲜的生存环境，展现出发展生机与活力。

一　体制上构筑文化协同的制度空间

事业单位改革在体制上是这样设计的：按照事业单位承担的社会功能，将其分流改革，走向三二一格局。一是回归政府，二是转为企业，三是走向社会。具体说来就是将事业单位整体分为三种类型、切割为三大块，分别走向各自的归宿：行政执行类事业单位，纳入政府管理体制；企业化经营类事业单位，采用市场管理体制，建立现代企业制度；社会公益类事业单位，建立社会化管理制度。其实质就是要改变事业单位原来存在的政事不分、事企不分的体制状况，改变由政府权力决定公益服务的状况，把更多资源从旧体制中解放出来，形成新的制度优势，夯实公益服务体系建设的文化基础，为事业单位的改革和建设做好制度安排。

事业单位体制改革释放出了巨大的制度空间，给事业单位的制度建设提供了条件，事业单位可以借此理顺体制、完善机制、健全制度。诸如法人治理制度、人事制度、收入分配制度、社会保险制度、事业单位内部控制制度、监督制度，以及单位章程等，很多制度都是新建立的。制度是管理行为的尺度，也是指导人们行为的明灯。制度规范的严密性、系统性为管理带来了科学保证。事业单位制度建设具有十分重要的意义：一是在政事分开、事企分开后，为事业单位科学管理奠定了制度指导和约束基础；二是为事业单位运用制度规范鞭策和激励组织成员提供了可靠的依据；三是为事业单位实现管理的规范性和程序性提供了保障。

新制度的安排、旧体制的改变，必然会给事业单位带来很多新的变化。首先，体制有了新变化，职能有了新定位。新的制度设计对事业单位的旧制度进行了更新换代，既保证了新旧体制的顺畅衔接，各项工作依然有序运转，又把事业单位推进了新的制度空间。其次，地位有了新变化，性质有了新界定。改革后的事业单位将彻底改变传统的隶属于政府、作为政府权力衍生物的格局，改变经费依靠国家财政、高度社会福利取向、机构设置行政化、典型的官办官养官管等特征。最后，文化有了新变化，习惯有了新约束。文化往大了说指的是精神、理念，往小了说指的是习惯、习俗。在管理学上，文化常常被用来说明人们习惯的活动方式、熟悉的工作环境、心里接纳和适应的思维模式等。当事业单位改革时把经费获得方式、社会福利方式、人员编制、机构设置都改变了以后，事业单位的文化就会发生巨大的变化，对组织成员的心理也会产生巨大的影响。

心理问题，联结着思想感情，牵动着举止行为，不能光靠制度来解决，应当在体制改革所释放的巨大空间中，加强可以诉诸心灵的文化建设，用文化协同制度，用文化辅助管理，为事业单位在刚性体制改革后提供温馨的文化慰藉，构筑舒适家园。事业单位文化或称事业单位组织文化犹如纽带，可以把员工与组织紧密联系在一起，使组织成员获得归属感和荣誉感，在改革变革之际和开拓创业之时尽显凝聚力和向心力。同时，文化注重的是人的因素，强调对人的精神激励和价值尊重，倘若用文化协同管理，能最大限度地激发组织成员的积极性和创造性。此外，文化可以营造舒适的工作环境和良好的心理氛围，消除事业单位改革造成的心理落差、心理隔阂和心理不适应，为人们提供精神抚慰，协同事业单位重新构建命运共同体。由此可见，在事业单位体制改革释放的制度、精神和情感空间中，必须高度重视文化协同，将事业单位组织变革看作是进行文化流程再造、文化作用发挥的良好机遇，用战略的眼光看待文化协同的意义和价值，不失时机地建设组织家园。

二　组织上打造文化互动的结构空间

事业单位与其他组织一样，除了是人的行为载体和制度的空间外，还是精神家园。这种精神家园由四层结构组成，即由心理互动、情感体验构成的心智文化，由认知、理解、判断或抉择构成的价值观念，由指导行为观念和处理人际关系、人与社会关系的原则构成的伦理规范，由公益情怀、奉献社会精神构成的职业信念。倘若将事业单位核心价值按照内容层次分类，可以分成五个层次空间：利他利人的公益精神、不进行利润分配的非营利精神、互惠互助的合作精神、不计得失的志愿精神、自强不息的创新精神。

精神家园有四层结构，它们是有机联系的、具有层次意义的整体，这个整体表明了文化由低到高的递进关系。由心理互动、情感体验构成的心智文化是基础，属于文化协同第一层次。这个层次与人的感性认识层次很接近，受人的情感、意志、欲望、信念、习惯、本能等非理性因素影响较大，同时也常常以想象、直觉、灵感等非逻辑形式出现。由非理性因素构成的心智文化可以直接左右人的认知活动，对人的认识能力的发挥常常起着重要的控制和调节作用。很多由事业单位改革引发的问题甚至很多文化的冲突都表现在心智文化层面。所以，事业单位建设的文化协同在心智文化层面需要多花一些时间和精力。

由认知、理解、判断或抉择构成的价值观念，属于文化协同第二层次。与第一层次相比，价值观念具有相对稳定性和持久性。价值观念是人们基于一定理性思维而对事物好坏做出的评价和抉择，而且由于这种看评价和抉择是基于个人的判断或思考而形成的，因此，在条件不变的情况下，轻易不会改变，因为人的价值观念包含了众多深层次的理论问题。根据德国哲学家 E. 施普兰格尔的解释，价值观念包含了理论的（重经验、理性）、政治的（重权力和影响）、经济的（重实用、功利）、审美的（重形式、和谐）、社会的（重利他和情爱）及宗教的（重宇宙奥秘）等。事实上，每个人都或多或少地具有这六种价值观念中的一种或几种，只是表现方式因人而异而已。所以，文化协同到了这个层面，就有了一定的难度，不能停留在表面上了，必须诉诸人的精神世界，在转变人的思想上下功夫，要改变人的精神世界。

由指导行为观念和处理人际关系、人与社会关系的原则构成的伦理规范，属于文化协同第三层次。伦理规范属于心智文化，囊括了价值观念层次，近乎制度，强度低于法律。伦理规范规定了做人的道理，明确了人的行为准则，涉及人的情感、意志、人生观和价值观等方面。而且，它把道德追求与经济冲动、精神需求与物质财富需求相结合，成为检验社会文明程度的标准。尤其是在传统文化浓厚的国度里，伦理规范还承载着历史，承载着现实，承载着文化，承载着文明。如果说价值观念是内在的心理取向，那么伦理规范则体现为知、情、意、信、行的外化。虽然人的伦理规范建设主要由社会来完成，由国家来引导，并非事业单位的主要任务，但是，职业生活在人的包括家庭生活和社会生活在内的三大生活领域中占有重要的地位，而且成年人的修养主要体现为职业修养，因此人们在工作中的家国情怀、事业心、责任感、成就感、善恶感、正义感、荣辱感、诚信感都会在职业生涯中体现出来。倘若事业单位建设的文化协同忽略了这些，而仅仅停留在表层文化上，那样的意义和价值就不大。如果把文化协同做到人的伦理道德层面，折射出社会意义，那将是伟大的成就。

由公益情怀、奉献社会精神构成的职业信念，属于文化协同第四层次。职业信念由信念衍生而来，专指在职业生活中个体认为可以确信并愿意以此为自身行动指南的认识或看法。在知、情、意、信、行五种素质中，信是知和情的结合，具有较强的执着性和矢志不渝的笃行精神。职业信念是职业心态、职业素养、职业技能、职业胜任力、职业理想成熟后的精神凝结，表现为人们坚信自己所干的事、所追求的目的是正确的，因而在任何情况下都会执着追求、毫不动摇地为之奋斗，即使遇到再多再大的困难和挫折，都会坚定地走下去。组织文化建设十分看重职业信念建设，文化协同如果能融入职业信念，无疑会收到良好的效果。事业单位建设的文化协同不一定非要处处复制、移植其他组织文化，应当善于挖掘自身，或者合并后双方原单位具有的优秀文化来重塑组织文化。那些植根于职业信念的优秀文化必须协同、传承、弘扬。改革后，事业单位将转变为从事公益服务的社会组织，与此同时，公益情怀、奉献社会精神将成为事业单位的主流文化，成为员工的职业信念。文化协同可深可浅，而凸显和始终弘扬公益情怀和奉献社会精神则是事业单位建设文化协同的主旋律。

三　精神上营造平心静气的认知空间

认知是没有界限的，情感是没有边界的，强调认知空间，主要是想说明其存在的人文环境和营造的精神氛围。除体制机制以外，改革触动最大的层面就是文化和人心。改体制不易，改人心更难。改人心需要文化，改文化更需要人心。

文化协同除辅助体制改革以外，对事业单位组织成员的直接作用就是消弭冲突、凝心聚力。事业单位建设在造就新体制的同时，也带来了社会环境和人文环境的改变，带来了人的观念意识、心理状态的改变。新的观念、心态和行为方式替代了人们习以为常的传统习惯和心态常态，打破了原有的心理平衡，引发了诸多心理行为反应，亟待进行心理调适。随着事业单位管理机构的改革，不适应、不需要的机构被裁撤、合并与重组，相对应的业务和岗位也被调整。尤其是随着自上而下强势推动的完成，人们只能被动等待和无条件遵从机构和岗位设置等利益攸关事项的调整，这直接导致了心理应激反应。人们多年来的工作生活节奏被打乱，原有常态下的心理行为惯性被打破引发了心理不适问题，"群体归属模式也急剧变化，旧的归属模式被打破，新的归属模式尚未形成"。最关键的问题是"人们对自身命运难以把握，对在改革中能否受益难以确定，对未来前途和职业发展走向难以预估等"①。于是，人们表现出对改革的心理不适应，甚至表现出焦虑和恐慌等心理病态。这就为文化协同提供了做好心理慰藉和思想工作的机会，其目的是实现从不愿改革，到接受改革，再到拥护改革、参与改革的转变。

当心理问题经过人们的思考后，可能会以情绪的形式或轻或重、或急或缓地表现出来。从心理内容上看，个体需要的满足是情绪反应的前提，"人平不语，水平不流"堪为俗解。倘若人的情绪问题被忽视，所引发的外部效应将以失落、消极、倦怠、不作为、不满、愤怒、怨怼、暴戾等展现。这就是说，情绪状态可能会使人的思维能力和自控能力下降，甚至引发与组织的冲突和对立。因此，安抚情绪、消弭冲突，是事业单位改革不容回避和疏忽的问题，因为心理问题若解决不好就会变成思想问题，变成社会问题。文化协同是诉诸人心的工作，亟待得到组织成员的理解，所以，文化协同也是文化参与、文化沟通的过程，是安抚情绪、消弭冲突的过程。在这个过程中，走进人的内心世界，实现同理心回应，找到共鸣，推动心理转变，疏通思想，排解不良情绪，做到完美沟通，便是达到了文化协同的奇效。

心理问题从来都不是单纯的心理问题，心理问题与思想问题和道德问题没有鸿沟，也就是说，如果心理问题解决不好，就会升级为思想问题和道德问题，引发文化冲突。对于组织来说，可以确立与刚性管理相伴随的柔性机制，构建价值、伦理、心理等良性互动的机制，消除由体制改革引起的文化冲突和组织危机，通过制定文化隐性规则、明确心理契约、达成文化认同、遵守习惯、坚守伦理、巩固情感、实行观念先行等一系列措施来建立新的公益事业单位组织文化。"只有人和、心和才能促进事合、力合。"② 建设事业单位组织文化，必须考虑中国传统文化中的"和合"文化，考虑社会主流文化、先进文化的要求，把凝聚中国精神与实现中国特色社会主义现代化结合起来，让每一个组织成员都把工作看作是实现人生

---

① 李朝波：《做好机构改革中干部心理调适》，《中国党政干部论坛》2018年第7期。
② 李朝波：《做好机构改革中干部心理调适》，《中国党政干部论坛》2018年第7期，第73～76页

出彩的机会，把个人成长与组织事业辉煌、国家兴旺发达结合起来，用时代精神、社会主流价值观、民族精神搞好文化协同。建设事业单位组织文化，还必须体现人生价值、伦理道德，在工作中，尽显价值、伦理、心理的良性互动，培育家国情怀，涵养道德，高扬公益精神。建设事业单位组织文化，更要以深厚的文化底蕴协同培育公益服务精神，构建中国特色公益服务体系。

事业单位建设中的组织文化冲突及其消弭

事业单位建设除了物质载体、体制和机制方面以外，组织文化也是关键内容。事业单位组织文化建设具有十分重要的意义，应当引起足够的重视。事业单位不论是改革还是建设，都会涉及组织意识、价值观念、团队精神、凝聚力等方面的塑造、变革与整合。事业单位组织文化建设既可以弥补改革中的运转不灵、模式再造等不足，也可以作为非制度手段，在事业单位组织再造和文化重塑等过程中实现精神抚慰、文化修补、组织整合、价值转向等，在更深的层面唤醒事业单位的自觉意识，树立公益精神，明确自身价值，不辱使命，成为与社会发展相适应的中国特色公益服务体系的重要组成部分。

第一节　事业单位文化的层次和功能

一　文化的特点和结构

文化一词，古已有之，但中国和外国对其的诠释各有不同。在中国古代，文与化最初分开使用。文的原意是色彩交错的纹理，引申意义则比较广泛，既可以指文字和文物，又可以指人的修养和德行。《易·贲卦·象传》中有"观乎天文，以察时变；观乎人文，以化成天下"之说。《论语·雍也》中有"质胜文则野，文胜质则史，文质彬彬，然后君子"之说。郑玄在《礼记·乐记》注释中指出："文犹美也，善也。"化的本义是改易、生成、造化。后来才有了改变的意思，指事物形态或性质的改变，引申为教行迁善之义。将文与化合成一个概念使用是在西汉时期，其内涵是指

"文治教化"。汉代刘向《说苑·指武》中有"圣人之治天下也，先文德而后武力。凡武之兴，为不服也。文化不改，然后加诛"。在汉语中，文化的基本含义就是以文教化，表明对人性情的陶冶、品德的教化、精神的养育。

在西方，文化来源于拉丁文动词 colere，意思是耕作土地。英文 culture、德文 Kultur 都保留了拉丁文的内涵。在之后文化一词的演变过程中，逐渐从耕种扩展为对禾苗树木的栽培、培育以及对人类的教育，后来文化一词的耕作含义被舍弃，专指对人的心灵陶冶和品德教养。

1871 年，被后世称为"人类学之父"的英国学者爱德华·泰勒撰写了《原始文化》（*Primitive Culture*）一书，首次阐释了文化的内涵："文化或文明，从其宽泛的民族志意义上来理解，是指一个复合整体，它包含知识、信仰、艺术、道德、法律、习俗以及作为一个社会成员的人所习得的其他一切能力和习惯。"[1] 自从爱德华·泰勒阐释了文化的内涵以后，西方关于文化的研究一直很热烈，众多学者从不同的研究视角、用不同的理解方式诠释文化，可谓众说纷纭、莫衷一是。到 1951 年，文化的定义共有164 种，其中大部分都是由人类学家提出的[2]，后来关于文化的解释还在不断增多。有的学者经过梳理，将西方的文化定义归纳概括为四个方面：文化是生活方式；文化是生产和制造工具的过程；文化是人类特有的文明现象的总和；文化是复合体。总体来看，文化是人的价值观、知识水平和劳动技能的载体。文化一词涵盖之广和用途之多远超我们想象。

现代意义上的文化内涵有广义与狭义之分。广义的文化强调人类与动物、人类社会与自然界的本质区别，专注于人类的生存方式，涵盖领域非常广泛，既涉及生产工具、日用器皿等物质文化，又涉及组织、制度等社会的制度文化，还涉及哲学、科学、道德、教育、信仰、艺术等精神文化，堪称涉及物质、制度、精神三重维度的立体式的大文化。狭义的文化主要是指精神创造领域的现象，可细分为两个层面：一是由各种社会心理

① Tylor，E. B. *Primitive Culture*（London，1871），p. 1.

② Kuper，A. *Culture*：*The Anthropologists' Account*（Cambridge：Harvard University Press，1999），pp. 56 – 57.

构成的心理型文化层面，包括风俗习惯、审美意识、道德情操、宗教信仰、民族性格、感觉认识、思维方式、价值观念等直观、感性的社会心理表现形式；二是由各种社会思维体系构成的知识型文化层面，包括哲学、政治、法律、科学、教育、道德、宗教、文学、艺术等系统理论的社会意识形式。

文化作为涵盖多个领域的现象，具有鲜明的特点。一是民族性。这是文化的天然属性，可以凸显民族特性，集中体现民族心理、民族性格、民族习惯、民族思维方式等诸多方面。二是历史性。它既体现了内容上的传承，又体现了传统与现代的结合；不仅承载着历史，又有着时代的烙印。三是时代性。文化的时代性表明，每一时代都有当时的文化内容和特点。四是差异性。由于地理条件、经济状况、政治背景、文化环境、民族习惯、人的素质的不同，地域文化必然出现发展程度、发展水平的差别。然而，正是文化的差异性给文化的交流和传播带来动力，也为在实践中的跨文化思维与管理提供了理论依据。

学术界认同度比较高的文化理论，是由加拿大学者佩格·纽豪热、佩·本德和科可·斯特姆斯伯格提出的企业文化同心圆模型。这个模型认为文化包括三个同心圆，即内层圆、中层圆、外层圆。这三个同心圆互相联系、互相制约、互相促进，成为完整的三位一体。企业文化同心圆模型构建了整个企业的文化体系，按照这个模型，管理者可以把触角伸到企业的各个部门、各个流程和各个层级，具有强大的管理价值。

从结构理论出发研究文化，可以将文化分成三重结构，即外层的物质文化、中层的制度文化、核心层的精神文化。物质文化属于外显的实体部分，也称表层文化，可以视之有形、闻之有声、触之有觉，包括环境场所、实物外观等。制度文化是指人的行为守则、规章制度、典礼仪式、交往方式等。精神文化也称深层文化，属于内隐和精神部分，表现为价值观、审美能力，既表现在个人的素质之中，又表现在组织的愿景、理念之中。

此外，随着人们认识水平的提高和研究的深入，按照不同的标准，文化还可以被分为不同的类型，诸如按内容性质分类，文化可以分为大文化和小文化、雅文化和俗文化、主文化和亚文化、先进文化和落后文化、物质文化和精神文化；按形式分类，文化可以分为民俗民风文化、行业职业文化、社会生活文化、历史时代文化、国别空间文化；等等。

二　组织文化的层次和类型

组织的原意是经纬相交，织作布帛。经纬即丝线，布帛乃织品。在社会活动中，广义的组织为系统，狭义的组织为团队。作为系统的组织，囊括多重要素，遵循一定原则，体现相互联系。作为团队的组织，承载一定的目标，期待互相协作，体现整体大于个人和小团体的功能。在管理学中，组织在形式上反映出人、职位和任务联系起来所形成的一定关系的结构状态或框架体系，在内容方面体现出对各个要素和环节的整合，有组织才有领导指挥、协调行动、监督管理。

组织的存在需要具备四个条件：一是由特定的人群组成的群体；二是群体之间能够互相进行信息交流与传播；三是组织中的人有共同的目的；四是组织中的人愿意参与组织的活动并做出贡献。组织可以分为正式组织和非正式组织两种类型。前者是通过一定的程序建立起来的并且有成文的制度约束其成员行为的团体，如政府机关、企业等。后者是指在共同的工作中或有联系的生活中自然形成的以志趣、喜好、感情等为基础而结成的没有正式规定、没有制度规范的松散群体，如同乡、同学，以及在社会上结交的球友、歌友、舞友、牌友、棋友等小圈子。非正式组织体现了人们追求在正式组织内无法实现的娱乐需求和感情需求的满足。

组织文化也有广义和狭义两个层次的区分。广义的组织文化涵盖一定组织存在和发展过程中所形成的物质文明和精神文明成果的总和，包括组织的内隐文化和外显文化两大部分。狭义的组织文化是指组织的仪式符号、处事方式、行为规范、思维方式、团队意识、基本信念、价值观等方面的总和。在通常情况下，组织文化基本是指狭义的组织文化。

组织文化的显性内容是指通过感觉器官能直观感受到的内容。外显文化能够直接体现组织的国家特性、组织功能、组织形象、品性标志等文化特色。对组织的第一印象、直接印象往往取决于外显文化。外显文化构成了组织的形象文化，可分为社会效果和物化效果两个层面。外显文化主要包括以下几方面内容：一是外化形态的组织标志，如门牌、标识（logo）、工作服、厂歌、商标、校徽、校旗等；二是生态物质工作环境，包括组织的行政楼、生产场所、休息区域、娱乐空间、雕塑石刻等环境设施及装饰设施；三是组织活动，诸如文化教育、技术培训、文娱联谊、拓展训练等活动；四是规章制度，很多组织对管理制度都有明确规定，而且是具有行为约束的具体规定，包括民主管理制度、习惯规范、管理行为等。

组织文化的隐性内容是指蕴藏在组织成员内心世界和感情世界的思想信念、道德规范、价值观、工作精神之中，需要通过观察体验才能把握的精神层面的内容。组织文化的隐性内容是最根本的部分，在组织文化中起根本性的决定作用，主要包括以下几个方面。一是组织哲学理念。组织哲学理念属于组织文化的本质与核心精神，在组织的实践活动中，是组织文化的最高层次，代表了组织的世界观和方法论，如主人翁精神、民主管理精神等。二是价值观。价值观代表了组织衡量和判断是非的评价标准，以及组织活动的目的、意义，如从"以物为本"的价值观向"以人为本"的价值观转变等。三是道德规范。组织道德规范的主要作用是调节组织成员的行为，其形成于组织长期发展的实践过程之中，表现为组织成员的品德风气和习惯风俗，存在于人际交往之中，是最能代表组织形象的精神文化。四是组织精神。组织精神构成了组织的灵魂，是组织成员在组织活动过程中逐步形成的具有共性的观念，表现为组织群体的思想意识、思想觉悟、思维方式、价值取向、道德风貌、心理状态等。组织精神在内容上还可以表现为学习精神、勤奋精神、服务精神、拼搏精神、创新精神、公益精神等。组织精神可以通过组织文化来体现，当组织精神与组织文化相结合的时候，精神就成为内容，文化则成为形式，二者相得益彰。在大学，组织精神常常以校风、校歌、校训等载体来体现。五是道德情感。组织中的道德情感体现了组织成员基于一定的道德标准和职业实践形成的爱憎好恶等心理体验，表现为公正感、责任感、义务感、荣誉感、羞耻感、自豪感、团队融入感和爱国情感等。

组织文化使组织独具特色，并成为区别于其他组织的标志。它从价值观的角度引导人们、影响人们，通过人文精神信息的传递和道德情感交流，促进人的全面发展和自我实现。完整的组织文化结构可以展示独特的组织功能。因此，组织文化以无形的力量嵌入员工自身，是一种笼罩整个组织的精神氛围，体现在组织活动中。在这种力量的影响下，它可以刺激组织做出不同的贡献。可以看出，组织文化解决组织管理的问题主要是通过将组织文化内化为组织员工思维和外化为组织行为来实现的。然而，组织文化往往被忽视，而且，当人们处于文化中时，他们不会感受到文化的存在。这是"不识庐山真面目，只缘身在此山中"的缘故。

三　事业单位组织文化的基本功能

事业单位亦称事业组织，是我国整个组织机构系统中的正规组织，在国民经济和社会发展中占有重要地位，在国家的经济建设和社会事业的发展中具有重要功能。但是要想真正了解事业组织的特点、地位和功能，还必须了解其组织文化建设。

事业单位与其他组织不同，不十分强调组织文化的外显部分，比较看重组织文化的内涵，这是事业单位在多年的精神文明建设实践中养成的良好习惯，比较重视从内容上加强事业单位组织成员的基本信念、共同价值观、团体归属感、行为准则、工作作风等群体意识建设，注重培育组织成员的责任感、荣誉感、崇高感、自豪感、创新精神、奉献精神。而且在很多情况下，事业单位组织文化建设少有产品宣传、包装形象、作秀炒作、提高名气的目的，具有真实性、朴实性的特点，甚至，在很多情况下，能做到国家利益高于一切，看重社会服务价值。

事业单位作为一类传统的组织，在长期的发展过程中，以激发人的内在主动性与自觉性为目的，形成了具有行业特点的管理文化，诸如大学文化、医院文化、科研院所文化等。可以说，在组织发展过程中，特别是改革开放以来，伴随着科学管理思想的引入，事业单位组织文化建设渐成风气，逐步形成了以文化引导为手段，以激发人的内在自觉性与主动性为目的，领导者主动倡导、精心培育并为员工所认同和遵守的、具有组织特色的价值观念、传统习惯、行为准则、道德规范、组织精神，以及蕴含于组织制度、产品服务之中的具有鲜明特色的物化精神和制度规范。

事业单位与其他组织一样，具有鲜明的组织功能。

第一，导向功能。导向功能是把组织成员个人的目标引导到组织大目标上来，用组织的愿景、活动和力量对员工进行约束、凝聚和召唤。组织中丰富多彩的文化活动、艺术创作活动、科技创新活动、技能培训活动、竞赛活动等，能够很好地吸引员工积极参与，使其乐在其中，达到激发员工的责任感和事业心、端正工作态度的目的。这种导向功能所渗透出来的力量对于组织成员来说具有较大的激励作用，可以引导组织成员奋发向上。

第二，约束功能。约束功能一般是指通过管理制度和道德规范等组织文化来实现对组织成员的管理。同时，组织文化的约束功能还体现为通过组织的感染力和魅力等无形力量来达到软约束的目的。组织文化能使组织的信念和价值观在组织成员心理的深层形成定式并构造出响应机制，既可以潜移默化地达到管理的目的，从而产生持久、深刻的管理效果，又可以减少硬约束对员工心理的冲撞，削弱其心理抵触力。

第三，凝聚功能。凝聚功能是指用组织的价值观获得员工的认同并产生吸引力、向心力、聚合力。组织文化实际上是组织全体成员共同创造的群体意识或团队意识，能够引起组织成员的共鸣，使组织成员能够较为自觉地将个人的思想感情与组织的兴衰荣辱密切联系起来，产生对组织的归属感、认同感、依赖感，形成巨大的组织整体凝结效应和聚合效应。

第四，激励功能。激励功能是指通过满足组织成员的精神需要来达到产生归属感、自尊感及成就感的目的，从而调动人的积极性。组织的激励功能能产生凝聚人心、鼓舞士气、振奋精神的作用，最大限度地激发员工的积极性和首创精神。组织的激励具体包括信任激励、关心激励、荣誉激励、成就感激励和宣泄激励等。

第五，陶冶功能。陶冶意为给人的品格以有益的影响，陶冶功能是指用一定的文化营造出的氛围和环境对人进行潜移默化的感染和熏陶，使人在道德情感方面受到影响和教育。良好的组织文化既有利于营造良好的组织氛围，激发工作的热情、创造的灵感，也有利于熏陶组织成员的情操，提升其素质，塑造其品德，提高其工作效率。组织文化的这种陶冶功能，是其他激励手段所不可代替的力量。优秀的组织文化可以通过这种无形的感染力量和无声的熏陶力量，教育组织成员懂得对错、识别善恶、明辨美丑、规范行为。

第六，辐射功能。辐射功能是指组织文化对社会产生效应，向社会传播组织影响力的功能。对于那些与社会联系密切的组织来说，组织的文化会在实际工作中扩散到周围的社会环境之中，其主要途径有四个：首先，精神感染，即组织精神、组织价值观、组织伦理规范、组织工作作风等；其次，产品影响，即以组织的特有产品或服务水平为载体的对外影响；再次，人员魅力，即通过员工的言谈举止向社会传播组织文化；最后，宣传效果，即通过宣传工作使组织文化得到扩散传播。

第二节　事业单位建设中的组织文化冲突

事业单位分类改革过程中的单位合并、重组，导致了新旧体制的碰撞，这种碰撞不仅会引发组织内部和外部的矛盾，也会引起不同背景、不同形态的文化之间的相互对立、相互排斥，甚至引发思想观念、思维模式、行为习惯和价值观等组织文化方面的冲突。这些冲突有组织文化方面引起的，有现实利益方面引起的，有各种关系不顺引起的，也有各种观念引起的。事业单位分类改革过程中的组织文化冲突为事业单位文化重塑提供了条件。

一　事业单位建设中组织文化冲突的实质

冲突，是指个人与群体内部、个人与群体外部互不相容的对立状态。组织文化冲突是指组织内外不同形态的文化或者文化要素之间由于观念相左、价值不一、习惯不同、机制相异而在相互碰撞中所产生的对立、排斥的结果。组织文化冲突不仅在事业单位中有，在其他组织如行政组织、企业组织、社会团体中也会发生。

组织文化冲突可以有不同的分类，从内容上看可以分为三种类型：一是因为意见不一致而引起的组织认识冲突；二是因为希望达到的最终状态或喜欢的结果不相容而产生的目标冲突；三是因为好恶、喜怒而引起的感情冲突。从规模上看，组织文化冲突有组织成员个体之间的冲突、组织内部群体的冲突、组织群体与组织群体之间的冲突。从组织结构层次上看，组织文化冲突可以表现为组织内同一层次部门之间的横向冲突与组织内部上下级之间的纵向冲突两类。从管理的层级来看，纵向冲突在管理的权威下易于解决,但是横向冲突则相对难以消弭。

组织文化冲突源于组织文化的差异与文化之间的碰撞,存在于文化重组之中,消解于文化整合之后。组织文化冲突是由文化的特性决定的一种常态现象,是在文化发展中不可避免、不可回避的结果。但是在不同文化模式或者两种以上相对应的文化模式相接触或彼此抗衡的时候,文化冲突势必会出现,冲突的最终结果是可能会出现一种文化模式被另一种文化模式超越或取而代之的情况。虽然组织文化不与组织制度、绩效目标并列存在,但却会影响组织的诸多要素,更确切地说会引起组织文化系统各要素之间的不平衡、不协调、不和谐、不适应,从而导致组织文化冲突。在管理学的语境下,冲突并非消极因素。当冲突得到妥善处理之后,往往会变成积极的力量,而且冲突的解决更能够促进组织的积极变革。这就为文化协同提供了机会。

组织文化冲突涉及组织个性、组织习惯、组织历史等诸多因素。引发组织文化冲突的原因各不相同。有组织内生性原因和外加性原因,但组织内生性原因则是主要的。从这一点来看,组织文化冲突具有积极的意义和价值,因为这体现了一种文化自觉与更新。但是在改革的过程中,组织文化冲突往往是由组织外部的压力引起的,比如事业单位的分类改革就是导致事业单位组织文化冲突的重要原因。

在我国事业单位改革的过程中,触动了事业单位的根本利益和矛盾,不仅引起了从传统模式到新型模式的全景变化,也拆分了事业单位的传统组织架构,导致了从依附行政体制到建设公益服务体系的全新变革。这已经不是历史进程中新旧体制的简单转换了,也不是一般社会组织的拆分与重组,而是具有制度创新、管理机制创新、服务模式创新意义的大规模、多角度、全方位的改革。在顶层设计、制度安排、政策配套、保障跟进的情况下,没有发生事业单位组织动荡并引起强烈社会反响,但这并不等于说没有组织冲突,只不过是事业单位改革引起的组织冲突演变成了温和的讨论,演变成了对认识的迟滞与超前、价值的大与小的分析。这既反映出政府在改革定位、体制转换、结构布局、机制选择、模式建构等硬性治理方面顶层设计和制度安排的成熟性增强,也反映出事业单位驾驭改革、参与改革、落实改革水平的明显提高,还反映出事业单位中的人们在旷日持久的改革中出现的适应心态的变化。在基本利益得到保障的情况下，人们自我化解矛盾、消除不良心态的能力增强。但是，也不能因此而高枕无忧，因为在现代社会治理条件下，事业单位的组织文化冲突如果得不到妥善解决，可能会演变成心理落差增大、价值取向扭曲严重等文化层面的问题。这也从组织文化建设的柔性方面表达出对治理的诉求和期待。所以，重视事业单位改革中的组织文化冲突，推动组织文化的整合与重塑，对稳步推进事业单位改革和建设具有重要意义。

二　事业单位建设中组织文化冲突的维度

事业单位建设中的组织文化冲突主要表现在事业单位组织变革、事业单位改革、事业单位建设的过程中。

组织文化冲突具有多维度、多层次结构，而且维度和结构之间互相影响。从不同角度来看，组织文化冲突可以被划分为不同的类型。按照冲突的性质，可以分为建设性冲突与破坏性冲突；按照冲突所处层次，可分为角色冲突、组织冲突、关系冲突、任务冲突和过程冲突；按照冲突的维度，可分为二维冲突、多维冲突等。

从一般意义上讲，事业单位组织文化冲突可能表现在很多方面。按照逻辑的顺序和出现的可能性，可以列出多种情况，诸如依据主体不同，可以划分成个人与群体、内部与外部的冲突；按照性质内容不同，可以划分成认识与实践的冲突；按照时间序列可分为过去与现在乃至未来的冲突；根据表现形态可以划分为显在与潜在、外显与内隐的冲突。事业单位组织文化冲突可能发生，也可能不发生；可能单个发生，也可能多个交织在一起同时发生。

（一）　可用时间维度表示的冲突

用时间维度表示的冲突是指事业单位文化过去、现在与未来的差别、矛盾、碰撞和对立。这是从时间轴来明确的差别性冲突，可以具体分为过去与现在、现在与未来两个阶段，表现为事业单位的历史文化传统与现阶段事业单位公益化的冲突，以及事业单位文化的现状与未来期望之间的冲突。

从事业单位 1955 年正式在我国出现算起，至今已有将近 70 年的历史；

从事业单位开始改革算起，至今也有 30 余个春秋了。可以说，事业单位在漫长的发展历史中一直处于建设与完善状态，尤其是改革开放以来一直处于改革与调整之中，几乎从未停止过组织文化的变革，不仅在事业单位组织的概念内涵上反复解释、几番强调，而且在组织管理权限、管理体制和机制上不断探索、不停改革。在事业单位改革和建设的过程中，既深受传统行政文化的影响，又受到管理体制改革的震撼，还受到市场经济利益观念和竞争观念的冲击；在尚未摆脱行政依附型习惯文化束缚的时候，又面临着时代要求的文化创新。这种由历史、现实、未来构成的差别既可以成为组织文化的冲突，也可以成为组织进步的动力。

（二）可用主体维度表示的冲突

用主体维度表示的冲突是指个体与群体、个人与组织的龃龉。组织本身没有文化，文化是通过组织中的人的观念、习惯和行为表现出来的。事业单位的组织文化冲突主要是通过事业单位中的人与人、人与机构、人与外部社会关系表现出来的价值冲突和利益矛盾。在这个维度中，受"集体利益高于一切""个人利益服从集体利益"观念的影响，群体文化占主动性地位，个体适应群体意愿，个体文化服从组织文化，个体认同组织价值观，组织维护个体尊严和价值。对组织价值观认同的员工更容易做出组织期望的行为，其是组织愿意接纳的成员。倘若组织内部的个体文化过分看重个人意愿和价值，无视群体价值和他人利益，或者对组织的价值观不熟悉、不认同、不接受，则势必会造成个体文化与群体文化的冲突。反之，落后的群体文化也不能满足先进的个体文化需求。个体文化与群体文化的冲突是组织文化中的一种常见现象。虽然群体文化不是个体文化的简单集合，但是个体文化却可以影响群体文化的状态。优秀的个体可以成为群体的领袖，而害群之马则可以把群体搞得四分五裂。所以，对个体文化与群体文化的相互影响和相互制约关系需要具体分析。在事业单位采取关、停、并、转、合等多种形式的调整与改革的过程中，个体文化与群体文化的冲突可能会表现得比较明显和突出。

（三）可用知行维度表示的文化冲突

用知行维度表示的文化冲突主要是指认识与行为、理论与实践方面的错位或背离。这个方面的文化冲突表现为文化的精神层面与实践层面的脱离、背离和分离，反映出认识水平与实践能力的差别。形成文化冲突的原因与思想水平、学历学识、观念、思维、经验有直接关系，当然也与宣传的真伪、教育的好坏、导向的偏直等有较大关系。

在某些事业单位中出现的这类文化冲突比较明显地表现出这样几方面的问题。一是自吹自擂定目标。不切合实际地提出"创建国际一流""世界领先"的发展目标。目标过高，脱离实际，会损伤文化建设。二是华而不实搞建设。毫无根据地提出建设"研究型机构""学习型组织""服务对象导向型单位"。盲目照搬外国的经验，生吞活剥异域文化，可能会造成组织文化的"水土不服"。三是哗众取宠做承诺。在缺乏实际对策的情况下随意宣扬"诚信、高效、优服"。组织文化贵在务实，要防止虚有其表的"花架子"，不搞文化形象工程。四是轻视理论抓"务实"。组织文化来源于实际，又高于实际，具有引领、导向、召唤的功能。如果以"务实"为名反对文化理论的指导，也是错误的。因为现代管理倡导的是科学且理性管理，那种经验摸索式的传统管理已经落伍了，任何排斥理论指导管理的做法都是不可取的。随着现代管理方式的改变和员工文化自觉意识的觉醒，任何忽视、排斥文化理论建设的管理都无法适应现代管理长效机制建设的需要。

（四）可用内外维度表示的文化冲突

用内外维度表示的文化冲突是指内隐与外显、潜在与显在的掣肘。内外维度说明的是组织文化在组织精神与社会影响、组织与环境，乃至精神与物质方面的关系。在这个关系中，外显方面的文化具有直观性，效果易于监测。在组织文化中，包括精神、思想、心理在内的内隐文化是最关键、最重要的部分，是组织文化建设产生良好效果的决定力量。然而，由于组织内外的差异性、组织愿景与社会环境的不一致性，尽管在建设上投入的精力较多，也会出现内隐文化与外显文化的不匹配现象，于是就产生了组织文化中的内隐文化与外显文化的冲突问题。事业单位建设的基本要求是彰显公益性、服务性，凭借政府对公益事业单位提供公共服务的强大支持，公益事业单位可以专心从事公益事业、展现公益文化的魅力。对于需要由市场配置资源的公益二类事业单位来说，其必须参与市场竞争、追求适当的经济利益。所以说，当公益文化直面市场经济的时候，文化冲突难以避免。因此,在市场经济利益与公益服务价值的博弈中,成为主流文化的是公益文化还是趋利获益观念,是公益事业单位改革必须面对的文化冲突。事业单位改革后,公益文化无疑会成为主流文化和组织价值观,这是改革的最终目的和刚性要求,甚至可以说是检验改革成功的关键尺度。公益文化将成为协同事业单位建设的核心精神力量,不论遇到什么样的阻力,不论遇到什么样的困难,都会成为保障组织与员工价值观协同一致、执着追求、按照共同文化标准律己笃行的精神体系。

第三节　事业单位建设中组织文化冲突的状况

一　事业单位建设中组织文化冲突的表现

在事业单位建设实践中出现的组织文化冲突概括起来有四个方面。

(一) 价值观念方面的文化冲突

事业单位属于不以营利为目的的社会组织,其工作结果和价值不直接表达,或主要不表现为可衡量的物质形式或货币形式。因此,长期以来,特别是改革开放以前,事业单位人员既没有市场观念,也没有效益观念,还没有竞争意识,不习惯于价值分析,但具有服务意识,懂得奉献。事业单位的改革,尤其是分类改革,将给人们带来新的变化。对于转为企业的原事业单位来说,会发生三个方面的转变:一是在转为企业后,培养营利意识,学会在市场中生存;二是懂得薪酬与效益挂钩,工作积极性的高低、行为的好坏会直接影响薪酬水平的高低,人的情绪和心态也将随之发生变化;三是管理的水平不仅影响企业效率,也影响人的经济收入乃至心态的变化,企业文化与人的精神状态的关系更加密切。倘若能适应这些变化,改变过去的工作习惯和思想观念,那就没有文化冲突;假如不能适应企业的工作状态,就会引起文化冲突。

(二) 管理体制方面的文化冲突

我国过去的事业单位大部分是由国家设置和举办并由行政部门负责管理的组织。这些单位的资金基本上来自中央和地方政府的财政供给,事业的发展和运作直接受制于政府部门,大多数的事业单位没有独立的发展目标和建设方向，在一定程度上成为政府的附属机构。在分类改革后，行政类事业单位归入行政机构，其管理体制并不会有太大的出入。但对于公益类事业单位和经营类事业单位来说，由于公益组织和企业在管理体制上与事业单位大相径庭，组织文化冲突会不可避免地表现出来。而且，由于传统的事业单位管理体制行政化程度较高，不仅导致组织成员的工作长期处于低效状态，而且还会浪费大量的社会资源。在事业单位建设的过程中，逐步与原行政主管部门分离，改变原有的管理体制，加强立法和法律责任建设，加强内部控制和外部监督约束机制建设将成为其必行之道。在培育公益属性的过程中，应当改变现存管理体制中存在的明显缺陷。如果我们不努力改革体制，那么事业单位建设中所产生的冲突就会不可避免。如果不在体制建设上加大改革力度，那么事业单位建设中造成的体制机制冲突将会缩短发生的时间乃至重复出现。

（三）用人机制方面产生的文化冲突

我国多数事业单位目前仍然习惯于沿用计划经济时期的录用、调配和任用制度。虽然有评估系统，但大部分流于形式，实际上还是终身制。一些能力较强但不擅长参加考试的人无法进入事业单位，一部分能力较差、水平平庸、效率低下但又无重大错误的人员却又调不出去。此外，某些事业单位内部岗位职责含糊、岗位重叠、岗位设置不合理，导致管理人员、专业技术人员与后勤人员结构比例失衡。加之，分配制度不合理，平均主义倾向严重，直接造成部分员工出现职业倦怠、行为懈怠和工作无状态。事业单位改革后，人事制度改革将进一步深化，考任制度、聘用制度将要发生改变，逐步建立起分类科学、权责清晰、机制灵活、监管有力的人事制度。在分配制度改革中，不同类型的机构将根据自身的发展需要和实际状况，实施不同的绩效工资管理办法，完善机构工资的正常调整机制。在社会保险制度改革上，实行"老人老办法，新人新制度"的方式，建立健全事业单位工作人员年金制度。

（四）组织成员心理方面的文化冲突

在分类改革过程中，某些事业单位面对过去存在的人浮于事、定位不清、权责不明、效率低下等问题，依靠撤销、合并、转制等刚性分类改革措施进行了深化改革，触及了经费来源和编制管控等核心问题，不仅出现了不理解、不配合、不支持改革的声音，也出现了组织成员个人身份和收入待遇的变化，一些人不愿意、不响应改革，内心困惑、态度消极、行为被动。在事业单位建设中，无论哪一类事业单位，面临的关键问题都是"从过去的'铁饭碗'逐步转变为'瓷饭碗'"。这个问题给事业单位工作人员"带来了巨大的心理压力和困惑，在改革过程中必然产生组织文化的冲突"①。

二　事业单位建设中组织文化冲突的成因

事业单位建设中组织文化冲突的成因归纳起来主要有这样几个方面。

(一) 传统政治文化的滞后影响

政治文化是一个民族在特定时期形成的基本政治态度、政治信仰和政治情感的统称，是包括行政关系在内的政治关系在人们精神领域投射的结果。政治文化属于政治体系中受制度化和结构化的政治组织、机构与规则影响，又与其对应、匹配的精神部分。传统政治文化与社会历史交织在一起并深受其影响。事业单位是在一定的历史时期产生的，不可能完全从以往的社会历史和文化中脱离出来，即使处于改革的洪流大潮之中，也不能离开社会关系纯粹地谈论事业单位。在旧体制的框架中，传统事业单位由于缺乏独立性，在接受主管行政部门的领导下，必然深受主管部门文化观念、价值观念、工作作风的影响，加上没有竞争意识、缺少市场观念、法律意识薄弱、自主意识不强、服务不积极、公益精神缺失等，很难形成有益于事业单位成长的组织文化。这极大地影响了事业单位的社会责任意识。同时，陈旧的、行政机关式的管理方式又造成了事业单位管理等级较多、组织架构僵硬、组织文化中人文关怀不足等问题。事业单位改革以后，这种文化氛围虽然被打破了，但是在人们心中的影响并没有完全消除。随着合并、重组、新建等工作的进行，新的事业单位成立后，一些旧文化的滞后影响又会不自觉地被带到新的组织中去，产生组织文化冲突。

---

① 张志刚、王安秋：《事业单位分类改革：组织文化冲突与整合》，《发展》2015 年第 1 期。

（二）陈旧习惯难以马上改变

事业单位从整体上看是一个庞大的组织群，涉及的行业、部门较多，涉及的管理关系和业务关系颇为复杂。虽然改革历时多年，但依然尚未完成。尤其是很多对上级主管行政部门依附性较强的事业单位，长期养成的习惯难以马上改变，不适应社会需求的变化和市场环境的变化。即使在分类改革的进程中，也只关注人事变动、职权位置、编制增减等问题，而对于长期形成的组织文化不知如何进行变革，重塑的自觉性不强、变革的主动性不强。有此事业单位留恋旧式的体制，习惯于既有的工作模式，怀念以往的交往状态和情感氛围，对于正在改革和重建的管理体制、运行机制消极抵触情绪过多。这种情况导致一些事业单位管理体制改革进展缓慢，执行力不强，甚至迟滞。公共服务体制的完善缺少员工的心理接纳和情感拥护，因而导致了组织文化建设阻力重重、冲突不断。

（三）市场经济利益机制的负面冲击

自从我国经济体制改革以来，市场经济形成了迅猛发展的态势，推动了各行各业发展战略的重新调整。事业单位在市场经济面前焕发出了新的活力，很多部门积极适应、快速响应，出现了与计划经济时代截然不同的新局面、新状态。然而，由于我国立法尚不完备、改革措施不完全配套、管控失灵情况较多等复杂社会原因，出现了市场化过度的问题。事业单位在适应市场经济的过程中，由于改革过程中方向把握不准、改革执行不力，特别是对自身职能认识不清等原因，一些承担社会公益职能的事业单位被推向社会以后，出现了无视、放弃甚至损害公益目标的问题。很多事业单位拥有较好的政府资源、自身资源，但却出现了不愿意提供公共服务的问题，以营利的方式向市场提供准公共产品。这也连带着给政府职能和国家目标带来不良影响，像某些医疗机构和教育单位等出现的过度市场化问题，已经引发了很多社会问题。在准公共服务领域，国家为了满足现代化建设需求，推动公共服务的发展，给事业单位的预算拨款增长较快，投入的预算支出也在不断增多。但是，某些事业单位在市场经济中为了获得更多的收入而展开了强力追逐利益的态势，不断提高各种服务收费标准，将公益精神束之高阁，这使得低收入人群越来越因没钱付费而难以获得必要的公共服务。

（四） 事业单位内外制约因素的影响

事业单位的发展从来不是孤立的，组织文化建设面临组织内部和外部的多重影响。组织内部的因素主要是组织的价值观和自身利益诉求，是事业单位发展的内在驱动力。组织外部的因素主要是政府、社会团体、社会公众对事业单位的期望和约束，是事业单位发展的鞭策、鼓舞和监督力量。组织内部希望自己可以用较少的代价换取较大的社会效益和情感回报。政府作为事业单位提供公共服务的引导者和支持者，也希望用最令社会公众满意的结果提供最优质的服务。所以，事业单位的文化建设绝不是单纯的组织形象问题，而是涉及事业单位自身发展和多方利益相关者的存在复杂制约因素的问题。这表明组织文化冲突常常是不可避免的现象。事业单位管理体制是计划经济时期逐步建立并发展起来的，虽然经过多次改革，但旧时代的印迹难以彻底消除。政府决定事业单位的设立、编制及注销，并对事业单位的各种活动进行直接组织和管理。各类事业单位活动所需的各种经费都来自政府拨款。在政府提供丰富的公共资源的情况下，事业单位内无经济压力、外无竞争博弈，发展得很顺畅。在被推向改革之后，面对市场经济的风云变幻，尤其是在改革步入深水区后，在事业单位分类改革着力推进的过程中，事业单位面对新变局、新情况、新挑战，不仅要在经历过分类改革异常状态后重新恢复正常状态，建立事业单位文化新常态，还要从新组织文化建设要素驱动、公益驱动、创新驱动等多元驱动入手，实现公益精神新超越、文化重塑上台阶，焉能缺少困惑与冲突？

（五） 事业单位对文化管理的价值认识不够，缺乏国际经验

在长期政事不分的体制下，事业单位很少考虑自主管理和文化建设问题，不需要也不可能按照组织自身的特点来建设组织文化，并将其作为指导事业单位的行动指南，更没有认识到文化重塑的重要性，甚至很少从文化上来认识、组织和管理事业单位。甚至在很多的情况下乐于模仿行政部门的管理模式，用行政部门的方法来领导和管理本单位。事业单位的组织成员对组织使命的理解和接受，也更多地习惯于服从单位领导、遵从领导权威，并不习惯于在心理上、习惯上与单位领导平等交流。目前某些事业单位虽然对行政人员实行了职员制管理，但他们依然具有行政级别，管理

者的行政意识依然很强，当有一定工作需要组织动员的时候，某些管理者往往更习惯于用行政命令、行政指挥、行政决策等行政管理的方式来安排，而不习惯于用文化建设的方式。此外，事业单位组织文化建设还缺少借鉴经验。国外没有事业单位，在世界组织体系中，事业单位属于中国特有的组织。尽管国外有非政府组织、非营利组织建设的成功管理经验可供借鉴学习，但是，没有什么可以参照的世界社会组织文化建设范式和管理经验。这就使事业单位成为在组织文化建设上没有经验可资借鉴的"孤岛"。因此，事业单位应当结合国情，特别是事业单位具体情况，建设既符合社会需要又适合自身发展的组织文化。

（六）事业单位个性组织文化建设力度不足

事业单位肩负着精神文明建设的重要任务，不宜照搬国外社会组织管理经验，但也不应模仿党政机关管理经验和组织建设方式，尽管事业单位与党的机构、政府机构联系密切。因此，很多事业单位在实行政事分开改革后不仅在管理体制、模式、机制上要重建，而且还要花大力气培育组织文化，甚至可以向企业学习，明确单位发展规划、发展目标、发展愿景，制定组织规范、员工行为守则等，把文化建设落到实处。例如，在高等学校管理中，按照事业单位改革的要求应当制定高等学校章程。高等学校章程是大学的内部文件，由大学的权力机构为了保证大学的独立地位，根据高等学校特点设置。其既可以体现大学的办学理念，反映大学的历史传统、精神底蕴和价值追求，也能体现事业单位改革中"政校分开、管办分离"的现代大学制度原则，是落实大学法人地位、保障大学自我管理的客观需要。这是大学组织文化建设的有力举措。2014 年 5 月 29 日，《教育部办公厅关于加快推进高等学校章程制定、核准与实施工作的通知》指出，"要以章程建设为契机，深入推进高等教育综合改革。章程要体现改革精神，系统反映改革要求，巩固改革成果。高校已经形成共识的改革方案，已经实施的、成熟的改革举措，通过章程可以明确的，应当予以充分反映。章程要体现建设中国特色现代大学制度的要求，客观表述学校的组织特征与定位；依法准确表述与举办者关系；完善党委领导下校长负责制的实施制度；突出对高校内部治理结构的系统规范；加强以学术委员会为核心的学术体系建设；着重规范高校办学自主权的行使与监督机制，充分反映制度建设成果，为学校依法办学、自主管理提供全面依据"①。教育部还要求，要明确一把手亲自主持和推动大学章程建设，确保按时完成工作任务；要把推进章程建设作为体现学校办学水平和治理能力，衡量领导班子管理水平和改革精神的重要标志，纳入高校评估、领导班子考核的重要内容；校长要作为章程执行的第一责任人，要把章程执行情况，作为年度述职报告的内容，向教职工代表大会做专门报告。这就是高等学校在改革过程中，在组织文化建设上迈出的重要步伐。其他事业单位也应该像大学一样，加快完成组织文化建设，明确组织愿景、组织目标、组织价值观、员工守则等。

第四节　事业单位建设中组织文化冲突的消弭

一　事业单位建设中组织文化冲突消弭的意义

"文化，既是一种精神，也是一种习惯。由于文化与人的联系十分密切，因而，只要有人群的地方，有团体的存在，就有文化。如组织使命、目标和愿景的召唤力量，组织纪律和制度的约束力量，组织价值观和凝聚力的教育感染力量，组织管理符号和管理信息的约束力量等。"②

事业单位组织文化是在组织长期发展过程中积淀而成的精神力量，代表着事业单位的精神面貌。良好的事业单位组织文化作为一种无形的重要资源，是事业单位的软实力，是事业单位持续发展的精神支柱，也是事业单位获得社会地位、赢得社会信任的保证，同时能够推动事业单位更好地以自身的优势来为经济和社会发展服务。用优秀的组织文化来提升组织的核心竞争力，已经成为现代组织走向成功的战略选择。很多事业单位闻名天下、获得成功的重要经验就是通过凸显其公益精神和塑造组织文化，增强影响力，树立组织形象。事业单位组织文化是事业单位的灵魂，对于处在分类改革过程中的事业单位来说，充分认识事业单位组织文化具有十分

---

① 《教育部办公厅关于加快推进高等学校章程制定、核准与实施工作的通知》，http://www.moe.gov.cn/srcsite/A02/s5911/moe_621/201405/t20140529_170122.html。
② 张志刚：《公共管理学》（第二版），大连理工大学出版社，2013，第281页。

重要的意义。

首先，有利于认清事业单位传统政治文化的消极影响，促进事业单位在实现文化协同的改革中实现组织文化重塑。国外没有事业单位，我国旧社会也没有事业单位，新中国成立之后建立起来的事业单位是在没有管理参照的情况下逐渐走向成熟的，党和政府也是在不断的探索中学会办事业单位的。在实行分类改革之前，事业单位只是相对独立的组织，但不是自主自治的组织，依附主办主管机关是当时的制度设计。这种设计并未排除行政机关的影响，也没把这种影响看成是管理问题。在这种管理模式运行了很多年后，在回顾与反思、改革与完善的时候，有必要清理一下这么多年旧体制运行中的弊端，荡涤蒙尘、医治沉疴、抛弃积弊、吐故纳新，让事业单位走上创新之路。特别是对于政事分开后走向自主发展的事业单位来说，倘若能在组织文化上做出新的建设，无疑将是走向独立、自主、成熟的重要举措。

其次，有助于弥补事业单位建设进程中出现的制度缺陷、管理漏洞，实现新体制机制的顺畅。在传统的政事不分的体制下，某些事业单位由体制不顺、机制不活、效率不高造成的诸多不适应"综合征"表现为惰性文化冲突。经过体制改革后，事业单位特别需要通过精神抚慰、情绪舒缓等非制度手段来"康复"，需要通过文化修补、价值转向、组织整合来重振精神。同时，在改革的过程中，新的组织目标、框架、方式、类型和路径等方面需要重建、重塑，这必然引起新的不适应乃至产生冲突。这就需要用组织文化重塑来解决体制的外部冲突和内部不适等问题。其实，事业单位的分类改革并不是目的，也不能满足于完成类别划分。事业单位建设的目的是在坚持公益性和调动积极性之间取得平衡，培育良好的文化作为组织行为发展的动力。因此，应当把树立坚定的信念、养成公益和服务的美德、培育强烈的社会责任感和使命感作为公益事业单位组织文化重塑、文化协同的重要内容，通过坚实的组织文化建设去重塑形象、改变环境、改变风气、净化心灵、淳化行为，达到社会公益服务事业的善治。

再次，有利于在原有体制拆分、整合、再造过程中，尽快消除改革带来的组织摩擦，润滑组织机制，形成组织凝聚力。组织文化是组织人员的精神面貌所展现的价值共识、组织意识和团队行为，需要在组织长期的实践活动中逐渐形成,但是在改革和变动时期,组织文化的变动更为明显,甚至会影响组织变革的成功。以经营类事业单位为例,当转为企业之后,其用人制度、工资分配制度、养老保险制度等方面都会发生转变,员工也必须懂得转换角色,学会适应竞争,懂得优胜劣汰的规律。所以,事业单位分类、重新整合以后,组织文化建设可以起到安抚人心、稳定队伍、重建组织秩序的作用。

最后,有利于推动事业单位改革、建设事业单位柔性管理机制。重塑事业单位组织文化,是事业单位根本属性的必然要求。推进和完成事业单位改革,就要以十分明确的态度把组织文化搞好。新时代事业单位组织文化建设应当体现新时代的精神,培育中国特色的公益组织,要以构建中国特色公益服务体系为主体,以强化公益性为主线,以凝练公益组织价值观为内容,将关注点从单位利益回归到公共利益,全力以赴地弘扬无私奉献的公益精神、非营利的组织精神、非强制的志愿精神、真诚服务的合作精神。应当塑造公益服务品牌文化,传播公益文化,提升社会公信力,推动社会服务事业走向美好的未来。同时,还要充分发挥事业单位组织文化共同语言、价值共识、精神支柱、共同信念的作用,发挥事业单位组织文化以文化人、以文促情、以文建信、以文助管的良好效应。

二 事业单位建设中组织文化冲突消弭的措施

第一,构建事业单位的以公益服务为核心的公共价值。建设公益服务体系是事业单位的核心价值和目标。事业单位要消除体制上的冲突,实现治理模式的创新。首先,应当从核心价值上入手,实现从被动公益性到主动公益性的转变,重塑事业单位的公共价值,重构组织目标,实施倡导公共利益的文化再造工程。在公益服务的实践中,事业单位要坚持提供令公众满意的公共产品,打造公共服务精品,成为社会组织中建设公益服务体系的中流砥柱。其次,正确处理实现经济效益和体现社会效益的关系。公益一类事业单位在运行中不创造直接的经济效益,但应该尽可能地降低成本、缩减开支、合理利用国家财政拨款,本着公益为民的家国情怀,尽职尽责地为人民服务,为社会效益的实现提供助力。公益二类事业单位具有一定的营利能力,但是应当在服务社会的实践中摒弃利己主义、避免逐利倾向，在实现社会效益的前提下，追求经济效益的最大化。

第二，加快公众参与治理的进程。运行多年的事业单位建设，充分考虑了事业单位组织成员的切身利益、心理适应、认知态度、情绪情感等多种因素，尤其是公开透明的改革方案听取了人们的各方面意见，经过反复讨论修改，保证了公众的参与度和知情权。为了更好地解决改革方案实施中遇到的新问题，消除新出现的困惑与冲突，尤其是在共享、共管、共治方面，应当采取有效的解决措施。其中包括：召开深化改革方案征集听证会、研讨会等，畅通公众表达利益诉求的通道，提高公众的参与度和满意度；公众选出代表与相关机构进行对话，共同探讨落实改革措施的办法；充分利用互联网，实现改革透明、网上议政、筛选意见、选择举措等，将公众参与社会管理的知情权、参与权、表达权落在实处。

第三，加强对事业单位的有效监督管理。增强监管的有效性可以从三个方面做起。一是要严格把控事业单位的登记管理。依据法律法规和政策文件，严格标准，有效处理好各类事业单位的归属问题，杜绝不符合要求的行为、变相的违规做法。二是要加快法制监督进程。目前我国虽然有很多事业单位的管理办法，但还没有出台"中华人民共和国事业单位法"，这使有些问题处理起来有一定困难。例如，一些事业单位被规定参照《中华人民共和国公务员法》管理后，在一些工作环节上还存在法律漏洞。倘若有法律的明确规定，则可以依法办事，必将会减少恶性竞争，避免行为的无所适从。三是要拓宽外部监督渠道，推进民主治理。实行政务公开，新闻媒体要加强信息披露，让权力在阳光下运行。同时，发挥行业协会的监管作用，在公众与单位之间架起沟通的桥梁。

第四，引入人才激励与竞争机制，提高事业单位管理水平。针对某些事业单位缺乏积极性与创造性，存在停留在旱涝保收状态的老观念，应该引入现代的管理理念来增强活力，诸如采取全员聘用、岗位薪酬、业绩考核、项目责任等竞争和激励机制；依法参加社会保险、合理配置人力资源，建立人才进出流动机制等。鼓励事业单位创造经济效益，增强组织活力，减轻政府财政负担。同时，逐步完善聘用制度和绩效管理制度，坚持按需设岗、公开招聘的进入机制，搞好签约上岗、责权明确的管理机制，执行定期考核、去留灵活、双向选择的流动机制。此外，弘扬人本主义精神，为落聘人员提供安置工作建议，开展心理辅导，妥善处理问题，减少改革引起的冲突，为改革排除不稳定因素，维护社会的长治久安。

第五，加快建立健全规章制度，把文化建设的成果制度化、规范化。组织文化是组织建设的柔性措施，具有重要意义，迫切需要规章制度这类刚性措施予以配合。应当将目标、信念、价值观、行为准则等组织文化建设的内容纳入组织的规章制度建设之中，并明确规定对不遵守制度的成员的惩罚措施，让组织文化建设的成果形成习惯，刚柔并济地应对可能发生的组织文化冲突，把事业单位建设成温馨文化乐园、制度文明家园。

事业单位文化重塑的模式和系统

事业单位的改革是公共管理领域的系统工程,不仅包括体制调整、机制激活和模式建构,还包括组织文化的重塑。事业单位文化重塑不仅有助于解决在采取撤销、合并、转制等刚性改革措施过程中出现的体制漏洞、模式粗糙、机制生涩等问题,还可以解决事业单位改革引发的文化冲突、思想震荡、观念混乱、心理不适、情绪波动等诸多问题,发挥文化软管理的作用。事业单位文化重塑应当遵循事业单位的特点,按照组织文化发展的规律,结合我国社会发展的实际情况进行。事业单位文化重塑的目的是通过文化变革,引导和改变组织成员的心智模式、思维方式和行为习惯,形成与组织新的价值观相适应的价值理念,使个人目标与组织的整体目标相协调。

第一节　事业单位文化重塑的内涵和意义

在事业单位发展过程中,不论是改革还是建设,都应当高度重视文化建设。

事业单位要根据自己在社会组织中的地位重新定位,重新塑造自己。尤其是面对公益服务体系建设的新格局,事业单位应当深入研究自身的组织文化,搞好文化的重塑,将文化看作引领事业单位发展、协同事业单位建设的重要精神力量。

一　事业单位文化重塑的内涵

事业单位文化重塑也称文化再造,受企业文化再造启发,滥觞于企业再造。美国麻省理工学院教授迈克·哈默（Michael Hammer）和詹姆斯·钱皮（James A. Champy）于 1993 年出版了震惊世界的《企业再造》（*Re-engineering the Corporation*）一书，拉开了企业再造研究的序幕。企业再造理论强调，为了飞越性地改善成本、质量、服务、速度等重大的现代企业的运营基准问题，对工作流程进行重新思考和彻底改革，也就是说，为了能够适应新的竞争环境，企业必须摒弃已成惯例的运营模式和工作方法，以工作流程为中心，重新设计企业的经营、管理及运营方式。这种再造理念被称为"从头改变，重新设计"。企业再造理论认为，企业再造与企业文化有着密切关系，企业文化会潜移默化地影响企业流程的设计，当企业流程改变时，企业文化必须重新塑造。因为企业层级式的组织结构也会随之改变，可能要扬弃传统的企业文化，建立新文化。新的文化能够照顾和安抚企业再造过程中员工的情绪，通过导向和引领使其达到自律，激发工作热情。因此，企业的再造工程若能以良好的企业文化做基础，就一定能走向成功。

在企业再造理论影响下，人们对企业文化再造有了新的认识，认为企业文化涉及企业的众多方面，从企业的经营环境到规章制度，从企业的宗旨精神、经营理念到员工的行为准则、形象标准，都可以渗透和展现企业文化的意蕴。全力打造满足企业需要的高品质企业文化，是企业凝聚员工、提升核心竞争力的不竭动力源泉。企业文化再造是企业根据企业文化特质的改变，有目的、有意识地对企业文化整体结构的调整。企业文化再造的根源可能是社会变革在企业内的反映，也可能是企业经营环境的改变、企业生存和发展条件的变化的结果，因为当原有的文化体系难以满足企业发展需要而陷入困境时，就必须要通过文化再造来解决这个问题。因此，企业文化再造对促进企业文化的进步具有重要意义。

事业单位虽然与企业不同，但同样面临着组织变革问题。因此，借鉴企业文化再造理论，推动事业单位文化再造成为事业单位建设的重要内容。事业单位文化再造，是在事业单位面临的外部环境或内部结构发生变化时，对制度文化和精神文化层面进行重新审视，推动文化状态调整更新、结构重新组合、氛围重新营造的变化过程。

在事业单位建设的过程中，事业单位文化再造的基本任务是通过对事业单位文化现状与期望值的审视，解决文化与新体制的不适应问题，消除利益调整引发的文化冲突，通过关系修补、管理模式改造、观念更新、重塑文化等手段，实现确立符合时代要求的组织价值观的目的，让组织变革的"硬措施"顺利实现"软着陆"，减少改革代价，减轻组织摩擦，消除心理障碍，保证事业单位健康发展。

目前谈到的事业单位文化再造，主要是针对事业单位改革过程中出现的思想、心理等问题所进行的协同性、优化性的改变，目的是让事业单位改革顺利完成，实现从混沌到有序的治理，具有明显的辅助改革的现实意义。也就是说，事业单位这场文化再造可能发生在事业单位分类改革的任何阶段。有些组织可能在改革前期就做好了精神准备，未雨绸缪；有些组织可能在分类改革的进程中实行文化再造，用文化协同改革、配合改革，双管齐下；有些单位则在分类改革全部完成之后着手进行。不同阶段的文化再造具有不同的目的和任务。因为有文化伴随比没有文化伴随好，细致入微的文化再造工程比粗糙的文化应景再造好，深层次的文化再造比流于形式的口号式文化鼓动好。富有实效的文化再造不论在哪个阶段进行，都会产生良好的效果，即激发组织活力，适应组织变革，达到齐心协力和通力合作的效果，把事业单位建设好。

事业单位文化再造是瞄准未来的长期工程，作为一种组织的调整变革，文化再造可能是随时发生的常态行为，这是为了防止组织僵化、缺少活力的基础性建设工作。在管理中，以不变应万变的组织可能是没有的，因为在市场经济条件下，任何组织都必须做好充分的应变准备，要对出现的新情况、新问题做出快速反应，具有较强的应变能力。但是，文化的变化不是激变而是嬗变，不能立竿见影，需要一定的时间和过程，需要人们认同、接受，内化为思想情感，外化为行为习惯。这就需要建立长效机制，制定长期规划，分步骤、分阶段地实施，形成事业单位文化战略。

事业单位文化再造是一项系统工程，必须对物质层、制度层和精神层三个结构层次的文化进行全面再造。不可以只顾建设景观环境文化、楼宇设施文化等表层文化，而忽略深层的制度文化，更不能淡化精神文化。文化再造应当全方位系统进行。除物质文化再造需要的资金较多，或许会有一定的困难，可以根据实际情况合理安排以外，制度文化和精神文化再造不可延迟和偏废。当然事业单位文化再造并非白纸画图、另起炉灶，既可以是对原有文化的翻新改造，也可以是对原有文化的修补和完善。毕竟我国几十年的事业单位建设和管理，保留下来了一些相当好的文化传统。改革后的事业单位文化虽然可以破除计划经济时代陈旧的文化观念，但并不是在废墟上重建，不必从零开始，应当将那些有价值的文化传统保留下来，推陈出新、扬弃创新。

二　事业单位文化重塑的意义

（一）实现事业单位由"权力治理"向"文化治理"的转变

在改革完成以前，事业单位隶属于行政机关，深受以权力为背景的行政文化影响，体现的是权力治理，即用行政权力实施对事业单位的管理。权力治理体现着支配和被支配的关系，体现的是政府对事业单位人力资源、资金资源和时间资源等方面的控制和支配。在全国大格局下，政府通过权力来平衡与协调关系，达到控制和监管的目的。这是计划经济时期的行政管理的常态。社会化大生产把国民经济各部门联结为一个有机的整体，因而客观上要求它们之间保持一定的比例关系。事业单位必须处处体现政府的要求，体现政府治理能力的贯穿力和支配力。事业单位没有独立性，既要依赖政府又要服从政府，懂得必须做的事和不能做的事，懂得自己应当干什么、怎样干和为谁干这三个基本问题。

权力治理的重要作用就是有规划、有计划地发展事业单位，在总量上控制规模，与经济社会的发展相协调，力图达到平稳健康发展的目的。经过多年运行后，以计划经济为背景的权力治理弊端尽显。首先，权力治理体制把事业单位置于行政部门附属物的地位，事业单位既不能自主经营，又不能独立决策，既不能在微观上实现资源的有效配置，也不能改善微观效率，还扼杀了个人劳动创造的积极性。其次，权力治理体制限制了事业单位的人事管理体制、职称管理体制、财务管理体制、科研管理体制等具体工作体制，要求事业单位处处协调一致，不容自由行事，必须采取默认和顺从的态度，接受束缚。

文化治理，即用事业单位自己确立的文化理念来实施对自己的管理。

文化治理可以体现事业单位的独立性和自主性，体现事业单位对自身发展的理性认识和对未来发展的把握。文化治理表明事业单位摆脱了行政束缚，进入了在法治的框架下根据市场、社会和自身的特点管理自己、发展自己的自由状态。这是一种精神的解放和行为的自由。

文化是浸入组织内部、诉诸组织成员心灵的润物细无声式的精神力量，其所蕴含的理想信念、价值取向、道德魅力能够时刻影响人们的精神世界和情感希冀。事业单位文化是组织长期发展的精神积淀，是促进组织奋发向上、长期发展的精神黏合剂。事业单位经过去行政化改革、走出权力治理之后，就可以按照自己的想法行动了。但是，改革开放后，社会生活发生了很大的变化，社会转型全面展开，生活方式求新求异、利益诉求多元发散、价值取向个性多样、思想观念自主不一。在这样的情况下，事业单位必须加强文化治理，因为事业单位必须有自己的组织理念和精神支柱，体现自身的社会价值观。同时，教科文卫等领域的事业单位，还必须体现公益服务精神。因此，文化治理是一个很好的治理模式。改革后的事业单位，必须提高文化治理能力，增强组织文化自信，探讨文化治理机制。

（二）协同事业单位刚性改革的"软着陆"

改革是破立并举的壮举。事业单位刚性改革是在政府的行政指导下，创设制度、构建体制和调整机制，以及采用撤销、合并、转制等硬性办法推进事业单位的"硬构建"的过程。这种体现国家发展力度的改革推进方式由于不能一一顾及事业单位在拆分、合并、重组、转制等诸环节的衔接与过渡，很容易造成一些事业单位的体制不顺、模式不合等问题。倘若辅之以柔性的文化建设，就可以实现刚性改革的"软着陆"，更进一步说，通过精神抚慰、价值导向、伦理约束、文化慰藉等非制度手段来修补事业单位因改革而造成的裂痕与创伤，不仅可以降低改革的成本和代价，也可以促进改革的成功。

事业单位的刚性改革涉及资金来源、单位归属、地位作用、社会保障等很多问题。从组织层面来说，可能会造成由依赖政府、参公管理、名高位显的行政化组织，到自主自立、回归民间的社会组织的落差；从组织成员来说，可能会产生从"吃财政饭"的"国家人"，到自主经营的"社会人"的失落感，地位上可能失去了旧日的光环，待遇上可能会感觉被降级，抱怨、埋怨等不良情绪随之出现，心理上的不理解、不配合、不服从等消极情绪会乘虚而入。这些消极文化因素看起来可能不重要，甚至可能被忽略，但是，它却是影响组织建设的重要因素。

事业单位的改革不仅仅是体制改革，也是社会治理，既要体现社会发展和稳定的意义，也要体现安抚人心的人文关怀。国家的发展需要的是体制，人心抚慰需要的是文化。现代社会治理不是靠烽火连天的战争，不是靠革命，而是靠破立结合的体制改革，靠关爱的协同，靠思想的引领，靠文化的滋养，实现以柔克刚以及"硬构建"的"软着陆"。

（三）引导事业单位成员从被动适应管理到形成文化自觉

文化自觉也叫对文化的自知之明。这是费孝通先生于 1997 年提出的较大的概念，当时的目的是应对全球一体化的发展趋势，解决人与人之间的关系问题①。在文化学中讨论的文化自觉是对传统文化的反思，代表着自我觉醒、自我反思和理性审视。"文化自觉的主体既可以是个人，也可以是共同体，如民族、国家、政党、团体等。"② 文化自觉，体现为对民族文化的深刻反思与深切关怀，体现为对文化品位和文化价值的关切与认同，体现为对文化建设的追求与向往。这是大师和学者探讨的文化自觉。在我国树立中国特色社会主义文化自信的大环境下，将哲学、文化学层面的文化自信理念向应用层面的管理领域移植恰逢其时。

这里所倡导使用的文化自觉，实际上指的是管理自觉，而这种管理自觉是达到一定境界的、立足于组织文化建设的、具有文化高度的管理自觉。所以，其也可以被叫作管理中的文化自觉。其未来的发展应该是管理中的文化自信。它意味着从被动管理到主动管理、从服从组织领导和权威的管理到自律自觉的自我管理，以及用一定的个人遵从和信仰的理念进行自我约束和管理。这表现为对组织的文化理念、文化价值、文化精神、文化品位、文化建设和文化发展的认同、接纳、关切、遵从。

真正的管理是文化管理，尤其是教科文卫等事业单位倘若运用达到一

① 费孝通：《我为什么主张"文化自觉"》，《冶金政工研究》2003 年第 6 期。
② 张友谊：《从文化自觉到文化自信》，《光明日报》2017 年 11 月 29 日，第 11 版。

定境界的文化进行管理将具有十分重要的意义。姑且不说其深远的未来影响，仅就其辅助分类改革、完成去行政化、重塑事业单位文化来说，就具有十分重要的价值。一方面，它可以让事业单位获得组织人格的独立，形成自己的管理价值观和管理信念，形成独立的思想意识。另一方面，重塑的事业单位文化会给事业单位带来新的精神状态，替换事业单位在历史上受不同时期社会影响而形成的旧观念、旧习惯、旧思想、旧作风，实现从管理体制到精神面貌的全新变革，重塑崭新形象。

要实现事业单位管理中的文化自觉，"说起来容易，做起来却很难，其原因非常复杂。因为文化自觉涉及主体的胸襟气度、理性高度、觉悟水平、认识能力，也涉及客体的历史发展、当代境遇、系统整合等"[1]。就目前事业单位的状况来看，除个别事业单位的管理水平达到一定境界以外，很多事业单位要达到文化自觉的管理水平还有很长的路要走。虽然我国拥有丰富的传统文化资源，在改革开放以后的40多年间也学习了大量的国外经验，在管理水平上正在向前沿迈进，但是，要想通过文化管理达到新的境界，还需要很多努力，尤其是消除传统管理模式下根深蒂固的旧文化，尚需时日。真正地实行文化管理，也需要按照文化自觉的要求，通过对旧体制及其影响的"觉醒、觉悟、反思、反省"，通过对"文化的价值判断和价值选择"[2]，为事业单位管理现代化，为事业单位植入文化管理不懈努力。在建设方向明确、发展目标确定后，在习近平新时代中国特色社会主义思想指导下，按照中国特色社会主义文化自信重塑事业单位文化的时机和条件均已成熟，希冀承载社会主义文化建设任务的事业单位不仅要建立管理方面的组织文化，更要从事业单位肩负的社会主义精神文明建设任务的高度建设中国特色社会主义新时代的文化，并融入管理之中，使其成为组织建设和发展的指导思想。

第二节　事业单位文化重塑的原则

事业单位文化重塑的原则也是其行为准则，规定了文化重塑的规格、

---

① 张友谊：《从文化自觉到文化自信》，《光明日报》2017年11月29日，第11版。
② 张友谊：《从文化自觉到文化自信》，《光明日报》2017年11月29日，第11版。

范围和应当达到的目标与水平，是衡量事业单位文化特点、传播要求、性质地位、作用功能的尺度。事业单位文化重塑的原则源自建设实践的客观要求，凝结着文化建设的理想，蕴含着文化建设的期待。随着时代的发展，这些原则也可以调整、补充和完善。原则是制度化的力量，具有执行力。执行者在执行时可能会产生冲突，但绝不能为了迁就实际而违背原则。这是事业单位文化重塑的刚性要求。

一　公益为先原则

公益文化是事业单位的第一文化，不仅《中华人民共和国公益事业捐赠法》中将事业单位称为"公益性非营利的事业单位"，而且《关于分类推进事业单位改革的指导意见》中也将分类改革后的事业单位称为"从事公益服务事业单位""提供公益服务的事业单位"，并强调"强化事业单位公益属性"，认为分类推进事业单位改革"是提高事业单位公益服务水平、加快各项社会事业发展的客观需要"。

事业单位是推动公益服务发展、构建公益服务新格局、建设中国特色公益服务体系的重要依托。改革后，提供公益服务的事业单位应当凸显公益性特点，展现公益服务精神，塑造公益文化。事业单位改革和建设就是要通过整顿回归公益本质，形成公益文化，把服务公众作为第一要务，在提供优质的公共产品和公共服务的过程中，提高公益服务质量，提升公众的满意度，树立事业单位的崭新形象。

公益事业全称公共利益事业，是将为公共利益服务作为常态，具有一定目标、规模和系统的对社会发展有较大影响的经常活动。公益精神是一种利他的心理态度和价值观念。把公益精神与公益组织的发展目的、活动内容和价值观结合在一起，就构成了组织文化。这种组织文化可以唤起组织成员的责任感，形成感召力、驱动力、凝聚力，促进公益精神与义务、良心相结合，成为思想境界。

公益性是公益事业单位区别于企业等经济组织的根本特征。这种特征的关键是约束组织公益精神，要求事业单位不得以营利为组织目标、目的和动机，不得以事业单位及其成员的自身利益特别是经济利益贯穿组织行为始终。在市场经济条件下，在各种物欲诱惑的环境中，公益精神将成为凝聚人心、建设社会主义精神文明的重要信念和力量。

　　将公益为先作为事业单位文化重塑的原则之一，就是要确立为社会公众服务的价值取向，明确公益职责和义务的制度设计，形成践行公益的行为规范，建立组织文化评估指标体系，将公益文化理念转化为制度规范和工作准则，实现事业单位组织文化与社会公益服务的良性互动，达成建设公益服务家园的美好愿景。

二　服务公众原则

　　公众就是社会公众，是指参与社会活动的群体，也可能是面临共同利益、共同要求和共同问题的社会群体。这个群体与事业单位在教育、科学、文化、卫生、体育等方面具有广泛而密切的联系，是在人生发展需要方面期待事业单位服务、消费事业单位产品的社会群体。在现代生活中，人们对精神文化产品的需求往往超过对衣食住行等生活物品的需求。社会公众的需求，是事业单位发展的动力。服务公众是事业单位的职责。事业单位文化重塑必须把如何更好地服务社会公众这个问题考虑进去。

　　在公共管理学中，事业单位属于社会组织，通过为社会公众提供准公共物品来达到服务的目的。准公共物品又称混合物品，是指兼有公共物品和私人物品性质的产品或服务。社会上的准公共物品可以由政府提供，也可以由事业单位等公共部门提供。准公共物品的范围十分广泛，笼统地可以将其分为介于私人物品和纯公共物品之间的物品。由于准公共物品未必由公共财政承担费用，不能保证对全社会的普遍供给，因而在私益层面，对准公共物品的消费存在着争夺性。在公共性方面，由于人人都可以使用准公共物品，倘若不加以限制，准公共物品可能会被"过度使用"或产生"拥挤效应"，如城市的公用设施、公共教育和医疗保健服务等。因此，准公共物品具有争夺性和排他性。其实，"谁花钱，谁受益""谁消费，谁付费"的原则虽然说明的是准公共物品提供的经济学原理，但是，也呈现了事业单位以准公共物品服务社会公众的性质和特点。

　　社会公众对于事业单位的有偿服务方式是普遍接受的，特别是在市场经济条件下，花钱买服务已经成为人们习惯性的常态消费方式。尽管准公共物品具有商品属性，即包含劳动者的创造付出和物质成本支出，正如世界上的非营利组织不等于不营利（有的还很营利）一样，事业单位的有偿服务并不影响事业单位的服务精神，更不影响将这种精神升华到文化层面。公益事业单位的职能范围涉及科教文卫体等方面，属于与社会公众接触最多的组织形式，也是关乎社会公众利益最多的领域。社会越进步，现代化建设越成熟，人们的精神文化需求就越广泛，因而，社会公众对事业单位的服务要求就越高。而且，事业单位服务的特殊性还在于不能将自身与社会看成是付出与索取、营利与购买、商品与交换的关系，应当从教育与受益、科学与进步、文化与慰藉、关爱与健康等方面为社会服务、为公众服务。所以，公益事业单位的公共服务属性要求其必须从组织文化的角度做到以人为本、以社会公众为核心，将服务社会公共作为其根本宗旨和首要行为准则，做到贴近公众、服务社会。这也是事业单位建设取得成功的重要衡量标准。

服务社会公众还包含着另一层意思，就是改变事业单位原来过多地承担作为上层建筑和社会意识形态工具的职能，扩大事业单位的社会服务职能范围，特别是在中国特色社会主义新时代，积极参与解决中国社会主要矛盾，即人民日益增长的美好生活需要和不平衡不充分的发展之间的矛盾，实现文化事业的均衡发展。

三　追求卓越原则

卓越就是杰出，就是优中之优。卓越的反面是平庸，是平凡无奇。卓越不是至高至极的标准，而是一种境界状态，强调的是追求过程，是将自身的潜能、优势及所能使用的资源发挥到极致的状态。作为文化视角下的追求，卓越是一个组织健康的赶超心态，是向上的精神动力，也是一个组织取得优异成绩的生命与灵魂。追求卓越可以促使组织及组织成员努力学习、努力适应环境、努力创造事业上的佳绩。它昭示的是一种永不止息、创新超越的进取心态，是一种完善、完美的境界。

在企业管理领域，追求卓越已成为国际共识。美国管理学大师彼得斯和沃特曼在1982年出版的《追求卓越》一书中总结了卓越企业的八大特质：崇尚行动、贴近顾客、自主创新、以人助产、价值驱动、不离本行、精兵简政、宽严并济。这影响了全球企业的管理和运营，成为提高绩效和赢利水平、朝着终极目标迈进、做精做大做强的有效方法。如今，书中提出的思想也被移植到其他领域的管理中了，成为探讨卓越、追求创新的思想理论。

卓越不仅是企业营利的动力，也是社会生活的普遍反映。在市场经济的法则面前，只要存在比较、竞争、优胜机制的领域，都会有追求最佳的意愿。倘若在缺乏竞争的社会环境下生存，人的竞争本性无法释放出来，也就没有了追求卓越的愿望。

追求卓越原则是事业单位文化重塑的内在要求，因为任何事业单位在市场经济的竞争环境里都不甘心做碌碌无为的平庸者。事业单位文化重塑的任务之一就是构建促进组织及其成员飞跃的机制，创造能够成为卓越、可以展现卓越的氛围，让组织中的每个人都能燃起追求卓越的激情，并把其引到正确的方向。因为在追求卓越中可以有职业生涯规划，可以有创造创新成果，可以有奉献与贡献的荣誉。当然，追求卓越可以让人们摆脱平凡平庸、知足常乐的惰性心理，为实现组织的目标而不懈努力。

贯彻追求卓越原则应当注意两点内容。一是要建立国家激励机制和组织内部激励机制。对于那些质量信得过、社会效益好、社会知名度高的事业单位，国家在政策扶植、财政拨款、发展机遇等方面应给予倾斜，以示奖励。组织内部对于业绩突出、贡献较大的拔尖人才应给予奖励。通过奖励领先者，鞭策后进者，增强人们追求卓越的动力。二是树立组织典型，打造组织文化楷模。倘若没有内部优秀人才的积极贡献，必然不会有组织外在的卓越。为了鼓励和激励内部成员积极贡献，必须打造一批卓越的组织成员。

四　国际化原则

国际化可以被理解为按照世界各国大致认可的理念、标准、规则、惯例行事。国际化一般是指某一领域的国际化，诸如大学国际化、产业国际化、市场国际化、旅游国际化、城市国际化等。具体来说，就是将"国际的维度"整合到具体的事业、产业之中，以求实现前沿化、高水准、不落后。

国际化与全球化不同，国际化强调的是产品的设计和制造可以适应不同区域、不同经济背景、不同文化模式。国际化体现的是标准、档次、水平、程度，是对本土化的超越。全球化是一种状态、态势，不仅是对本国化的超越，也包括很多类型，诸如经济全球化、科技全球化、旅游全球化、消费全球化等。通常意义上的全球化强调的是全球联系不断增强，人类活动领域和范围的扩大以及全球意识的崛起。全球化强调的是国与国之间、社会组织与社会组织之间在交往和其他活动上的互相依存。国际化强调的是国家和社会组织在国际比较中达到的程度和水平。国际化和全球化都是国家和组织希望达到的目标。

国外虽然没有事业单位，但是有很多从事社会公益活动的组织或非营利性质的公共机构，如学校、医院、孤儿院及各种协会等。在这些不依附政府、可以从事独立活动的组织中，有很多组织都有自己的组织文化，有较为清晰的组织管理思路，其中很多可以成为我们事业单位组织文化建设的经验。经历了创建、改革的事业单位，在建设与发展的过程中，按照国际化的标准建设组织文化，让自己为社会提供的服务达到国际水准。

全球化已经悄然走进了现代社会生活，迈向国际前沿，正成为很多大学、医疗机构、科研机构、文化机构等事业单位的发展方向和建设标准。很多事业单位提出和确立了国际化的任务。其中在大学国际化建设中包括学生国际化、师资国际化、课程国际化、管理层领导招聘、国际合作与交流、合作科研、学者互访、国际拓展等内容。

改革开放以来，事业单位作为从事文化、科研、教育、卫生等活动的、善于接受新事物的知识密集型组织，对于达到国际化建设标准十分期待。把国际化作为组织文化的建设原则，是符合未来发展需要的具有前瞻性的选择。或许有人认为，组织文化建设应该务实、贴切、管用，或者应当回归传统，甚至应当采用历史上国学中的理念，以表明对传统文化的传承和延续，尤其是大学都偏重从传统文化中提炼校训、表述校园文化，如"自强不息、厚德载物""美美与共，知行合一""博学而笃志，切问而近思""自强不息，止于至善"等。这些代表学校文化的校训，反映出高等学府立足本土、继承传统、不忘初心、延续文化的组织责任感和文化的厚重感。但是，组织文化建设不仅应起到安抚、慰藉、凝聚、管理的作用，还应当起到激励、召唤、引领的作用。虽然经过提炼概括后的组织文化应该具有恒定性，不宜经常改动，但是，文化的确立除了体现对传统文化的继承、延续，还应该具有前瞻性和现代性，能体现与时俱进，能与时代同步。如有的大学校训为"敢闯敢试、求真务实、改革创新、追求卓越""团结、进取、求实、创新""祈通中西，力求精进"等。所以，国际化的选择是组织建设的进步。国际化原则是现代事业单位组织文化建设的重要原则。

应当指出，国际化原则的实质是在我国走向现代化的过程中，我们的事业单位应当学习、借鉴国际经验，超越国际水平。当然在这个过程中，不是要照搬国外社会组织的文化建设经验。社会组织或者公益组织的文化属于局域文化，堪称本国、本土或本单位历史与现实的反映。任何套用历史上的文化或者模仿国外的文化的做法都是错误的。倘若一个组织没有厚重的历史，即使用再好的名词名句来表述文化，照搬国外的组织理念来装饰自己，那么也会贻笑大方。社会组织或者公益组织的文化建设经验反映了自己的历史渊源、成长历程、创办特色、使命任务、精神面貌等方方面面，具有鲜明的个性和特色，体现了自己的文化基因、文化传承。即使是在国际化的过程中，也应当建设得符合自身特点，展现组织面貌，虚心学习他人，不照搬、不模仿。美国著名高等教育专家阿特巴赫认为，"大学是一种独特的教育机构，同时也是国际性机构，它们有着共同的历史渊源，又深深地植根于各自不同的民族文化和环境之中"[①]。

也就是说，在全球化时代，在对外开放的情况下，我们建成的包括大学、医院等公益事业单位既是中国的，也是世界的；既是民族的，也是国际的；是植根于中国大地的、具有民族文化属性的可以融入世界的组织，是凝聚世界优秀文化于一体并具有强烈中华民族文化特色的公益组织。在强调国际化原则的时候，我们应不忘建设具有中国特色、中国风格、中国气派的可以参与国际竞争的公益组织。

五　力行原则

力行，就是努力实践，竭力而行。《礼记·中庸》中有"好学近乎知，

---

① 菲利普·G. 阿特巴赫：《比较高等教育：知识、大学与发展》，人民教育出版社教育室译，人民教育出版社，2001，第 2 页。

力行近乎仁，知耻近乎勇"的古训。

在文化重塑过程中，必须要调动每个员工内心的力量，使之成为组织文化重塑的积极创造者、实践笃行者和成果共享者。以文化的力量引领群体，形成"上下同欲"的愿景，协调组织内部关系，使人们认识公益价值、服务价值、事业价值、行为价值，让组织文化展现魅力，让组织成员释放潜能，让管理驱动事业发展。

事业单位文化重塑贯彻力行原则应当做到以下几点。一是明确意义和价值。这是说让组织成员明白组织文化建设的意义和价值，懂得确立组织文化的缘由，明白事业单位组织文化的目的和作用。二是挖掘、丰富组织文化的内涵。将组织文化价值理念融入组织的制度、业务规范、评价标准之中，使价值理念和组织行为相互协调，将价值理念化为制度，用制度规范行为，使组织文化形神兼备。三是宣传、强化组织文化。这是让组织成员懂得组织文化与事业单位发展、管理与社会效益的密切关系，增强组织成员组织文化建设的自觉性。四是把思想认识与行动结合起来。这是说通过加强教育使组织成员了解组织所倡导的价值规范体系，深刻领会其精神实质，让组织成员接受与理解组织文化，传播与实践并举。五是加强组织沟通，促进组织成员之间相互理解。应当经常性地通过培训来明确组织文化建设的指导思想和战略计划，让组织成员掌握价值判断标准，掌握领导组织文化建设的方式方法，促进组织成员相互理解与沟通，建立友谊，互相砥砺，增强凝聚力。六是推动组织文化的创新。文化具有历史性、继承性和稳定性，也可能积淀为惰性。经过长时间形成或者经过提炼概括形成的文化应该具有相对稳定性甚至恒定性，不宜经常改动。但是这并不排除文化可以根据组织自身的发展要求和外部社会环境的变化，进行吸纳、否定、调整、改进和提升。尤其是经历了改革后，事业单位应该抛弃计划经济时代、行政化条件下形成的职业习惯、思维方式、行为规范、传统惰性，建立适应市场经济发展、符合全球化特点的新时代文化。

第三节　事业单位文化重塑的思路和流程

事业单位的改革与建设是关系到组织自身发展的大事，从体制、机制、模式到文化协同，都必须构建一整套与之相应的完整体系。在文化重塑方面，必须有完整的建设思路和程序，形成切实可行的建设方案。

一　事业单位文化重塑的思路

（一）激活实践主体

文化重塑的实践主体是事业单位的全体成员，包括高层、中层和基层三个层面。其中，事业单位高层领导是设计师和总指挥，在实践主体中起到核心作用，把握方向，明确思路，组织动员，分配任务。中层管理者是文化重塑的执行层，属于中枢系统，具有桥梁作用，负责执行上级布置的文化建设任务，组织员工参加活动。中层管理者是组织文化的传播者与建设者，是组织文化建设健康持续发展的关键。中层管理者的率领、组织、协调和榜样力量具有表率作用，堪称中流砥柱，工作职位对其自身素质要求很高，如主动性、执行力、关注细节、影响力、培养他人的能力、带领团队的能力以及专业知识与技能等。中层管理者在很大程度上会影响一般员工的职业行为。所以，调动了中层管理者的力量，事业单位组织文化建设的任务就完成了一半儿。基层员工是组织中最低的一层，也是事业单位组织文化的拥护者、实践者。有这三个层次的文化重塑实践主体，本着"上下同欲者胜"的信念，从上到下团结一致，全员共建，知行合一。

（二）完善目标体系

高水平的组织文化是事业单位孜孜以求的精神寄托，具体目标体系可以由下面两个方面构成。一是彰显组织价值观，在市场经济中展现人才竞争、文化竞争、智慧竞争、伦理竞争的优势，凸显公益精神、服务社会的终极目标。二是弘扬组织精神，传播组织优良传统、风采风格、信念追求，充分发挥事业单位在建设社会主义新时代文化中的重要作用。消弭事业单位改革和发展中出现的矛盾与冲突，以文化协同配合组织建设，助推体制机制的顺利运转，促进组织的发展进步。

（三）明确文化重塑的原则

组织文化建设问题既是理论问题，也是实践问题。作为组织理论，其应该有正确的指导思想、科学的理论依据、先进的设计标准、清晰的建设内涵；作为组织实践，其应该有丰富的活动、多样的形式、创新的载体、灵活的机制。要达到这个标准，就必须确立原则，诸如公益为先原则、服务公众原则、追求卓越原则、国际化原则、力行原则等。不论什么原则，都应当以人为本，因为文化建设的最终目的是促进人的发展。

（四）选择内容，畅通路径

组织文化建设与重塑的路径可以按照提炼指导思想、确立文化理念、明确目的意义、规定任务内容、安排时间节点等顺序依次入手。这是规范的路径。当然也可以根据具体情况多端入手，也就是说，可以晓之以理，也可以动之以情；可以守之以信，也可以导之以行。具体来说，可以从看一场电影开始，也可以从听一场报告开始，或者从一次活动训练开始。不论从哪个环节开始，既要体现组织文化的培育，又要依规定格，不失文化的高雅。其中的要求是理念文化要先进正确，精神文化要崇高大气，制度文化要规范科学，环境文化要富有情调，行为文化要落脚于日常。

（五）改变组织作风，维护组织形象

组织作风是事业单位全体成员在思想上、工作上和生活上表现出来的态度、行为，体现的是组织的整体素质和对外形象。应当按照理念识别（MI）、视觉识别（Ⅵ）、行为识别（BI）等企业形象识别系统（CIS）工具对事业单位进行精心设计和形象维护。可以根据具体情况对组织的统一标识、服装、产品品牌、包装等实施配套管理。以务实的态度不断完善组织视觉识别各要素，包含组织标识、旗帜、广告用语、服装、信笺、徽章、印刷品统一模式等，以此体现组织成员的行为礼仪和精神风貌，在社会上培养高度信任感和良好美誉。

二 事业单位文化重塑的流程

事业单位文化重塑的流程可以分为准备阶段、实施阶段和反馈阶段三个阶段。每个阶段都有明确的任务。把这些任务贯穿起来就是一个完整的流程，如图 10 – 1 所示。

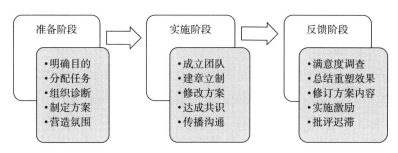

图 10 - 1　事业单位文化重塑流程

（一）事业单位文化重塑的准备阶段

只要进入准备阶段，就是文化重塑的开始。这个过程其实没有严格的规定，但有基本的程序，包括明确目的、分配任务、组织诊断、制定方案、营造氛围等。

组织文化重塑可能是经常发生的事，其目的不尽相同：或许为了组织形象设计，或许为了激励员工，或许为了贯彻国家意志，或许为了对外交往。只有明确目的，才能保证文化重塑的方向，才能有行之有效的方法。在事业单位改革的过程中，伴随着管理体制和机制的变化，必然会发生文化的变革。不论是过去、现在、未来的纵向文化发展冲突，还是理念、理想、理论与实践的刚柔文化冲突，抑或是组织旧存文化与新生文化的冲突、消极文化与积极文化的冲突，都是文化重塑过程中需要面对、不可回避的文化整合问题。在现代社会，事业单位成员不仅要关注自身的生理、安全、尊重、社交等基本需求的满足，更要关注自我实现需求的满足。事业单位只有明确清晰的发展目标，才能让人才与组织共命运，才能将个人的自我实现与组织的发展联系起来，组织文化才能具有感召力和凝聚力。

事业单位文化重塑的任务是改变原有文化的不适应状态，形成新的能适应改革发展需要的文化，推动事业单位发展。事业单位文化重塑的准备阶段要考虑的问题很多，包括体现组织特色的文化观念、文化形式和行为模式，以及与之相适应的制度和组织机构，体现组织的价值准则、行为规范、发展信念及凝聚力、向心力、活力源泉等。事业单位文化重塑不是发展的包袱，不是搞花架子、做表面文章，而是促进组织健康、稳定发展的精神动力。事业单位与社会主义精神文明建设关系重大，因此，在组织文化建设上必须用社会主义核心价值观来规范组织价值，引导员工。这是组织发展、员工素质提升、社会进步三位一体的良性互动的过程。

经过多年的改革，人们对事业单位的共性问题已经比较清楚了，但是对具体单位的个性问题，还需要根据具体情况进行研究，对可能存在的问题进行诊断。事业单位的组织诊断是文化重塑的重要环节，实际上也是对事业单位文化进行调研的过程。除新创建的事业单位外，多数事业单位的文化建设都有一定的传统，也就是"非零起点"。因此，重塑组织文化应当搞好调查研究，了解影响组织文化建设的各种因素，做到底数清楚。组织诊断的主要内容包括经营状况、管理水平、领导风范、员工素质、组织传统、文化现状、主要矛盾、发展瓶颈、氛围环境、社会满意度等。

组织诊断以后，应当拿出事业单位文化设计方案。这个方案大体上包括使命目标、价值观、职业道德、组织精神、管理思想、人才观念、服务意识、行为准则及组织风尚等内容。倘若进行文化重塑，可以考虑的流程包括四个环节：第一是审视，主要是审视既有的内外环境要素；第二是重塑，主要是重新选择和设置全新的文化要素；第三是模拟，主要是模拟新文化流程的运行，其中包括发现问题、总结经验；第四是修正，主要是完善新文化的运行过程。在具体实施过程中，还需要考虑事业单位面临的问题和发展前景。

文化建设本来就不是封闭的东西，必须考虑环境因素，需要营造积极的环境氛围。其实，这也是组织动员的过程，希望人们不仅在思想上高度重视，在行动上积极参与。仅就组织动员来说，主要包括唤醒人们的主动意识、参与意识、前瞻意识、创新意识、批判意识、危机意识等。其目的是形成组织文化建设的外在需求与内在动力。

（二）事业单位文化重塑的实施阶段

不论是文化初始建设还是文化重塑，进入实施阶段后就进入了关键时期。诸多重要的内容都要在这个阶段完成。其中，重要的任务是成立一支懂文化、懂管理、有魄力、有威望的工作队伍。事业单位文化重塑既需要上下沟通，又需要横向协调；既需要顶层设计，又需要基层配合。

所以，成立具有执行力、富有朝气活力、能鼓动宣传的工作团队是十分重要的步骤。要从领导和基层管理人员中选拔精干的人员组成团队，在文化重塑中展现他们的才智，特别是能够根据对组织文化的理解为组织成员描绘出美好愿景和蓝图，只有这样才能使组织成员看到自身工作的意义和价值，获得因所从事的职业而带来的使命感与工作的激情。

组织文化不光是精神文化，也包括制度文化。如果说事业单位精神文化是组织哲学的高度提炼，那么组织制度建设则是管理哲学的演绎。精神文化是灵魂，制度文化是内核的外化。根据组织成员在日常业务中习惯于遵守制度这一显性规则可知，当制度文化深入人心之后，组织文化也就在人们的头脑中扎下了根。倘若缺失了制度文化，那么精神文化也将形同虚设。在事业单位改革后，很多旧的制度已经被打破，新的制度尚未建立起来。在制度重建的时候，文化也在重建，应当将管理制度与文化并举，使其相得益彰。逐步建构组织精神文化、制度文化、行为文化、物质文化完整体系，剔除消极文化，抛弃陈腐文化，培育先进文化，创新优质文化。

在准备阶段设计的方案，到了实践环节可能会遇到意想不到的问题，这就需要进行方案的调整。建设目标、阶段任务、建设流程、模式机制等哪些方面有问题就解决哪些问题。注意文化整合、冲突与差异，增加良性文化互动。尤其是要找到影响文化建设或文化重塑的瓶颈问题，并将其解决。

事业单位文化不是花架子，也不是作秀，而是可以直接付诸实践的应用文化。文化建设站位要高，落点要实。因此，在文化重塑方案确定后，应当充分利用网络平台、单位报刊、文体活动等多种形式，开展传播、沟通和培训活动，宣传组织价值观、行为规范、典型人物等，增加组织成员对组织文化的认同感，达成文化共识，内化为素质，外化为行动。事业单位的组织文化应当在不同的活动中被提起、运用，并在未来的岁月中被传承、丰富、发展。

（三）事业单位文化重塑的反馈阶段

依据控制论的原理可知，反馈又称回授，是指将系统的输出结果的信息返回到输入端，并可以采用一定的方式改变输入。输出与输入之间存在因果关系，这种关系会影响系统的运行功能。反馈分为负反馈和正反馈。

前者使输出起到与输入相反的作用，使系统输出与系统目标的误差减小，系统趋于稳定；后者使输出起到与输入相似的作用，使系统偏差不断增大，可以放大控制作用。控制论作为一种方法论，已经被广泛运用到社会生活的很多领域。

事业单位文化重塑是耗时较长又可以动态变化和调整的过程，可能受到来自各个方面的信息的影响乃至干扰，甚至可能出现反复停滞的情况。所以，一定要注意效果的反馈，及时收集对文化重塑工作的意见和建议，形成反馈结果，纠正工作偏差，为下一步改善工作做好准备（见图 10 - 2）。

确定反馈标准 ⇨ 收集反馈信息 ⇨ 形成反馈结果 ⇨ 纠正工作偏差 ⇨ 出台奖惩措施

图 10 - 2　事业单位文化重塑的反馈过程

满意度实际上是对组织文化达到或超过期望值的预期感受。主观评价实际上是需求满足后的愉悦感，属于一种积极心态。如果用数字来衡量这种心理状态，这个数字就叫作满意度。满意度调查是获得反馈信息的最直接方法之一，主要考察事业单位的管理与内外环境的适应程度、组织成员对组织文化激励机制的满意度、社会成员对事业单位提供产品与服务的效果满意度等。让人们对事业单位进行评价的时候连同组织文化一起评价，让事业单位的美誉也成为组织文化的美誉。因此，可以依据满意度理论和方法测评组织文化。

事业单位文化重塑是一个系统动态的过程，并非一次性完成的，从战略规划到具体实施再到优化反馈，都应当不断地总结，尤其是应当根据满意度调查反馈的意见进行完善。因为事业单位文化重塑需要与社会政治经济环境相适应，充分考虑社会公众的需求，展现公益事业的光华。因此，总结重塑效果，修订建设方案，形成精神文化、制度文化、行为文化、物质文化四个层面的目标群，逐步推进，都是具有十分重要意义的环节。经过修改过后的方案，最好与主要的管理环节、业务流程相耦合，与组织的业务工作相结合，将组织文化建设变得业务化、常规化、自然化。组织文化渗透到业务活动之中不仅可以使流程管理体现组织价值观，提高流程质量和效率，还能够使组织成员在思想上与组织保持高度一致，使组织文化践行成为自上而下"无形而有象"的自然行为。

组织文化绝不是口号，也不是装饰。组织文化是组织发展的灵魂，具有感召力和凝聚力，可以激起人们的事业心。事业单位的活动都能体现对组织文化整体上的践行和延伸。事业单位组织文化对员工可以产生的激励作用主要是可以营造良好的组织环境和提供有效的精神激励。这是保持事业单位富有灵性和精神活力的关键因素，因为在良好的文化氛围内，组织成员的贡献能够得到组织及时的赞赏和奖励，使其获得满足感、荣誉感，激发责任心和工作热情。这种精神激励又可以强化良好的组织文化氛围。从某种意义上说，恰当的精神激励比物质激励更有效、更持久，因为在事业单位，知识分子更重视精神激励、荣誉激励、名声激励、称号激励、地位激励等特殊激励形式。

还有一种特殊的激励，那就是批评。批评专指对缺点和错误提出意见，有怒责与委婉两种方式。但是批评不是指责、不是抱怨、不是批判，不是带有贬义色彩的词语，而是一种可以宽容和原谅的以指出错误为内容的制止、劝告、说服，其目的是达到有效的管理。在管理中，领导批评下属是要讲究艺术的。如果随意批评可能会引起下属的反感，弄清事实是正确批评的基础。首先，要考虑妥当的批评方式，因为不同的人会有不同的性格，倘若用粗暴的言语批评性格敏感、脆弱的员工就很不合适，最好用鼓励、委婉的方式去批评，如此才能收到较好的效果。对于比较固执的下属，只有以警告的方式去批评，才能让其意识到自己的错误。其次，批评时不要忘了询问清楚错误的原因，并且让批评适可而止，达到效果就行。再次，批评要对事不对人。批评时不要带有偏见，避免造成管理者与下属的对立。最后，批评不要没完没了，不要经常将员工的某个错误挂在嘴边，遇事就提起，还喋喋不休地唠叨。

第四节　事业单位文化重塑的模式

组织文化结构是指构成组织文化整体的各部分的搭配安排、主次地位和空间排序。从内容上看，事业单位文化涉及组织物质文化、组织行为文化、组织制度文化、组织精神文化四种形态；从形式来看，事业单位文化涉及构成、形式、层次、类型等诸方面的关系。这些关系的链接，构成了事业单位文化的整体模式。

一 事业单位文化重塑五星结构模型

事业单位文化结构表明了文化重塑的内容。在事业单位建设过程中，文化重塑重点涉及文化认知、文化内容、价值导向、文化整合、政府期待和公众期待（简称为政公期待）五个部分。这五个部分我们可以用五角星表示其结构方位，以便增强形象感知。

图 10 - 3　事业单位文化重塑五星结构模型

事业单位文化重塑五星结构模型有四个特点。第一，突出了外显文化（物质文化、行为文化、制度文化）与内隐文化（认知文化或精神文化）的区别。第二，强调了重塑文化的价值导向。这既有利于引领文化传统的更新与改造，也有助于吸收先进文化经验和推动文化创新。第三，强调文化整合（吸收、融合、涵化）的核心地位，表明文化整合在事业单位改革中的结构位置和作用。第四，政府期待和公众期待表明了事业单位文化重塑与政府和社会公众的关系，不能将事业单位文化重塑看作是事业单位自己的事，而应当看作是政府和社会公众都关心的事。

（一）文化认知

文化认知是组织实现目标的起点，主要是指通过概念、感觉、知觉、记忆、想象、思维等心理活动获取知识、提高认识、充实思想，包括组织认知和员工认知两层意思。组织认知是形成集体意识的过程，也是形成组织文化、实现事业单位建设目标的关键。在事业单位文化重塑中，事业单位文化重塑的一个基本任务就是让员工认知与组织认知达成一致，让个人的思想意识与组织文化相衔接，使组织文化的影响渗透到员工的思想感情之中，让员工接受组织的价值观，与组织目标保持一致，在组织文化的氛围中体验孔子曾经描绘的"入芝兰之室，久而不闻其香，即与之化矣"图景。文化认知并不是让员工被动地来适应，也不是刻意以此来甄别、遴选与组织价值观相一致的同路人，而是充分发挥组织文化的感召、感染、感动的作用，正确引导组织成员，使组织文化在员工的精神世界生根发芽、茁壮成长。当然，这种认知上的高度一致并不意味着一味地修正个体意识，用组织的价值观改造员工的价值观，而是要甄选与组织价值观相匹配的员工，同时注重员工的个体诉求，互相理解、共同进步。

（二）文化内容

文化内容是文化重塑的重要部分，就其层次结构来说，可分为三个层次或四个层次。三个层次为以假想的同心圆贯穿的表层文化（物质层面）、中层文化（制度文化）和深层文化（心智文化）。四个层次为物质层面的文化、制度层面的文化（包含社会关系）、行为层面的文化（包括风俗、习惯、艺术）、精神层面的文化（包括思想与价值）。其中，物质、行为层面的文化属于外显的有形文化，易于变迁；制度、精神层面的文化属于内隐的无形文化，稳定而变迁甚难。事业单位文化重塑要在文化的规律中进行，应当根据本单位的具体情况，根据文化层次、社会和自身的需要制定长远规划和近期目标，调整重点建设的内容，并将这些内容制度化、规范化、行为化，以外部传播的方式形成组织的影响力、感染力，塑造事业单位在社会中的美好形象。

（三）价值导向

价值导向是文化重塑的引路灯，其含义是在多种具体价值取向中将具有积极意义的价值确定为引导组织发展的方向。这个方向是制定组织激励机制的基础，凡是符合组织价值方向的行为都会得到奖励，而组织也会将价值导向具体化、标杆化、榜样化，并以此鼓励员工、传递正能量。组织文化需要解决的基本问题是，组织为什么存在、将通向哪里、怎么变得更好。这种充满倡导意味和集体意味的、需要全体员工共同遵循的使命、愿景、价值观、战略方向，就是组织的价值导向。这种价值导向是判断组织与员工行为是否正确、有无价值、价值大小的根本评价标准和基本决策依据。由价值导向引领形成的组织价值观包含了组织的使命、愿景、集体意识、战略方向等，是组织文化的核心内容，也是文化重塑的重点部分。

（四）文化整合

整合是文化建设中经常被提起的概念，原意是指把零散的东西聚合在一起。管理整合的目的是实现信息系统的协同工作和资源的共享，实现整体大于分散的价值效率。文化整合是指不同文化相遇时未发生排斥，而是经过合并、分拆、增强、减弱等，相互吸收、兼容、调和、融汇、涵化，并趋于一体化的过程。这个过程也是达到整体的协同效应的过程。文化整合的效果好坏表明协同效应的大小，也就是说，文化整合的效果越好，所发挥的文化协同效应越大。

文化整合后会在内容和形式上发生变化，形成具有新结构的文化。事业单位文化整合是基于分类改革的需要，在新的单位建设的过程中对原有文化吐故纳新、去旧翻新的过程。文化整合与文化重塑是具有相同意义的概念，是具有相同价值的活动。当前事业单位的文化整合与文化重塑的直接任务是消除在旧体制中积淀的文化惰性、影响自身发展的消极因素，积极推动文化融合，努力实现文化重塑。实施文化整合，应当充分考虑事业单位组织文化生长的历程、地域文化因子、行业文化状态的影响，吸纳整合原单位优秀的文化因素和外来的先进经验，消弭整合过程中的文化冲突。

（五）政府期待和公众期待

政府期待和公众期待代表了事业单位外部对事业单位文化重塑的期待和盼望，表现为组织文化与外部环境的适应和互动。事业单位作为公共服务的提供者和公益事业的践行者，上承政府之托、下受公众之请，全力为社会提供公共服务，满足政府和社会公众的需要。任何组织的文化建设本身都不是目的，都应当以政府和社会的需要为动力，以满足政府和社会的期待为目的。

事业单位文化重塑五星结构模型体现了各要素之间十分密切的关系。

第一，表明了文化重塑五个方面的鲜明关系，这些关系是制约和推动文化建设的重要问题，忽略任何一方都会造成事业单位文化的不完整。第二，表明了文化重塑需要全方位、多重关系的全面协调，单靠孤立的哪一种关系都不能完成系统工程。第三，文化重塑的五个方面具有一定的逻辑顺序，一般可以以价值观为导向，在文化建设中通过培育和提升员工的文化认知，外化为文化形式；根据政府和社会的需要，影响和改变环境，再通过提炼、诊断、整理等步骤完成文化整合，如图 10 - 4 所示。

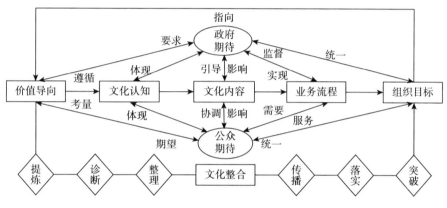

图 10 - 4　事业单位文化重塑逻辑关系

二　事业单位文化整合模式

事业单位的分类体制改革，不仅要打破原有的管理体制，也要重新建立自己的组织文化。这就应当尽快消除因为改革带来的新文化与旧文化的冲突，建立新的组织文化。文化整合可以解决过去与现在、个体与组织间的冲突，是事业单位改革后必须进行的工作。通过文化整合化解冲突，规范管理，凸显优势，沉淀特色，为组织文化重塑服务。

事业单位文化整合理论上可以借鉴文化学、文化人类学、文化社会学的理论，实践上可以借鉴经济领域的企业文化建设经验，特别是企业合并过程中不同企业文化在整合过程中的相互吸收、融合、涵化等。从事业单位文化整合的过程来看，文化整合的流程大致分为四个阶段，即探索阶段、碰撞阶段、适应阶段和创新阶段。每个阶段各有其特点和任务，如表10 -1 所示。

表 10 - 1 文化整合流程

状态类型	探索阶段	碰撞阶段	适应阶段	创新阶段
心理状态	感知差异 小心试探	冲突滋生 冲突压制	接触磨合 妥协包容	增强信心 憧憬未来
管理状态	文化评估 预测冲突	跟踪冲突动态 消弭冲突对立	开展文化移情 增强心理适应	多元文化融合 进行文化重塑
文化状态	对立和不适应	冲突与矛盾	吸收融合	涵化新生

在文化整合的流程中，四个阶段是循序渐进的发展关系，组织成员的心理状态是从紧张到舒缓的释放状态，管理状态是从茫然到有序的状态，文化状态是从冲突到文化协调的状态，其中可能经历了困惑危机、碰撞冲突、反思反省、继承批判、改造创新、评价选择、协调发展几个阶段，如图 10 - 5 所示。

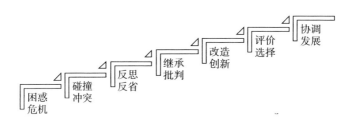

图 10 - 5 文化整合中的文化状态阶段

事业单位改革中合并的组织基本都是职能相近的组织，主要针对的是过于零散、规模过小、服务对象单一、职责相近、市场需求不足的事业单位，当然还包括曾经由各自主管部门设置并造成重复的事业单位。因此，这些事业单位具有相同特质，文化具有相近特点，易于相互接触、相互交流。虽然如此，这也不是将原有文化简单拼凑，而是将其优秀部分融合升华，在共性认识的基础上建立具有连续性和一致性的新文化，达到重塑文化的良好效果。模式思维是管理学中解决实际问题的基本套路，是将解决某类相似问题的方法总结、提炼、上升到理论高度的思维方法论。在模式思维中可以发现事物中隐藏的规律关系，即从不断重复出现的事件中发现和概括出具有规律性质的共性关系，是解决相似问题的方法、程序和环节，最起码也是一种参照性指导方略。有些关系可以用图像、图案表达，有些关系可以用数字、符号诠释。模式既可以代表对前人积累的经验的凝练和抽象，也可以是创新者的思维构想。

　　对文化整合模式探讨最多的是企业，已经形成了公认的文化融合、渗透、隔离、移植、嫁接、创新等多种模式。我们觉得这些成熟的文化整合模式可以向事业单位文化重塑中移植。其中，得到认可的、可以向事业单位移植的企业文化整合模式有四种值得研究，见表10-2。

表 10-2　企业文化整合模式

		企业合并	
		横向兼并 （相关合并）	纵向一体化和多元化兼并 （不相关合并）
原有 文化	多元文化	渗透式文化整合模式	分离式文化整合模式
	单一文化	吸纳式文化整合模式	再造式文化整合模式

　　渗透式文化整合模式，着重于主体文化对从属文化进行逐步渗透，注重文化传播的深入人心。这种模式糅合了合并双方文化的长处，适合合并双方彼此欣赏的组织文化，剔除了原有文化中的不良元素，寻求合并的协同效应，体现了合并双方的地位平等和优势互补。文化整合以后，易于突出合并双方原有文化的特色，易于被老员工接受和适应。

　　分离式文化整合模式，是指在短期内无法解决文化冲突时，暂时规避并保持合并双方各自文化的独立性，以防产生外显的文化冲突的模式。文化整合并非一蹴而就，也不可能立竿见影，需要一定的时间和接触。分离式文化整合模式强调的是通过分离的方式，回避矛盾，减少不适应，避免因为文化的差异而产生冲突。

　　吸纳式文化整合模式，是指受合并方影响而完全放弃原有的价值理念和行为方式，全盘接受合并方的组织文化的模式。这种模式适用于吞并式组合方式，以凸显合并方的控制权和文化强势。虽然如此，这种模式并不表明文化的胜负关系和主从关系。对于发展缓慢迟滞或濒临解体的事业单位来说，采用这种模式其实是在挽救自己。

　　再造式文化整合模式，是指合并双方既不接纳对方的文化，又放弃了自己的原有文化，处于文化迷茫的再造状态的模式。这种模式表明合并双方均对自己的原有文化不满意，决定在合并后重新建立全新文化，以促进组织的发展。

除以上四种模式以外，还有移植式文化整合模式、创新式文化整合模式等，也有值得推崇的价值。移植式文化整合模式是将主体文化移植给其他企业组织，较少考虑其他组织的文化；创新式文化整合模式强调用突破原有模式、另辟蹊径的方法解决文化冲突、推动组织发展。这种模式与再造式文化整合模式的区别在于其不是在原有基础上重建，不着重考虑去满足某种原来的需要，而是用创新引领发展，力图以"异想天开"的创新来实现"柳暗花明又一村"的效果。

企业在文化整合模式方面做了先行探索，它们的实践成果可以在事业单位改革中被移植使用。被誉为"政府再造大师"的美国学者戴维·奥斯本和特德·盖布勒在《改革政府》（*Reinventing Government*）一书中就特别强调用企业方法重塑政府，即用企业在经营中所追求的讲效率、重质量、善待消费者和力求完美服务的精神，以及企业中广泛运用的科学管理方法，来改革和创新政府管理方式，使政府更有效率和活力。按照新公共管理理论，事业单位改革后同样可以引进企业文化整合模式进行事业单位文化重塑。这些模式虽然有所差别，但是目的是相同的，只要根据具体的情况来选择即可，如图 10-6 所示。

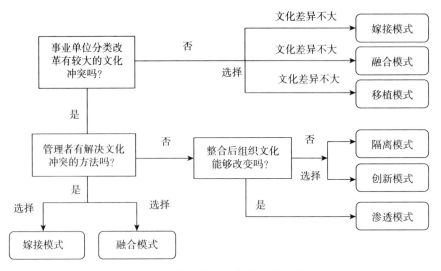

图 10-6　事业单位文化整合模式选择

三　事业单位文化重塑综合模式

在事业单位组织文化结构模型和文化整合模型的基础上，建立事业单位文化重塑综合模式的时机已经成熟。事业单位文化重塑综合模式实际上是一个工作体系，应当先考虑以下几个问题。

第一，搞好体系架构。文化重塑属于系统工程，应当从宏观上全面设计。既要明确目标，搞好价值导向，又要兼顾建设基础、实施原则和实际操作性。

第二，锤炼价值观。事业单位文化重塑的价值观是个性的体现，也是组织形成和存在的意义，表明事业单位以专业服务社会的核心理念，在文化重塑的过程中具有引领、导向、定位、升格的作用。

第三，分层级、有阶段地实行。事业单位文化重塑与传播需要过程，人们接受、支持新的文化需要时间。需要特别指出的是，文化是通过诉诸组织成员的思想观念、融入社会意识形态来产生效应的。因此，模式的设计必须考虑长远规划和近期任务。

第四，充分发挥党的思想引领作用。事业单位是精神文明建设的重要领域，事业单位文化并不是从实用主义角度出发的，仅为管理服务的手段，不要把文化重塑看作是管理者手中的玩偶，应当懂得事业单位文化是连接社会、沟通外部环境的渠道，因此文化重塑的意义是很重要的，不容忽略、不容轻视、不容淡化事业单位文化建设，尤其要充分体现中国共产党对事业单位文化建设的指导和引领，提高事业单位文化建设的地位和价值，高度重视文化重塑对公益事业单位建设的意义，把文化重塑、文化建设当作事业单位乃至社会主义精神文明建设的重要内容，抓实抓好。

事业单位文化重塑不是一次完成的，实践到了哪一步，文化建设就应当到哪一步，甚至要超前建设。因此，建立组织文化的更新机制具有十分重要的意义。建立学习型组织，形成事业单位文化重塑的动态机制，是具有重要意义的。因为文化重塑是具有主观能动性的组织行为、管理行为、人际行为、文化行为。学习型组织是指通过营造整个组织的学习气氛、充分发挥员工的创造性而建立起来的一种有机的、高度柔性的、扁平的、符合人性的、能持续发展的组织。学习型组织虽然是知识型组织，但是非常重视实践目标，重视综合管理绩效的效应。学习型组织在方法上具有发现、纠错、成长机制，在文化上具有向上力量，可以充分利用自身形成的自我学习机制，即终身学习、全员学习、全程学习、团体学习，增强文化建设的主动性。

事业单位文化重塑综合模式如图 10 − 7 所示。

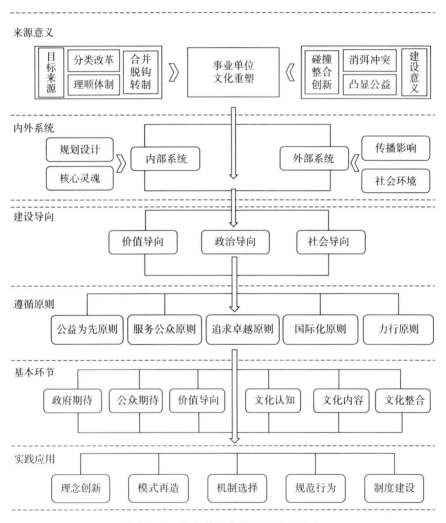

图 10 − 7　事业单位文化重塑综合模式

第五节　事业单位文化重塑的系统

一　事业单位文化重塑的内部系统

事业单位文化重塑是涉及组织中多个部门的复杂系统工程。为保证文化重塑工作卓有成效地进行，必须遵循正确的工作程序，按照规划设计、基础保障、流程再造、监督落实、循环反馈等环节推进。

（一）规划设计

规划设计，是文化重塑工程启动时期的准备工作，包括事前准备、总体设计、制定计划等内容。事前准备包括三个方面：一是管理准备，成立或委托专门的机构负责领导协调工作；二是资金准备，拨出专门的资金用于必要的设备和设施建设；三是心理准备，做好宣传、动员和培训工作，营造良好的文化重塑氛围。总体设计表明文化重塑已经进入了操作层面，文化重塑不同于日常行政管理工作，而是属于发展战略的内容，可以纳入组织发展规划，有计划、分步骤进行。可以在大方向不变的情况下根据不同时期的工作目标、内容、方式及重点的不同做出必要的补充和调整，以体现针对性和有效性。总体设计应当思路明确，避免失误和人财物力的浪费。规划设计还需要制定计划，可以按照文化重塑总体目标和内容的要求编排程序，包括项目、内容、时间表、责任人、阶段成果、考核指标及激励方式等。

（二）基础保障

基础保障，是文化重塑工作落实的必要条件，分为组织保障、制度保障、技术保障等内容。首先，组织保障具体包括领导指挥、机构依托、组织成员三个部分。领导是组织文化重塑工作的决策者、推动者和指导者，领导指挥是组织保障的关键。机构依托强调的是组织文化工作的操作中枢，可以有专门的机构，也可以挂靠在被赋予相关职权的部门。设置的文化专员担任组织文化的组织者和实施者，在文化重塑中起着承上启下的沟通与落实的作用。广义的组织成员囊括了本单位的广大职工，属于文化重塑的实践者，具有积极主动学习、深刻领会组织文化理念、严格执行与本职工作有关的各项工作规范和制度的义务。组织机构应当注意的问题是协调好相关职责，使各部门之间的文化重塑工作互相支持、共同推进。其次，制度保障具有较强的约束力，是将价值理念化为行为规范、将柔性管理变为刚性管理的过程。其重要意义是告诫和约束人们在日常工作中懂得应该做什么、怎样做。当文化重塑工作与制度规范相结合的时候，文化就不仅具有感召力和动员力，也具有了约束力和规范力，更具有了管理的意蕴。所以，必须建立健全与文化重塑相关的各项制度，包括学习与培训制度、自律他律制度、传播与沟通制度、检查监督与评估评价制度、工作记录与汇报报告制度、奖惩与激励制度，以及对文化重塑工作本身的评价、改进与创新制度等。最后，技术保障强调的是文化重塑的严肃性、规范性。现代管理中的文化问题已经不仅仅是价值理念了，而是包含着许多技术要求，诸如礼仪、用语、广告、徽标、传播技术、软件设计、操作程序、企业文化识别系统等。这些要求需要通过培训加以满足，而培训的目的在于提高单位成员的思想水平、文化观念、理论知识及业务能力等内在素质，为文化重塑的顺利开展打好思想、知识和能力等方面的基础。

（三）流程再造

流程再造，是指事业单位通过重新设计程序、路径和机制，根据需要部分地或全面地改造文化，在保留和传承的基础上，追求创新的过程。组织文化建设虽然已经被纳入管理领域，但是与管理的方式并不相同，很难套用管理理论中的流程再造、文化重塑理论，只能决然地、打碎式地、断崖式地从头设计、重新再来。因为我国的各类组织的文化建设与意识形态工作、社会主义精神文明建设、社会主义文化建设、党对各项工作的领导休戚相关，有着千丝万缕的联系，所以，任何套用西方管理理论的方法都是很难成功的。只有在借用的基础上加以改造，才能起到"他山之石，可以攻玉"的作用。经历了分类改革后的事业单位文化重塑，主要强调对现有文化状况进行诊断，发现存在的问题，找到问题的成因，通过提炼理念、制定规范、协同业务流程实践、反馈检验等几个关键环节，将组织文化深入人心，改变全体员工的意识行为，促进组织和谐发展，具体步骤如下。

第一，对现有的组织文化进行测评，以组织价值观为核心，扫描、甄别组织文化中现有的与潜在的冲突、员工现在价值观与组织价值导向的冲突，找到事业单位文化重塑面临的主要问题，制定相应策略。

第二，按照文化建设的基本内容进行挖掘，提炼组织文化。这些内容主要包括事业单位的历史使命、目标宗旨、社会责任、组织愿景、价值观、行为规范、工作作风等。将这些内容高度凝练为易识易记、个性鲜明的语言，做到易见、易读。

第三，搞好系列制度体系建设。梳理事业单位已有的和应有的制度体系，重新审定，去粗取精、去杂提纯，在必要的情况下，重新建章立制。

第四，探讨组织文化建设与业务工作的结合。组织文化只有与业务工作相结合才具有应用价值，才具有魅力。《管子·形势解》中有句名言："海不辞水，故能成其大；山不辞土石，故能成其高；明主不厌人，故能成其众；士不厌学，故能成其圣。"我们也可以说，组织文化不远离业务工作，故能彰显其价值。将组织文化的价值融入日常业务环节中，将文化建设标准渗透到日常工作环节中，让文化成为组织管理的重要手段，让管理更能体现文化意蕴。

第五，将组织文化变成员工的需要。人是具有社会性的，人们每天上班工作，不光为了生存，还为了追寻人生的意义、寻找职业生涯的价值、提升素质、增进人际关系等。这些内容，靠单纯的管理无法体现，但是，文化可以。良好的组织文化既可以为单位带来良好的社会效益，也可以为人生带来成长效益。因此，由单位全体员工参与的文化重塑，可以集众人之长、达民主之愿，实现社会价值、组织价值、个人价值的统一。

（四）监督落实

文化是自觉的，倘若与管理相结合，文化建设与文化重塑则可以引入监督机制。监督的目的是保证文化重塑的顺利实施，保证建设工作有效执行。监督落实包括检查监督和落实指导两部分。前者旨在发现问题、修补漏洞、消弭冲突、化解矛盾，为文化重塑清除障碍，以掌握文化建设的主动权，防止文化建设失控。从管理造势、文化塑人的角度来看，监督对被监督者是一种帮助和激励，有助于促进员工形成自觉、自省、自律的自我管理意识、心态和行为习惯。后者强调文化重塑的执行力，尤其是在组织内外力量的监督下所形成的坚决实行的效应。在事业单位实行法人治理的情况下，建立健全组织内外的监督机制已经成为不容置疑的选择。事业单位应当设置专门机构或专职人员，配备必要设备并制定相应的监督制度，还应当充分联合组织外部直接和间接的各利益相关者，对组织行为从外部进行监督和约束。由于来自组织外部的监督力量与组织存在利害关系，检查监督结果和意见更能引起组织的重视，其作用和效果是内部监督不可替代的。

（五）循环反馈

不仅管理是一种控制系统，而且文化也是一种控制系统，必然存在着反馈问题。反馈就是由控制系统把信息输送出去，又把其作用结果返送回来，并对信息的再输出产生影响，起到控制的作用，以达到预期的目的。原因产生结果，结果又构成新的原因。循环反馈可以在原因和结果之间架起沟通的桥梁。循环反馈是文化重塑过程中信息传递、前后沟通、承上启下的环节。这个环节是保障流程畅通、管理过程优化、文化重塑顺利进行的重要环节。在文化重塑过程中，运用反馈原理，可以改善文化建设系统的功能，提高建设效率，及时发现文化重塑所产生的凝聚力、驱动力和竞争力的强弱，决定下一步建设的情况。文化重塑的反馈包括正反馈和负反馈两种。在获得结果反馈的过程中，应当对文化重塑实施结果进行总结和考评，以利于全面了解实施情况，看到成就与不足，减少失误，及时优化。文化重塑的反馈修正过程也是强化过程，是通过修正和重复的方式使员工的行为在不断重复中逐渐养成习惯，从原来的被动遵从规范和制度，逐渐转变为自觉自愿的自我约束，并进而在思想上提升对组织文化的认识。

二　事业单位文化重塑的外部系统

在开放的环境下，事业单位文化重塑系统并不是封闭的，既要在开放的环境下进行，也要呈现开放的状态，并且与作为环境的其他社会系统进行物质、能量、信息、情感等方面的交换。在这种交换中，事业单位文化的活性系统可以呈现从无序向有序、从简单到复杂、从低级向高级的优化发展态势。

（一）事业单位文化重塑外部系统的构成要素

事业单位属于社会服务性组织，肩负着政府之托，承载着社会之责。

由此可知，事业单位文化重塑外部系统可以囊括所有与事业单位产生联系的社会利益相关者群体，具体为社会公众、企业、政府、大众传媒乃至竞争对手。

处于外部系统中的社会利益相关者群体，通过事业单位组织员工、产品及服务等媒介与外部环境产生联系，展现自己的文化。组织文化只有与外部环境保持协调并尽可能地满足外部利益相关者群体的期望和要求，才能与组织战略和日常运营发展形成良性互动。

由于利益相关者构成了组织环境的基本方面，事业单位与利益相关者的关系，是事业单位在运营活动中所发生的最基本或最主要的关系。利益相关者的利益、愿望和权利从根本上决定着事业单位的生存和发展。所以，在文化重塑中必须关注各种利益相关者的愿望和要求，处理好与他们的相互关系，从社会整体利益的角度出发，开展文化重塑，并运用各种方式努力增进社会整体的福利。

（二）社会文化资源对文化重塑系统的输入

社会文化资源对文化重塑系统的输入，表现为事业单位组织文化在形成过程中不断从社会文化中获取资源、吸收营养、满足诉求。虽然事业单位对社会文化资源具有选择性，但社会文化资源是事业单位与社会接触、对话的重要窗口，既可以兼顾对优秀传统文化和优秀民族文化的传承，也可以吸取革命文化和现代文化的精华，还可以借鉴国外优秀文化。在这些资源里面，有党和政府的期待，有社会组织的重托，有社会公众的希冀。事业单位文化重塑应当博采众长，不负重托，不辱使命，勇于担当。

（三）事业单位文化重塑系统对社会的输出

事业单位既是社会公共服务的提供者、公共需求的满足者，也是精神文明的建设者和传承者，肩负着沉重的社会责任。作为公共资源的支配者，事业单位应当利用其所拥有的资源为社会做贡献、谋福利、尽责任。因此，事业单位文化重塑必须考虑其所肩负的社会责任，将高规格的、高雅的、富有品位的、体现社会主义核心价值观的精神文化产品奉献给社会。

（四）党对公益事业单位文化重塑系统的期望和约束

中国共产党十分重视对承担社会主义文化建设重任的事业单位的社会

责任的约束，一直强调应当在党的领导下，坚持正确的政治方向，坚持以人民为中心。习近平总书记曾经对宣传思想工作和新闻事业单位的工作做出指示："在新的时代条件下，党的新闻舆论工作的职责和使命是：高举旗帜、引领导向，围绕中心、服务大局，团结人民、鼓舞士气，成风化人、凝心聚力，澄清谬误、明辨是非，联结中外、沟通世界。要承担起这个职责和使命，必须把政治方向摆在第一位，牢牢坚持党性原则，牢牢坚持马克思主义新闻观，牢牢坚持正确舆论导向，牢牢坚持正面宣传为主。"① 这对事业单位的文化重塑具有重要的指导意义，在文化重塑的过程中，事业单位应当不忘初心、不忘宗旨。

（五）事业单位文化重塑系统应当注重顾客导向和结果导向

现代社会的生产模式已经发生了重大变化，即从生产者导向转变为社会导向、顾客导向。事业单位无论是进行分类体制改革，还是进行服务方式创新，抑或是文化重塑，都十分重视满足社会需求，努力提高公共产品和公共服务的价值，甚至满足社会公众的个性化需求，把公众优先、顾客至上作为组织文化价值的基础，加强与顾客的交流与沟通。事业单位文化重塑只有坚持以顾客为导向、以结果为导向，才能真正有效地达到"公益性"与"服务化"的要求，真正实现为民服务的目标，如图 10 - 8 所示。

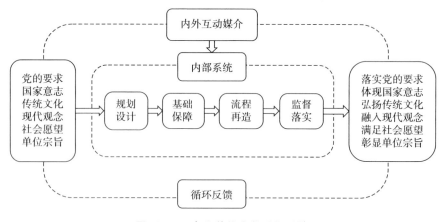

图 10 - 8 事业单位文化重塑系统

<hr>

① 《习近平如何指导宣传思想工作》，https://news. youth. cn/sz/201807/t20180706_11662382. htm。

　　从系统的机制上说，事业单位文化重塑的过程实际上也是事业单位文化系统通过系统的输入和输出与外部系统之间不断相互作用的过程。一方面，外部系统通过输入文化要求，对内部系统产生影响；另一方面，内部系统通过输出对外部系统产生作用。由此可见，文化重塑内部系统与外部系统之间的关系是互动的、输入输出的关系。卓有成效的文化重塑应建立起两者之间的良性互动关系，使两者互相促进提升，共同发展。

　　事业单位文化重塑内部系统与外部系统的互动是通过组织员工、公共产品与服务以及组织形象实现的。事业单位员工代表着事业单位的形象和精神面貌，体现着事业单位服务的水平和质量。同时，社会整体文明程度的提高，也将会对事业单位员工的社会行为产生正面影响，进而影响他们的组织价值理念的调整，将其落实在组织文化上，并以内部指令的形式将这些愿望反馈到系统内部要素中去，推动组织文化的自身优化与提升。公共产品与服务是事业单位提供的成果，也是事业单位文化的结晶，直接对社会公众产生重要影响。组织形象是事业单位文化的外在表现，最能代表事业单位文化重塑的成果，对社会公众会产生重要的影响。

第十一章

事业单位建设的文化协同效应

事业单位建设的根本目的是促进公益事业的发展，满足人民群众的公益服务需求。以教育、科技、文化、卫生、体育等服务领域为主的事业单位建设，为公益事业的发展提供了广阔的空间和美好的前景。事业单位改革、建设和发展的过程离不开文化建设。以文化协同的事业单位建设，将会产生积极效应，不仅可以使改革顺利而平稳、温馨而圆满完成，而且可以让建设富有创新而充满活力，让事业辉煌而常青。这种文化协同的效应是事业单位的热切期待。

第一节　协同与协同效应的思想内涵

改革，就是革故鼎新，总有一个成败的问题；管理，就是博弈，总有一个强弱的问题；文化，就是导航，总有一个明暗的问题。人们看好了管理中的文化协同效应，就在于懂得了积极的文化可以感染、渗透、同化、改造消极文化，可以让改革与建设、创新与发展达到舒畅顺心、和合圆满的效果。现代成功的管理都是包含文化的管理，运用文化协同，助力走向成功。

一　中国传统文化语境下对协同思想的诠释

协同一词古已有之，内涵丰富。从字源上说，其是指协调一致，和合共同。据《说文解字》，"协，众之同和也"，"同，合会也"。《尔雅·释诂》疏释："协者，和合而服也。"从内涵来看，协同中的"协"，主要是指协助，"同"是指互相配合。《尚书·尧典》中有"协和万邦"之说。《乐府诗集·燕射歌辞二》中有"我应天历，四海为家。协同内外，混一戎华"。在现代汉语中，协同是指与某某在一起工作或学习、作战等。在协同思想的运用中，还有很多表达。《易经》中有"二人同心，其利断金"之言，《孙子兵法》中有"上下同欲者胜"之语。

和合一词，出自《墨子·尚同中》："内之父子兄弟作怨仇，皆有离散之心，不能相和合。"和合表示的是文化基因，表明先贤对美好社会状态的智慧解读。和合作为价值观深刻地影响着人们的处世原则和交往态度。从更深刻的层面来说，和合思想内涵非常丰富，代表了中国文化倡导的"天人合一"的宇宙观、"协和万邦"的国家观、"和而不同"的交往观、"琴瑟和谐"的家庭观。和合思想还包容了和睦同心、顺当吉利，以及调和、混合、汇合等多重含义，可以诠释人际关系、社会关系、家国关系等诸多方面。

从含义层面来说，协同非常符合中国传统文化的精髓，即和合精神[①]。这种和合精神通过调和，使冲突各方兼容并包，共存并处。《国语·郑语》中有"夫和实生物，同则不继"的论断，《管子·兵法》中有"畜之以道则民和，养之以德则民合。和合故能谐，谐故能辑"的主张，《论语》中有"君子和而不同，小人同而不和"的思想，《史记·循吏列传》中有"施教导民，上下和合"的描述，南宋地理学家周去非的《岭外代答·茅卜》中有"其卦甚吉，百事欢欣和合"的赞叹。这些可以被视作中国先哲对协同思想的早期研究。

著名思想史家钱穆认为："中国人常抱着一个天人合一的大理想，觉得外面一切异样的新鲜的所见所闻，都可融会协调，和凝为一。这是中国文化精神最主要的一个特性。"[②] 当然，和合并不否定文化冲突和文化变异，可以将文化冲突和文化变异理解为过程，和合乃结果。"文化中发生冲突，只是一时之变，要求调和，乃是万世之常。"[③] 张岱年解释说："'和

---

① 张立文：《和合学概论——21世纪文化战略的构想》（上卷），首都师范大学出版社，1996，第12页。
② 钱穆：《中国文化史导论》，生活·读书·新知三联书店，1988，第162页。
③ 钱穆：《中国文化精神》，三民书局，1971，第51页。

合'一词起源很早。用两个字表示，称为'和合'；用一个字表示，则称
为'和'。……许多不同的事物之间保持一定的平衡，谓之和，和可以说
是多样性的统一。'和实生物'，和是新事物生成的规律。"① 从这里可以延
伸理解，事业单位体制分类改革的文化协同，就是向和合、和谐的方向
发展。

佛教传入中国后，在与儒道文化相碰撞的过程中，开始了中国化的过
程。当见识了和合文化的博大精深后，中国化佛学宗派即天台宗、华严
宗、禅宗等结合印度大乘经论提出了圆融境界思想。"在世界各种宗教教
义中，圆融思想独树一帜，引人注目，有其独具的价值，对 21 世纪的人类
而言，特具现实意义。"② 其实，圆融一词，并不见于梵文，也不见于先秦
诸子典籍，乃是"中国佛教理论家所创造"③。《说文解字》将圆释为圜
全。圜指天体，意为像天一样完全。融字最早见于《左传》，后续辞书将
融字解释为调和、和谐、永久、明亮、昌盛、和乐、和煦、恬适等多重美
好之意。《辞源》将圆融解释为"破除偏执，圆满融通"，《佛光大词典》
将其解释为"圆满融通，无所障碍"，即各种事物皆能保持其原貌，圆满
无缺，完整一体，交互融合，毫无冲突。从中国化佛教哲学中可以看出，
和合、圆融、协同如出一辙，堪为对文化协同的精深诠释。

二 国外文化对协同思想的理解

国外与现代协同思想相近的和谐、协调思想也源远流长。古希腊数学
家、哲学家毕达哥拉斯曾经提出"美是和谐与比例"的观点。毕达哥拉斯
学说的追随者赫拉克利特借用毕达哥拉斯和谐的概念表达过"互相排斥的
东西结合在一起，不同的音调造成最美的和谐"的思想。公元前 800 年到
公元前 500 年的毕达哥拉斯学派还提出了和谐论，认为美表现于数量比例
上的对称和和谐，和谐源于差异的对立，美的本质在于和谐。古希腊思想
家亚里士多德曾提出"整体大于它的各部分的总和"的著名论断。爱因斯

---

① 张岱年：《漫谈和合》，《社会科学研究》1997 年第 5 期，第 55 页。
② 韩焕忠：《中国佛教圆融观的现代意义》，《中国宗教》2007 年第 5 期。
③ 韩焕忠：《中国佛教圆融观的现代意义》，《中国宗教》2007 年第 5 期。

坦在纪念开普勒的文章中强调指出："如果不相信我们世界内在的和谐性，就不会有任何科学。"恩格斯说过："许多人协作，许多力量溶合为一个总的力量，用马克思的话来说，就造成'新的力量'，这种力量和它的一个个力量的总和有本质的差别。"① 这些光辉的思想为协同思想的诞生奠定了基础。

在国外，协同一词来自古希腊语，具有多重含义，指的是协和、同步、和谐、协调、协作、合作。协同思想源远流长，后来创立的协同学使用了这些基本范畴。从词源上分析，现在使用的协同一词，来自古希腊语 synergos，意为协调合作（一说共同工作）。Syn 表示 together，即在一起；ergy 表示 working，即组织结构和功能。合成的 synergy 一词则表示一个系统发生相变时，会因大量子系统的协同一致而引起宏观结构的质变，从而产生新的结构和功能②。

在学科中使用的协同概念，主要是指协调两个或两个以上的不同资源或者个体，相互配合、协调一致地完成目标的过程或能力。从现代学科中的解释可以看出，协同有四层意思：一是指两个或两个以上的不同资源或者个体在一起；二是不论怎么在一起的，二者之间能够产生变化、反应；三是这种变化、反应具有一定的影响和意义；四是这种影响和意义堪称效应。

从实践的角度来说，对协同的解释应该超过了静态的概念，可以从作用上理解。协同作用即协同效应，包含着两层意思：一是指分散的各因素在联合中产生的总效果；二是两种以上因素的配合、协作作用优于单因素单独的效果，甚至超过各单因素效果之和。

三　协同效应解读

效应一词，表达的是一种因果关系，是一些因素作用所产生的效果。这种效果可以是条件确定情况下事物所产生的必然因果关系，也可以是不

---

① 恩格斯：《反杜林论》，中共中央马克思恩格斯列宁斯大林著作编译局译，人民出版社，1970，第 124 页。

② 郭治安、沈小峰编著《协同论》，山西经济出版社，1991，第 1 页。

严格的、不确定的、不必然的因果关系，甚至连锁反应、系列变化和深远影响都算在内。效应在社会科学和管理学上经常被用到。心理学上有著名的期望效应（又称罗森塔尔效应）、首因效应、晕轮效应等。管理学上有著名的蝴蝶效应、马太效应、鲶鱼效应、多米诺骨牌效应、木桶短板效应等。这是西方人对效应思想的研究与应用。

协同效应一词来自化学科学，又称增效作用，是指两种以上的组分相加或调配在一起所产生的作用大于各组分单独应用时所产生作用的总和。简单来说，协同效应是"1+1>2"的效应。

在企业管理中，得到企业认可的协同效应按不同的分类方式可以分为战略协同效应、经营协同效应和财务协同效应，外部协同效应和内部协同效应，刚性治理协同效应和柔性治理协同效应，主动协同效应和被动协同效应，以及管理协同效应和文化协同效应等。不论是哪种协同效应，都是在一定条件下，通过合理组合相关事物、合理进行相关搭配、合理布局相关因素、合理配置相关资源的结果。

协同效应在管理实践中应用得最多的是在企业并购中，因为企业并购必然带来文化的碰撞与整合问题。在企业文化整合中，将不同特质的文化通过相互接触、交流，进而相互分拆与合并等，从而形成新的文化，实现了对原有文化的改造，体现了在共性认识的基础上的连续性和一致性的新文化协同建构。可见，在概念的深层含义上，协同效应是指并购后企业竞争力增强，导致净现金流量超过两家公司预期现金流之和，或者合并后公司业绩比两个公司独立存在时的预期业绩高。在原理上，人们从三个方面考察了协同效应的来源，这也是协同效应的影响价值：一是能力增强，即并购者与目标公司核心能力的交互延伸；二是成本下降，即合并后产品单位成本随着采购、生产、营销等规模的扩大而下降；三是设备节省，即流程、业务、结构优化或重组后，可以减少重复的岗位、重复的设备、多余的厂房等。也就是说，企业协同效应可以给企业带来核心能力提升、经营成本下降、人力资本节约、设备成本下降的效果。在这些因素中，协同效应给企业提供的认知有两方面的价值：一是追求成本下降或者说成本节约，这是协同效应最为常见、最为基本的考虑；二是能力增强或者说提升经济效益，这是协同效应归根结底的目标。

第二节 文化协同效应与事业单位文化协同效应

一 文化协同效应

企业并购并非易事，协同效应是企业追求的目标，但未必能立竿见影地实现，所以，在企业追求协同效应出现障碍的情况下，往往会把文化差异、文化融合、文化重塑等因素作为重点考虑的条件，通过对合并企业的愿景激励、价值培育、心理调适、情感陶冶、文化再造等，为协同效应的出现扫清障碍，为企业总体战略目标的实现铺平道路。

从这个意义上看，文化协同效应也被纳入企业协同效应之列，作为管理的重要手段。美国管理大师彼得·德鲁克曾经深刻指出，与所有成功的多元化经营一样，要想通过并购来成功地开展多元化经营，需要一个共同的团结核心，必须有共同的文化或至少要有文化上的姻缘①。从企业并购的经验教训中可知，企业并购并非有形资产的简单叠加，倘若在并购中文化不协同，将与资金、技术、产品、市场的不协同一样，会产生很大风险，甚至不能成功。因此，并购后形成的企业文化所带来的协同作用要比并购前的各自企业的文化效果明显要好，这种效果可以表述为"1+1>2"。

文化协同的研究起于企业并购问题，理论建树也在这期间走向成熟。世界著名业务咨询公司韬睿（Towers Perrin）在长期研究企业并购案例后，得出了"成功的文化整合是并购得以成功的一大重要因素"的重要结论。他们认为，在企业成功并购前，解决文化问题是一个关键性的要素。而且，对文化整合的关注已经被证明为并购成功与否的"分水岭"，倘若忽略了这一点，那么对于并购的迫切可能会是一种代价高昂的冲动。他们还认为，文化整合模式类型的选择是企业并购后进行文化整合必须首先考虑的问题，因为不同类型的文化整合模式，可能会带来不同程度的文化冲突，进而决定了企业并购后成功机遇的大小②。

---

① Druker, P. F. "Fiverules of Successful Acquisitions." *The Wall Street Journal* 10（1981）: 15.
② Hodege, K. "The Art of Post-deal." *Management Review* 2（1998）: 17－20.

　　贝里在研究企业并购时，率先提出了文化整合模式，并将其分为四种：一是文化融合模式，即经过双向的渗透和妥协形成的包含双方文化要素的混合文化；二是文化同化模式，即一方愿意放弃其原有的组织文化，融进并购公司的文化；三是文化分离模式，即通过控制并购双方的接触，保持各自的文化独立，阻止双方的文化变革；四是文化消亡模式，即被并购企业既不保留原有的企业文化，又不愿接受并购企业文化，让文化自然萎缩①。

　　后来奈哈迈德等将社会学和人类学之中的文化适应概念植入企业组织中，用以解决文化合并后的文化冲突。贝里、奈哈迈德等人为后续学者研究文化协同开拓出一条值得遵循的研究通道，人们在此基础之上进行了深入研究。不论是对文化的分离、增强、减弱、吸收、混合、替代、融合、合并、共生等方式的仔细微观研究，还是对文化整合、文化冲突、文化差异、文化互动等的整体宏观研究，都是在贝里、奈哈迈德等的思想基础上的丰富和发展。

　　从贝里文化整合、文化协同的研究来看，人们达成了四点共识。首先，不论观点多么众说纷纭、视角多么标新立异，对文化协同问题持肯定态度，将其公认为企业并购中有价值、有意义的举措。其次，十分看重文化协同的价值，甚至将文化协同作为企业处理现实问题和发展问题的战略。再次，管理学家谈论的文化都不是抽象的文化，看重文化凝聚作用、文化精神价值，以及企业经营本身和经济价值之上的具有企业灵魂意义、植根于人们心灵、维系企业生命的精神力量。最后，人们都喜欢用模式的方式建构文化协同，力求把文化协同做到实处，使之更具有管理实践意义。

　　从实践来看，企业并购后最难的莫过于文化整合。在企业并购的历史上，以失败告终的案例不胜枚举，有些原本想通过合并变得强大起来的企业最后却以亏损失败告终。1998 年德国戴姆勒（奔驰）汽车集团收购了美国的克莱斯勒公司，成立了戴姆勒－克莱斯勒公司，成为全球第二大汽车

---

① Berry, J. W. *Acculturation*: *Theory*, *Models*, *and Some New Findings* (Boulder: Westview Press, 1980), p.1143.

生产商、世界第五大汽车公司。因为文化差异，3 年后戴姆勒的市值损失了 490 亿美元。经过长达 9 年的"联姻"后，戴姆勒－克莱斯勒正式完成分拆程序，更名为戴姆勒股份公司。2009 年 4 月底，美国总统奥巴马宣布克莱斯勒公司破产。曾经被誉为媒介融合典范的美国在线（AOL）和时代华纳（Time Warner）两家公司合并失败的原因似乎更典型。合并原本是想创建一家世界级的通信和娱乐公司，却在几年时间里成为美国企业史上最大的亏损案。两家公司两种完全不同的商业模式几乎从来没有很好地合作过。人们发现管理风格和文化差异是造成并购失败的主要原因。有人形象地说"华纳就像一批老派的西装笔挺的人，跟习惯穿牛仔裤工作的技术人员是很难相处的"。文化整合成为企业并购中最棘手的问题主要原因有二：一是企业文化根深蒂固地植于企业组织的历史之中，对员工的价值取向和行为方式具有深刻影响，企业员工的思想和行为很难改变；二是文化整合不是简单地用一种文化替代另一种文化，每当两种以上而且差异较大的文化并存时，其冲突和碰撞不可避免，相互包容、接纳的难度更大。企业文化整合的教训是要想把文化冲突的负面影响降至最低限度，从冲突走向融合，这需要企业在文化整合中遵循取长补短、求同存异的原则，在使命、愿景以及企业各个层次上建立起彼此信任的关系，塑造企业共同的价值观，增强相互信任。同时，在组织结构、制度和流程方面进行适度变革，有效融合双方文化，建立新文化，使双方在未来企业的价值、管理模式、制度等方面达成共识，实现完美融合。

二　事业单位文化协同效应与企业文化协同效应的区别

企业协同效应特别是文化协同效应的理论和实践，给事业单位的改革提供了重要的启示，将这种行之有效的经验移植到事业单位建设具有十分重要的意义。首先，文化协同产生的效应，有利于凸显公益事业单位建设的目的。事业单位改革和建设不同于企业合并，面临的问题比企业复杂，但不是为了经济效益，而是通过理顺体制关系，促进公益事业发展，满足人民群众对公益服务的需求。这是一个更高层次的追求，事业单位建设的成功将给整个国家的公益事业带来新的变化，将使市场经济条件下的社会增加公益服务的内容，增大公益文化的空间。以文化协同的事业单位建设，更有利于有着公益文化特点的公益服务体系的建设。其次，文化协同产生的效应，有利于凸显公益服务的属性。我国的事业单位就其定位而言，具有服务性、公益性、知识密集性的特点。文化协同改革，可以通过愿景激励、价值培育、情感舒畅、文化再造等进行，以保持事业单位公益性的特点。

事业单位的文化协同要比企业的文化协同复杂。第一，事业单位长期以来一直依附政府，受政治影响极深，受政府制约极重，缺少独立的事业单位文化建设经验。事业单位的问题很多不是文化问题，而是体制和机制问题。第二，事业单位改革的问题，更重要的是在适应新体制的过程中如何重建、新建自己的文化，其重心不是解决文化的碰撞、冲突、调适、整合问题。所以，事业单位的文化协同的主要任务是通过文化引领、辅佐、协助、伴随功效问题。第三，企业并购的实质是经济博弈、管理博弈、文化博弈三个维度交互影响，事业单位的文化协同重在理顺体制、润滑机制，彰显公益精神，不存在经济与文化孰重孰轻的双重博弈。第四，与企业文化协同中覆盖式、替代式、兼容式、消纳式的霸气文化整合方式不同，事业单位的文化协同要体现与同类事业单位的合作，既要体现对相关社会组织的尊重，还要考虑民族的、历史的、时代的因素，考虑社会、民心、国家意愿等，形成独特的文化模式。

事业单位的文化协同效应，是事业单位追求的理想状态，是通过消解文化差异、促进文化适应、推动文化整合、响应文化同化、形成文化创新等系列机制，顺利完成事业单位由依附政府到独立从事公益服务、由政事不分到分类归位的过程，用公益组织文化替代旧的组织文化，改造、整合、重塑新的公益组织文化，推动公益事业发展。

三　事业单位建设文化协同效应的内容

在事业单位改革与建设中，有文化协同比没有文化协同好。文化协同的效应无法事前评估，虽然按照经验分析可以呈现正负之分、大小之别、深浅之异，让人们在"协同改革的大事业""诉诸人心的软工程"中，获得和体会文化协同意想不到的良好效应。多年来进行的事业单位改革与建设，固然会有体制机制建设上创榛辟莽的艰辛，也会尽享文化协同中舒畅暖心的慰藉；虽然会有管理上摧枯拉朽的变革，也会有发展中欣欣向荣的成就。在这个过程中，不论人们是否意识到，文化协同始终相伴而行，其中包括充分考虑历史传统的价值传承，考虑人性的心灵抚慰，考虑管理的刚柔相济。因此，越是充分注重文化协同效应的意义和价值，改革成果和建设成就就会越丰富，被人接受的效果就越好。

从性质上看，事业单位建设文化协同效应的内容可以分为正效应、负效应、零效应和潜效应四种类型，见表 11 - 1。

表 11 - 1　事业单位建设文化协同效应

序号	类型	别解	解决方案
1	正效应	立竿见影效应、良性效应、共振效应、趋同效应、主动协同效应、积极协同效应、舒畅协同效应、情愿协同效应、配合协同效应	争取正效应
2	负效应	适得其反效应、事与愿违效应、逆差效应、离心效应、被动协同效应、消极协同效应、妥协协同效应、屈从协同效应、无奈协同效应	防止负效应
3	零效应	劳而无功效应、抵消效应	避免零效应
4	潜效应	滞后效应	注意潜效应

在事业单位建设文化协同的过程中，我们应当争取正效应、防止负效应、避免零效应、注意潜效应。

（一）事业单位建设文化协同正效应

正效应也叫立竿见影效应，或者良性效应、积极协同效应、共振效应、趋同效应等。从内容上看，正效应可以分为经济效应、政治效应、文化效应、社会效应。从获益来自的范围上看，还可以分为内部正效应和外部正效应。外部正效应又称溢出效应，是指一个人或群体的行动和决策使另一个人或另一群体受益的情况。外部正效应也可以指"情理之中、意料之外的"效应，如来自第三方的影响。

事业单位建设文化协同正效应是事业单位分类合并、重组后，政府与行政类事业单位、企业与经营类事业单位、社会公益组织与公益类事业单位通过文化契合、文化认同、文化融合或文化重塑产生的良性效应。这是事业单位改革希望收到的良好效果和积极效果，也是文化协同效应的理想状态。正效应的产生意味着改革的成功，因为具有外部正效应的公益性服务只能由政府和事业单位等提供。事业单位建设文化协同效应还可以衍化为主动协同效应、积极协同效应、舒畅协同效应、情愿协同效应、配合协同效应等。

（二）事业单位建设文化协同负效应

负效应也叫适得其反效应、事与愿违效应，或者称作逆差效应、离心效应，是指一个事物所带来的消极影响或不良结果。事业单位建设文化协同的负效应，是事业单位改革后，在事业单位合并、兼并、重组过程中，虽然积极地建设文化、努力用文化抚平创伤，但还是引起了某些消极的反应，得到了不良的后果。事业单位建设文化协同的负效应还可以衍化为被动协同效应、消极协同效应、妥协协同效应、屈从协同效应、无奈协同效应等。

事业单位建设文化协同负效应的状态可能各式各样。一是组织弥合时间长，出现诸多不适应、文化冲突甚至排斥。二是冲突规模大，整合困难多。事业单位作为相对独立的组织，长期依附党政机关，长期接受政府投资，没有市场观念，没有竞争意识，可是一旦改革后，很多事业单位很难实现"软着陆"。事业单位固有的组织文化惯性在与新组织磨合中引发了组织文化的鸿沟和断裂，改革新成果与新组织文化产生冲突和摩擦。三是有些事业单位文化建设脱离实际，或者定位不准，指导不力；或者要求过高，难以接受；或者虚假浮华，无所适从，其结果是造成事业单位改革的失败。四是事业单位原有的文化传统在新的组织环境中可能如"凤凰涅槃，浴火重生"，也可能"折戟沉沙，走向毁灭"。虽然改革的真谛是大浪淘沙、适者生存，但是组织文化建设的失败，可能会导致人们怀念过去，后悔合并，抵触改革。五是在事业单位合并过程中由于"水土不服""反客为主"等而出现的负效应，也叫逆向同化。

（三）事业单位建设文化协同零效应

零效应也叫劳而无功效应、抵消效应。事业单位建设文化协同的零效应是指重组、再造的新组织文化没有达到文化协同的应有效果，没有得到人们的心理认同和接受，人们对其置若罔闻，视而不见，见而不问，茫然以对。改革作为调节生产力和生产关系的手段，作为推动社会发展的动力，几十年来在我国社会各个领域产生了十分显著的效果。事业单位改革不是摧枯拉朽式的毁灭，而是拆分归位式的重建、合并，包容式的再造，因此，可能会出现暂时的零效应。社会问题的复杂性、事业单位的多年沉疴，导致往往很难实现立竿见影的正效应。就某些领域和部门来说，出现暂时的零效应是常态。只要看准了就应该持之以恒，诉诸心灵的文化必然会结出丰硕的果实。

（四）事业单位建设文化协同潜效应

潜效应也叫滞后效应，就是当时没有反应，需要过一段时间才会表现出来的现象。事业单位建设文化协同的潜效应是指分类改革后的事业单位虽然积极建设文化，采取多重机制，但当时却收效甚微，既没有引起共鸣，也没有达到预想的效果，而是在过了一段时间甚至很多年后才产生了效果。这个效果可能是正效应，也可能是负效应。事业单位的改革堪称功在当代、利在千秋的大事业，是经过几十年探索、多方论证之后才下定决心采取的举措；属于慎重的选择，也是优化的选择。事业单位的改革与任何改革一样，都会触及一部分人和一些部门的眼前利益。

但是，从长远的角度来看，必然会有良好的效果。导致事业单位建设文化协同滞后效应的主要原因如下。一是文化的接受需要一个过程。尤其是诉诸心灵的东西需要穿越心理防线，走过习惯栅栏，进入精神世界，还要让人们感受到它的益处。这都需要过程，需要时间。二是文化的接受需要打破心理定式。心理定式又称心向，是指人们以往的认知经验对新的认知所形成的干扰状态。心理定式的存在会束缚人们的思维和行为，使人们习惯于按照常规方法解决问题，而不求用"捷径"，因而会给文化建设带来消极影响。三是制度影响。事业单位过去在旧体制下由于管理的限制和束缚，形成了一些惰性文化，成为制约接受新事物的包括道德认知障碍和情感障碍在内的意义障碍。

第三节　事业单位建设文化协同效应的生成模式

模式，亦译范型，别称范式、模本、式样，是结构主义用语，是把复杂的现象还原到简单现象的手段，作为思维方式可以用理论图式来表达。事业单位建设文化协同效应的生成模式属于实践经验总结，可以引起共鸣。参考了企业文化协同的成功经验，事业单位建设文化协同效应的生成模式主要有渐进式文化协同效应生成模式、修补式文化协同效应生成模式、突变式文化协同效应生成模式、整合式文化协同效应生成模式四种（见图 11 – 1）。

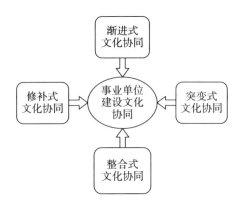

图 11 – 1 事业单位建设文化协同效应生成模式框架

一 渐进式文化协同效应生成模式

渐进式文化协同效应生成模式是对原有事业单位的文化予以保留、传承和逐步再造的主动式协同模式。企业属于经济组织，但是经常谈论文化建设。事业单位属于文化组织，但却很少谈论文化建设。如果我们将文化看作是组织的精神、价值观、制度和习惯，那么事业单位也有自己的文化。只是过去人们在研究事业单位的时候，过分地看重事业单位的性质，强调其是受国家机关领导、不实行经济核算，经费一般由国家事业费承担的单位，而对事业单位的文化往往忽略。

事业单位文化存在于事业单位的性质、使命、愿景、宗旨、使命感和价值观等方面。事业单位的价值观是事业单位领导者和管理者对事业单位性质、目标、管理方式的取向所做出的理性选择以及为员工所接受的共识性的观念、基本信念和奉行的目标，如为公益服务的宗旨价值观，为国民经济、人民文化生活、社会福利等服务的功能价值观。不管社会如何变化，不管体制怎样改革，不管组织如何改造，事业单位的价值观不会改变。因为事业单位的价值观代表着其存在的理由。事业单位的愿景代表了其长期愿望和未来憧憬，是组织发展的美好蓝图和战略定位，体现了组织的执着追求。其中最直接的表达就是对"我们希望成为怎样的组织"这类问题的回答，或者立志成为国际性知名组织、创建一流的组织等。事业单位的使命感，体现了其社会贡献的取向，是对社会和国家赋予的使命的感知和认同，在员工身上表现为干劲、决心、努力、笃行的状况，如创造创新的程度、成果的水平和质量等。事业单位有了使命感可以落实责任感，衍生归属感，增强荣辱感。事业单位的宗旨与愿景、理想和目标是联系在一起的，是组织目标的集中表达，主要是通过从事教育、科技、文化、卫生等活动，达到为社会服务进而为公益服务的目的。

在改革中，事业单位所承载和表现出来的原有的文化，不论状况好坏，不论程度深浅，不论影响大小，其品质是好的，其性质是正确的，是在政府的帮助、引导下形成的精神财富。人们在探讨事业单位建设的过程，对事业单位的管理体制抨击较多。对于其文化尤其是对于其性质、使命、愿景、宗旨、使命感和价值观等方面，可以在事业单位体制转型、管理转轨的过程中予以保留，作为事业单位归入新的组织后的精神支撑，继续发挥作用，为新的文化重塑奠定基础。

二 修补式文化协同效应生成模式

修补式文化协同效应生成模式是对不适应、不对称的弊端进行的修复、修补和重塑的应变式协同模式。国外没有事业单位，类似的社会组织，与政府相比，被称为非政府组织；与企业相比，被称为非营利机构。这表明事业单位既属于非官方社会组织，又属于非企业组织。我国的事业单位是在传统政治体制下形成的一种特殊组织形式，属于政府出资兴办的、纳入政府事业单位编制的、具有"半官半民"属性的社会组织。

这类社会组织数量相当庞大，按照职责可分为三类：一是直接承担政府行政职能，为政府服务，主要从事监管、资质认证等活动；二是承担公共事业发展职能，为社会服务，主要从事科教文卫、公共基础设施建设等活动；三是承担中介沟通职能，为市场和企业服务，主要从事咨询、协调等活动。不同层级的政府机关在管理所属事业单位时，存在的共性问题是管理体制上的行政垄断过强，导致市场分割和资源浪费，制约经济社会事业的发展。而且，受体制的影响，事业单位只能由政府和其他的组织承办，不能自主管理，形成了政事不分、事企不分、管办不分的管理格局，不仅束缚了事业单位发展，也给政府带来较大的影响。事业单位因管理体制机制而导致的文化缺失和应当消除的弊端主要有以下几个方面。

一是管理模式行政化导致的事业单位独立性不足，发展自主性缺失的问题。主要表现为在传统计划经济体制下，事业单位仿效政府体制，按照行政级别和行政层级进行管理和控制，把事业单位分成从部级、司级到县级、科级等不同层级，实行对等管理，形成了国家包办、政府统管、行政控制的管理格局。

二是事业单位存在边界不清晰问题。在条块分割的管理体制下，政府对事业单位采用的是行政管理的方法，事业单位的社会定位、管理和运行长期缺乏法律规范。这就导致了一些问题的发生，不仅导致了事业单位设立的非规定性与随意性，而且导致了社会事业行为与行政行为、企业行为、市场行为、公益行为边界不清，事业单位与政府的政事不分、与企业的事企不分，还导致了事业单位没有形成适应自身发展的文化习惯。这不仅使得事业单位管理的标准混乱，也连带造成文化建设无所适从。

三是职能目标计划化导致文化建设目标缺失。计划化是计划经济体制的突出特点。各级政府可以按照各自的发展计划，以指令性计划的形式管理事业单位。这种高度集权的体制不仅使事业单位丧失了自主决策权，也失去了文化建设的独立性，养成了习惯于观念遵从、管理服从的思想意识和行为习惯。

四是资源配置的指令化导致了事业单位缺乏完整的思维，缺少个性风格，缺少业务性特色和文化特色。在国家包办社会事业的背景下，包括经费、编制、项目等各类事业资源是通过行政化方式来配置的。在这些问题上缺乏独立性，必然在文化上没有独立性，更遑论文化建设的特色、风格和式样了。

五是管理定位的不准确导致了事业单位在文化建设上对公益精神的背

离。事业单位的改革是没有参照的探索之路，是在建设中逐渐清楚的，曾经有过走企业化道路、走社会化道路的探索。这使得一些事业单位忽略了不以营利为目的的性质，或者在市场经济中"吃着皇粮赚银两"，没有成为非政府组织、非企业组织，却成了"亦事、亦政、亦企"的单位。在这样的组织中，那些事业单位应该具有的公益精神、服务精神被严重忽视甚至置于云霄之外。

修补式文化协同效应生成模式运行的前提是事业单位体制改革的顺利进行，主要任务和功能有四个方面。

一是缺失修补。对于没有进行过组织文化建设的事业单位进行全方位的挖掘、讨论和建设，形成被社会认可、被本单位普遍接受、能够引领组织发展的组织章程、规范制度、精神价值等，填补空白。

二是漏洞修补。对于在历史上和改革开放过程中曾经提出过和建设过组织文化的单位，可以根据事业单位建设的需要，采取有所保留、有所创新的方法进行取舍。因为文化问题往大了说属于组织精神，往小了说属于组织习惯。保留的内容是本单位成员在长期的发展中已经认可和接受的可以传承的传统内容。这种内容植根于人们心里，已成为组织的生命力和必须保留的文化基因。漏洞可能是随着社会的发展，随着组织使命和任务的增加，需要补充组织规制和精神支撑。只有补充了这些文化，组织才能存在有理由、发展有信心、建设有动力、管理有目标。

三是兼容修补。事业单位的文化依附于管理但又独立于管理，属于相对独立的系统，具有独特的运行程序和操作系统。尤其是涉及撤销合并、转轨改制的事业单位，组织文化程序和操作系统之间的兼容性问题就会上升为文化建设系统的重要问题。其出现的异常情况与并购企业出现的情况可能类似，也会发生事业单位之间的文化分离、文化融合、文化吸收、文化互补、文化冲突、文化适应、文化共生、文化覆盖、文化替代、文化消亡等诸多系列问题。

四是圆润修补。不论是从行政依附剥离后的事业单位，还是重组、兼并、合并后的事业单位，在体制机制上都或多或少地存在着冲突化解、龃龉调适、磨合顺畅、圆润和谐的问题。圆润修补的目的是达到文化协同的完美状态。

三　突变式文化协同效应生成模式

突变式文化协同效应生成模式即对新组建单位的组织文化精神的确立和植根的建设性模式。分类改革后的事业单位不是原有规模的压缩、削减、拆分，而是在原有规模的基础上还要根据社会发展的需要增加和扩大。离开了对政府的依赖后，事业单位的成长必须有自己的目标规划和文化设计。新组织的文化设计就是寻找组织发展的动力，尤其是引领组织发展的牵引力和召唤力。只有搞好新组织设计，才能让组织自我发展、自我调节，适应未来社会的频繁变化。

文化协同的最佳状态是将文化变成为事业单位发展服务的软实力。软实力是由组织的非物化要素所构成的实力，也叫文化力、精神力。在价值上，软实力表现为凝聚力和感召力；在管理上，软实力表现为能力，可以通过直接诉诸心灵的方式，激活能量、鼓舞士气、支配行为。约瑟夫·奈曾经说过，硬实力和软实力同样重要，但是在信息时代，软实力正变得比以往更为突出。1999 年，约瑟夫·奈发表了《软实力的挑战》（*The Challenge of Soft Power*）一文，重新诠释了软实力的含义，指出软实力是一个国家的文化与意识形态吸引力，它通过吸引力而非强制力获得理想的结果，它能够让其他人信服地跟随你或让他们遵循你所制定的行为标准或制度，按照你的设想行事。文化软实力具有渗透性、持久性、广泛性特点，而且具有无限的张力，可以表现为组织亲和力、团队凝聚力、精神感召力、思想影响力、价值吸引力等。事业单位就是文化单位，文化单位应当具有文化软实力。这种软实力不是协同问题而是植根问题，或者说是核心价值。

目前，大多数事业单位的文化软实力与自身的地位和作用不相称，与国外的同类知名组织相比，差距较大，甚至十分落后。倘若再不重视文化软实力的培育，事业单位很难在分类改革后、在没有对政府的依赖后在公益组织的建设道路上参与国际竞争。因此，提升事业单位文化软实力、产生突变式文化协同效应，应当做好以下几方面。

首先，把文化建设纳入组织发展规划，落实设计方案。要摒弃片面追求组织业务而无视文化建设的观念，从组织长远发展的战略视角制定包含文化建设内容的发展战略，归纳、总结、提炼出适合本单位管理实际和发展目标的新型组织文化，增强发展的导向性和前瞻性。

其次，设置文化创新激励机制。鼓励为组织文化发展贡献智慧、提供举措、编制程序和方法路径，寻求组织文化发展的真知灼见。

再次，树立良好的事业单位形象。应当凸显诚信、服务、惠民、益众、博爱的原则，增强组织的社会责任感。事业单位本身就是解决在人们衣食住行需求满足后寻求高级发展问题的社会组织，满足人们美好的社会诉求，理所当然地承担着维护社会公平公正、提高教育文化科学艺术素质的光荣而神圣的社会责任。

最后，确立文化立业、文化兴业的理念。文化事业单位必须首先自己有文化，把社会的主流文化、核心价值体系、民族传统文化的精华作为创业立业、成业兴业的发展动力。明确文化理念，提炼文化精华，以新颖的文化吸引人、以务实的文化感染人、以优秀的文化折服人、以公益的文化影响人。

四　整合式文化协同效应生成模式

整合式文化协同效应生成模式即按照事业单位的宗旨对合并、重组后的事业单位的文化全方位再造的协同模式。按照中央及各省（区、市）政府的改革部署，推进政事分开、事企分开、管办分离，强化事业单位公益性，承担行政职能的事业单位和转化为企业的事业单位将各归其位，同时，精准使用编制，实现人员的平稳过渡安置。这就是分类改革的过程。在这一过程中，一些事业单位将被合并、取消、划转职能、核减编制，解决直接隶属于政府部门的行政类事业单位长期被排除在政府体制外的问题。

事业单位建设是一项系统工程，绝不仅涉及经营类事业单位应转尽转、公益类事业单位严控严管、行政类事业单位分开回转的切割性问题，还涉及编制、人事、财政、党建等多个方面，需要采取保留、更名、撤销、合并、撤编、整合、职责划转等框架路径，实现改革改彻底、改到位、改出成效。据悉，2018年7月，"辽宁原有事业单位有35000余家、事业编制超过110万个。其中，省直公益性事业单位有990家，去掉医疗、高校、地税系统，为 659 家"①。这些事业单位在管理上存在很多问题，"长期以来，这些事业单位存在着小、散、弱的特点，特别是随着改革不断深化，政事职责不清、管理体制不顺、生机活力不足、资源配置不合理等问题日益凸显，成为辽宁体制机制不活的重要因素之一。有的名存实亡，有的规模过小，有的重复设置，有的人浮于事，有的与民争利，破坏营商环境"②。据报道，辽宁在事业单位分类改革中，按照政事分开、事企分开、管办分离原则，"创造性地整合 34 家事业单位"，"将 659 家省直机构公益性事业单位精简为 65 家"③。

以撤销、合并、整合为方式的改革，势必会带来体制建设的刚性、制度规范的硬性、机制运行的锐性问题，也会带来习惯断裂、心理落差、情绪顿挫、情感跌宕、思想波动等一系列问题。这就特别需要整合式文化协同的介入。整合式文化协同意味着对优秀文化的保留，对冲突文化的调适，对缺失文化的增补，对差异文化的磨合，让几种不同文化在统一体中互相适应，形成比单一文化更有价值、更具效能的新的整体。这种新的整体可以把改革后的事业单位深深融入经济社会发展体系之中，推进教育、科技、文化、卫生等领域的发展，在更广范围、更高层次、更深程度上把事业单位的现代化建设与经济社会发展结合起来，把事业单位的公益精神与整个社会的公益文化建设结合起来，为社会公益治理提供丰厚的资源和可持续发展的后劲。可以说，整合式文化协同是事业单位建设的必经之路、兴业之举、强盛之道。

实施整合式文化协同应当做好以下几方面。

首先，确立包含文化建设的新的发展战略，吸引、转移、激发整合后事业单位成员的注意力和前行力。新的发展战略是改革后事业单位根据对内外环境的各种制约因素、有利条件等的分析，根据现有组织的构成状况，从全局出发制定的组织发展所要达到的目标。面对整合后事业单位内外部条件发生的变化，要保持事业单位与外部环境的动态平衡，就必须进

① 《辽宁事业单位改革：21 家文化单位合一》，https://www.sohu.com/a/243801812_160257。
② 《辽宁事业单位改革：21 家文化单位合一》，https://www.sohu.com/a/243801812_160257。
③ 张允强：《辽宁事业单位改革向纵深推进》，https://www.cqn.com.cn/cj/content/2018 - 06/28/content_5971212.htm。

行总体战略的调整，把事业单位目前的地位、规模、水平、社会影响状况以及面临的机遇和潜在的威胁纳入战略制定考虑的因素之内。避免改革与不改革变化不大的状态，还要避免推着干、走着看、左右对比没打算的不作为状态，防止目标模糊、方向迷失、文化不彰、风格不明、特色不足。

其次，识别文化融合的类型，采取不同的对策。事业单位的整合可能存在着不同的类型，诸如两个以上的单位合并、不同层次的单位合并、业务内容相近的单位合并等。因此，在合并的时候，事业单位可能会存在着文化协同方面的问题，表现为不同文化类型的整合难度、事业单位主文化与分支机构亚文化的整合难度、事业单位整合决策的整合模式适应性难度等。

最后，减少文化冲突，缩小文化差别，填平文化鸿沟。整合式文化协同的任务是使来自两个以上不同事业单位的员工的文化相互融合为一个整体，尽快展现分类改革的良好效果，消除隔阂，抚慰情绪。

第四节　事业单位建设文化协同效应生成综合动力系统

探索天地之间，必究万物运动之源。受自然界中考察水力、风力、电力、热力之源的启发，受社会领域探索事物发展促进力量的启示，事业单位改革和建设走向成功的动力源泉虽然可能有很多，但文化协同堪称主要力量。文化协同所产生的效应是综合动力生成的结果。充分考虑综合动力系统影响，有助于推动事业单位改革的顺利进行、健康发展。

一　文化协同效应系统

动力，即驱动力量。动力系统首先是数学上的概念。在动力系统中存在着一个固定的规则，表明几何空间中的一个点随时间变化的情况。如描述钟摆晃动、管道中水的流动、湖泊中每年春季鱼类的数量等的数学模型都是动力系统。在自然界还有很多如行星系、流体运动、物种繁衍等经常伴随时间的递进而演变的体系，也可以成为用数学模型进行描述的动力系统。进入数学动力系统的入口有很多，可以从拓扑动力系统开始，可以从光滑动力系统开始，可以从遍历理论开始，也可以从方程开始，还可以从具体的例子入手。

在电力学上，动力系统包括机械动力系统和电力系统两部分。机械动力系统包括火电厂的锅炉、汽轮机、热力网和用热设备，水电厂的水库、水轮机，核电厂的核反应堆等。电力系统是指由生产、变换、输送、分配、消费电能的发电机、变压器、变换器、电力线路和各种用电设备以及测量、保护、控制等智能装置组成的统一整体。在汽车等移动设备上，动力系统是指由动力源设备、驱动设备、带动设备构成的闭环运转的整体。现在汽车普遍应用的是油电混合动力系统，就是热动力源（由传统的汽油机或柴油机产生）和电动力源（电池与电动机）两种动力系统。传递顺序是：曲轴—飞轮—离合器—变速器—万向节—传动轴—万向节—差速器—减速器—车轮。混合动力汽车的动力系统，主要由控制系统、驱动系统、辅助动力系统和电池组等多部分构成，属于互相协同综合式的动力系统，而且根据混合动力驱动的联结方式还可以分为串联式、并联式、混联式三类。这为人们深入研究协同综合动力机制拓宽了视野。随着新能源技术的普及，特别是车联网时代的到来，作为新能源汽车的动力电池系统由大量的单体电池组成，电压达到 200~600 伏，而且还设计了电池管理系统。这个系统会实时循环地监测每个电池组的电压、电流和温度。一旦这些数值超过限值，系统就会立即报警。当车主不在时，车联网监控系统还会通过手机数字通信网络迅速将故障报告给后台服务中心，提前预防各种事故的发生。这使得汽车动力系统更加完备。在自然界和自然科学领域，动力系统的研究已经到了非常精确的程度，不仅探讨了协同综合动力系统，也研究了内外系统的互动原理。这些研究为社会科学探究方法提供了重要启示。

推动社会历史发展的动力也是综合动力，而且是互相影响、协同合力的。马克思主义理论认为，可以把复杂多样的动力区分为根本动力和直接动力、基本动力和非基本动力、主要动力和次要动力等。其中，社会发展的根本动力是生产方式的矛盾运动。因为在生产方式的内部矛盾中，生产力决定生产关系和社会生活的其他方面，是推动社会发展的最终决定力量。当生产关系适应生产力发展要求时，就能促进其发展；反之，就成为生产力发展的阻碍。在现代社会，生产力的发展则是以精神生产力、以科学技术为生长点和主导性因素，科技力与经济力、政治力、文化力交互作用，构成社会发展的动力系统。

事业单位建设文化协同系统是由综合动力构成的系统。从地位和作用的方式来看，这种综合动力可分为根本动力和直接动力、内部动力和外部动力。从事业单位与社会的关系来看，可以分为经济核心力决定、政治统治力引领、制度规范力约束、社会影响力制衡等多重复杂的相互关系。从具体发挥协同作用的内容上看，可分为临界质变的协同力、混沌无序的整合力、内拥外堵的疏导力、凝魂聚气的向心力（图 11 - 2）。

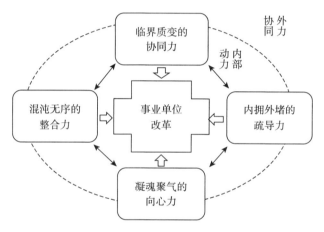

图 11 - 2　事业单位建设文化协同效应生成综合动力系统

事业单位建设文化协同效应生成综合动力系统虽然没有经济力的锐利，没有政治力的刚硬，没有科技力的新奇，但有精神力的坚韧、理想力的激越、道德力的温润。经过长期不懈的改革和建设，特别是分类改革的完成，事业单位走出旧体制的窠臼，进入公益服务的全新体制之中。随着诸多问题的解决，特别是文化协同的逐步完成，事业单位将在旧体制的基础上经过自我更新后，呈现崭新的面貌，获得新的发展机遇。

二　事业单位建设文化协同临界质变的协同力

回顾事业单位改革和建设的历程可知，事业单位改革和发展的每一步都是在向着临界点逼近。从提出下放事业单位管理自主权到搞活事业单位政策，从明确提出政事分开原则到推行事业单位社会化改革，从事业单位分类改革的试点，到明确提出建立事业法人制度，从明确主张去行政化到建设中国特色公益服务体系，事业单位在"剥笋"式的改革中渐渐清晰了思路、逐步明确了方向、终于找到了目标。

事业单位改革给事业单位的发展带来了巨大影响。事业单位改革已经越来越认真地把组织建设的重心从以数量为导向转向以质量为导向。当事业单位改革完成以后，将原来承担行政职能的部分事业单位转为行政机构，将原来从事生产经营活动的部分事业单位转变为企业，仅留下提供公益服务的事业单位。事业单位虽然看起来在数量上减少了很多，但是事业单位的公益属性却得到了强化，会在社会组织的平台上得到进一步彰显和加强。

改革改变了事业单位依附于政府的属性，使事业单位在悄然中发生了质变，成为纯粹的具有公益性质的社会组织。这种"靓丽转身"改变了事业单位的属性和管理模式，影响极为深远。事业单位建设文化协同的首要作用是尽快促进这种临界质变的顺利完成。

事业单位在划入社会组织序列后，必将会加快社会组织的改造和质变升级。事业单位原来跟着政府，发挥着政府职能延伸的作用，深谙国家意志和政府要求，是与政府关系十分密切的组织。在推动事业单位走向社会化的过程中，事业单位转变了身份，成为社会组织成员。从体制上来看，事业单位划入社会组织领域后，给社会组织带来了巨大的变化，不仅使社会组织数量剧增、规模增大，也使得从事公益事业的领域因事业单位的进入而变得强大。这不仅有利于提升公益事业的专业化水平，也会促进公益事业的发展呈现崭新的局面。

事业单位建设文化协同临界质变的协同力在改革中发挥文化的引领和促进作用，坚持以文化培育理念、以文化规范行为、以文化凝聚力量、以文化引领发展的原则，以文化的促变、促动、促新、促成的功能，辅助改革完成，使事业单位文化在改革中以"植入、嵌入、进入"的方式融入新的领域。事业单位员工在思想精神领域要做到"入眼、入耳、入脑"，还要"落地、生根、开花、结果"。

事业单位建设文化协同临界质变的协同力，是不同部门互相协调、共同完成既定目标的能力，是团队精神的核心推动力和黏合剂。这种协同力关注组织发展目标，更关注人的发展，可以促进沟通、包容过失、化解矛盾、分享成果，让组织焕发活力，让团队更有朝气，让员工更有士气，让领导更有魅力。

在管理实践中，形成了这种协同力，就意味着把合并、融入、重组、再造的新的事业单位中不同背景、不同专长、不同兴趣、不同观点的人凝聚在一个整体之中，让所有组织成员能够心情愉悦地一起工作，能够为了完成共同的任务而和睦相处、密切配合，充分发挥每个成员的智慧、潜能，尽显使命感和责任感，从而提升工作效率，达到良好的治理水平。

三　事业单位建设文化协同混沌无序的整合力

混沌（chaos），首先是一个文化概念，在世界各地涵盖的事物是不一样的。在希腊神话中，混沌是孕育世界的神明。在古代中国，混沌是指传说中的盘古开天辟地之前天地的洪荒蒙昧状态。在哲学领域，混沌代表宇宙未形成之前的混乱状态。古希腊哲学家曾经用混沌理论解释世界，认为宇宙起源于混沌而走向有序。在科学领域，混沌最早被用于研究天文气象，后来被广泛应用于数学、物理学、化学及生物学等科学领域，意指在确定性系统中出现的无序性、无规则性和不可预测性。

1963 年，美国数学与气象学家爱德华·诺顿·洛伦茨（Edward Norton Lorenz），开展了混沌理论的开创性研究，并提出了著名的蝴蝶效应。在混沌中，初始条件十分微小的变化，经过不断放大，对其未来状态会造成巨大的影响，这就是蝴蝶效应。古代英格兰有"钉子缺，蹄铁卸；蹄铁卸，战马蹶；战马蹶，骑士绝；骑士绝，战事折；战事折，国家灭"的民谣。

混沌理论、相对论和量子力学三者一起被列为 20 世纪的最伟大发现。混沌理论认为事物的发展都是从无序到有序的过程，有序与无序、有限与无限、确定性与随机性、稳定性与不稳定性有机地统一在一起。混沌现象虽然最先被用于解释自然界，但是在人文及社会领域中因为事物之间相互牵引，混沌现象尤为多见。"混沌指发生在确定性系统中的貌似随机的不规则运动，是一种隐藏于随机背后的全新的秩序，是一种被限制在确定而且稳定的范围内的混乱，是各种有序的叠加，表现为无穷镶嵌、自相似的精细结构。它在时间上非周期，空间上非对称，时时处处蕴含着丰富的随机性。" 混沌理论中的蝴蝶效应提醒我们，"要对事物的初始状态和初始条件保持高度的敏感性，即使是微小差别，经过不断的放大，也会按指数律增长，很可能对未来状态产生极大的影响"①。

事业单位的分类改革是经过精心设计、经过长期实践探索形成的具有确定性目标、稳定性范围的系统工程。事业单位采取合并、融入、重组等改革方式而引起的文化冲突和思想混乱，"是一种被限制在确定而且稳定的范围内的混乱"。从混沌到有序的过程虽然具有随机性、非确定性、非周期性，但是，可以通过文化协同的方式达到井然有序的状态。

事业单位建设的文化协同整合力，是指运用文化建设的手段对事业单位在合并、融入、重组后对管理流程、组织结构、组织文化、精神状态的彼此衔接组合、疏通贯通、沟通协调、包容融合等方面的综合能力。整合可以实现信息系统的资源共享、组织成员的协同工作、涣散状态的整齐归一，达到善治的状态。文化整合不是硬管理，不是刚性的执行力，更不是打压强制，而是诉诸心灵的工作，投入情感的工作。

文化整合力不是要改变人的信仰和信念，不是要改变世界观和价值观，而是要改变人的思维，改变习惯，改变态度。文化整合力不能实现物质资源的优化配置，但可以促进组织系统优化，实现 "1 + 1 > 2" 的效果。正如亚里士多德所说："系统大于部分之和。" 这就是文化协同整合力在改革和建设中的作用。因此，事业单位建设的文化协同整合力体现了管理中的善治，体现了治理中的优化，能够实现从混沌到有序的飞跃。

四　事业单位建设文化协同内拥外堵的疏导力

疏导一词，滥觞于中国古代治水方法，即疏通和引导。疏，是使淤塞的水流畅通；导，即引导、导向。相传大禹治水采用 "凿龙门，疏九河，导洪水，入东海" 的方法，获得了成功。战国时期，李冰采用 "深淘滩，低作堰" "遇湾截角，逢正抽心" "以疏通抑溢" 的方法，治理好了都江堰水患。《朱子语类》中有 "正如疏导沟渠，初为物所壅蔽，才疏导得通，则水自流行" 之说，堪为诠释。治水与文化并无必然联系，但文化是诉诸

---

① 杨发庭：《从混沌中把握规律》，《学习时报》2013 年 3 月 18 日。

心灵的工作。当心中郁烦不畅之时，疏导方法则具有疏通思想、消除郁结之功效。疏导在思想政治工作中被作为方针使用，"疏导方针在实际工作中，与'教导、指导、引导、诱导和辅导'等五种方法联系十分密切，换言之，这'五导'方法是疏导的泛化和衍化，因为疏导既是方针也是方法"①。

改革重塑了体制，激活了机制，必然触碰利益问题。因为改革经过多年，已进入深水区，后来改革面临的可能都是难题。问题愈多，矛盾愈大；冲突愈频，心愈沉重。这固然需要攻坚克难、勇往直前的魄力，需要壮士断腕的决心，需要砸碎锁链和羁绊的勇气，去冲破思想障碍，突破行为藩篱。然而，在政治拓荒推进之后，面对因思想觉悟不高、思维转变不力、心理障碍、情绪郁结而带来的问题则必然得靠文化协同来解决。文化协同疏导与改革者的勇气、胆识和担当精神一样重要，与建设者的创新、魄力、执着和能力一样重要。如果说改革能打开新天地，建设能展现新局面，那么，文化则可以编织温馨的梦。

疏导的基本要求是疏得通、导向对。疏通，意味着沟通思想、畅所欲言，提高认识，防止偏激情绪；引导，就是引路导向，指点迷津，祛塞化瘀。疏导的机制是用民主的方法和人文的关怀精神，达到心理治疗、思想畅通、文化安抚的作用。

事业单位建设涉及的单位是教育、科技、文化、卫生、体育等领域，面对的群体有教师、科研人员、文艺工作者、医生等知识分子。这些群体接受事物快、理解能力强、理论水平高，既有传统文人的"士文化"基因，又有当代知识分子的特点；既有"以天下为己任"的忧国忧民意识，又秉持于国于民"舍我其谁""贡献绵薄"之力和社会担当的家国情怀，"将个人人生价值的实现与民族荣辱、国家兴衰相关联，做科学理论的传播者、创新型国家建设的推动者"②。概括起来说，知识分子的品格特征是正直、务实、宽容、谦逊、聪慧、睿智。情感特征是富于同情心，知恩图

---

① 张志刚、刘永吉：《思想政治教育方法论》，吉林科技出版社，2006，第73页。
② 丛斌：《重道义　勇担当是当代知识分子的精神特征》，《光明日报》2017年3月7日，第6版。

报；充满感情色彩，能以性情之心去对待周围的一切。情操特征是忠于事业，富于责任感，以匡正天下为己任，积极作为，刻苦钻研，勤奋工作；有自知之明，能以达观的心态待人处世；富有理性色彩，能以谦和的态度看待自己的成绩。知识分子也有其缺点，诸如有时候表现得迂腐顽固，矜持孤傲、自命不凡；循规蹈矩，没有胆略；抗挫折能力差，遇到困难往往感叹怀才不遇，消极应对；善于针砭时弊，讥讽世风；善于口舌之争，常常自疑、自贬；等等。因此，事业单位在改革和建设中容易引起较大的心理震荡、情绪波动和思想震荡。倘若引发文化冲突也必将是复杂而深刻的，所以说，疏导工作面临很大的难度。

文化疏导力是事业单位分类改革过程中解决思想心理问题的能力，由说服力、劝导力、教育力、激励力构成。疏导力的大小、强弱由事业单位管理者根据具体情况灵活掌握。疏导力的作用对象是改革和建设过程中所出现的各种心理现象和思想问题，既可以为改革扫清障碍，也可以找到与事业单位发展方向相一致的文化，推动企事业单位建设和发展。事业单位应当像关注组织文化建设一样重视疏导方法的使用。只有符合事业单位建设需要的疏导方法，才能保证组织价值观、精神伦理等精神文化的建设，保证政策、章程、计划、标准、程序等制度文化的运行，保证形成良好的组织作风、工作习惯、人际关系等。文化疏导力的作用发挥还会引起组织的文化力、策略力、行动力等方面的多方面变化，产生多元效应。

疏导力的使用应当注意三个方面。

第一，化被动疏导为主动疏导。就是说不要等问题出现、障碍形成才开始疏导，那样会使工作处于被动状态。倘若等到问题棘手、积重难返，阻力会增大，投入的疏导人力和精力也会增大。这就需要在管理工作中，搞好信息工作，注意观察和调研，见微知著、防微杜渐。

第二，变单一疏导为多项疏导。前者是一对一的简单方法，后者是多元并举、齐抓共管、殊途同归的方法。疏导工作可以根据具体的情况使用不同的方法，有的以启迪疏导为主，有的以激励疏导为主，有的以化解矛盾为主，因人而异、因事而异、因时而异，繁简由人。

第三，实现一疏多通、一导多明。当找到问题的症结后，不论是纵向的疏导还是横向的疏导，不论是由疏导衍化的指导、引导、诱导、开导、辅导、教导等，都会产生文化协同中的事半功倍的效果。

五　事业单位建设文化协同凝魂聚气的向心力

凝魂聚气的向心力是文化协同的主动状态和要达到的目标。文化的作用就是要凝结人的魂魄、聚集人的气力，形成众志成城的态势。习近平总书记曾经说过："文化的力量，或者我们称之为构成综合竞争力的文化软实力，总是'润物细无声'地融入经济力量、政治力量、社会力量之中，成为经济发展的'助推器'、政治文明的'导航灯'、社会和谐的'黏合剂'。"①

《说文解字》有云："凝，水坚也。"《广雅》有云："凝，定也。"从力的视角来看，凝魂聚气属于凝聚力，具体可分为聚合力和向心力。聚合力表明的是组织成员之间以及组织各部门之间团结协作的程度，向心力表明的是组织成员以组织目标为核心而努力团结协作的状态。凝魂聚气的外在表现为组织各个部门、团队及个人之间相互配合所呈现的默契、依赖、信赖和服从。其实，真正的凝聚力并非仅形式上的聚合，而是人们在组织文化价值观层面达成共识，是组织文化才让人们心往一处想、劲往一处使，勠力同心、精诚合作。这是文化协同的最好状态，事业单位建设所追求的最佳文化效果就是凝魂聚气的向心力。

凝魂聚气之"魂"，就是组织的精神，表现为组织的形象和面貌，表现为组织成员的素质和风采，寓存于组织肌体，潜藏在成员心间，内化为信念，外融于国魂，下植于传统文化，上通于时代精神。凝魂聚气之"气"，堪为组织之生气，成员之精气，发展之元气，成功之志气，得天人合一之灵秀，成事业辉煌之浩然。优秀的组织，壮气凌云；成功的事业，气贯长虹。

事业单位的改革不仅是事业单位独自领域的拆分去臃、关停并转，还涉及政府领域的吸纳存留、企业范围内的博弈竞争。这将是我国涉及第一部门政府领域、第二部门企业领域、第三部门社会领域的震动较大的改革。经历过清理规范、正本清源、科学分类之后，又进行了分步推进、事

---

① 习近平：《文化是灵魂》，《西部大开发》2012 年第 12 期。

企分开、强化公益、创新机制、激发生机活力等方面的运作，最后形成了教育、科技、文化、卫生等部门协同作战、分业推进体制改革的实施工程，成为改革与建设并举、"破"与"立"交织的系统工程。只有做到凝魂聚气、勠力同心，才会产生凝聚力、向心力、影响力和亲和力的协同效应。在众多的事业单位中，教科文卫既是主体，又是文化类组织，辅之以文化协同凝魂聚气的向心力，就会如虎添翼。这对于服务公益事业、服务意识形态建设将大有裨益，特别是对于凝聚中国精神、汇集中国力量将具有十分重要的意义，必将充分展现改革和建设的积极成果，形成中国特色、中国风格、中国气派的建设新局面。

培育凝魂聚气的向心力，应当从以下几个方面着手。

第一，搞好文化传播，统一认识，统一思想。我国是文化资源丰富的国家，源远流长的中华优秀传统文化、激荡人心的中国革命文化、社会主义先进文化，以及事业单位独具特色的组织文化和专业文化，都可以成为事业单位文化协同的丰富资源。事业单位可以在遵从主流文化的情况下，从政治高度，从塑造中国精神的角度，建设事业单位文化，长国家正气，树事业单位新风，用崇高的文化鼓舞人，用组织的精神聚合人，达到凝魂聚气的效果。

第二，凝心聚力、同心同德。改革因为触动了利益，可能会引起一些人的心理波动和思想动荡，甚至可能出现消极情绪。这些问题单靠体制和机制解决不了，只能诉诸文化，通过文化协同作用，解疑释惑，去烦除忧，化解矛盾。先舒心，再理气；先凝心，再聚力。按照心理的规律，按照思想工作的规律，按照文化建设的规律，把人的工作做好，达到心往一处想、劲往一处使的效果。

第三，明确组织目标、发展方向和远景规划。事业单位培育凝魂聚气的向心力，除了靠情感聚合，还要靠组织的目标召唤和愿景激励。在知识分子麇集的事业单位，人们非常看重组织的未来，往往将个人发展与组织的未来联系起来，愿意在信赖的组织中进行职业生涯规划，把组织的目标作为实现个人理想的方向，尽心尽责，奋斗一生。

第四，鼓舞士气。士气是人的意志和行为的动力，可分为自觉性、凝聚力和自我实现心理三种。士气是组织凝聚力的内容，是向心力的驱动力量。影响人士气的因素是信念，从心理机制上看，包括利己心理、归属心理、荣誉心理三个层次；从内容上看，分为自我效能感、集体效能感、业绩经验感三个方面。事业单位培育凝魂聚气的向心力，必须把建设的重点放在组织成员的士气建设上。士气来自对组织目标和价值观的认同，表现为家国情怀、担当精神和责任感。高涨的士气表现为勇气、决心和干劲等，也表现在精力、体力、能力、毅力等外在行为上。鼓舞士气就是通过鼓励来激发组织成员的精神状态。良好的士气是组织正常运转的基本前提，也是发挥全体成员工作创造性的条件。其最大的作用是可以通过激励使组织形成精诚团结、坚定目标、执着进取、实现卓越的文化效应。

后　记

　　我们从事事业单位研究始于 20 世纪 90 年代末，当时学校正在建设公共管理学科。我们一边从事专业教学工作，一边进行研究，发表了不少相关的论文。研究的主要视角有两个：一个是从体制改革的视角研究事业单位的体制改革问题，另一个是从非营利组织建设的视角研究事业单位管理问题。虽然对文化问题的研究早有涉及，我们也曾将文化研究的方法用于非营利组织研究，但是将事业单位建设与文化协同结合在一起则始于 2013 年我们主持的国家社科基金项目"事业单位分类改革推进中的文化协同效应研究"的立项。

　　从文化协同的视角来研究事业单位，主要是研究事业单位在改革和建设过程中用文化路径解决相关问题、用文化方法协同改革和建设，通过对事业单位文化重塑、精神再造等方式提高认识水平、消弭冲突，让改革和建设顺利进行，彰显不以营利为目的的服务精神和人文情怀，将事业单位建成中国特色公益组织，让人们看到事业单位改革和建设的成效。

　　本书的写作体现了以下特点。

　　一是宏观与微观的结合分析。虽然事业单位涉及领域广泛、种类繁多，没有统一建设标准和式样，但是可以通过探讨其文化的一般特点和建设规律找到共性问题，分析管理中的相同因素，找到文化协同改革和建设的路径与方法。

　　二是管理学与文化学的交叉分析。管理侧重于实践，文化强调精神；管理具体而务实，文化抽象而精深；管理侧重于形而下，文化侧重于形而上。虽然二者差异明显，但不互相排斥，而且在管理实践中可以很好地结合，管理中有文化，文化中有管理。找出事业单位改革和建设中的文化理念，用文化理念指导改革和建设，是具有重要意义的。国外很多管理大师都是文化大师，对管理和文化有独到见解。

三是国内与国外的比较分析。在事业单位研究涉及的文化问题中，凡是涉及古代和国外的文化阐释，我们都尽力深入挖掘，进行中外比较分析，以体现研究的文化厚重感和知识的广泛性，例如文化问题、文化协同问题等。

四是历史与现实的参照分析。虽然事业单位是中国特有的社会组织，存在的时间也比较短，但是对国家和社会的贡献却比较大。人们对事业单位文化研究的历史比较短，但对政府文化和企业文化研究的历史却比较长。因此，我们尽力将这些有机结合起来，形成研究思路和框架，挖掘思想资源、梳理发展脉络、探讨来龙去脉，做到历史与现实的参照分析，形成较为清晰的研究逻辑。

本书是研究事业单位建设文化协同的专著，全书分为三篇。第一篇主要分析作为文化协同主体的事业单位的含义、建设类型式样和管理模式。第二篇主要分析事业单位的改革嬗变与建设目标。第三篇分析事业单位建设的文化路径和文化协同效应。全书阐述了事业单位建设文化协同的意义和思想资源，介绍了事业单位改革和建设的历史，分析了事业单位建设文化协同面临的体制和机制问题，探讨了事业单位改革和建设过程中组织变革与文化协同的关系，研究了事业单位改革和建设过程中出现的文化冲突，力图达到促进改革、推动建设、加强管理、振奋精神、重塑形象的目的。倘若本书的出版能引起公共管理、社会组织管理领域和理论界对事业单位建设文化协同的高度重视，我们作为事业单位建设文化协同的倡导者和研究者将由衷地感到欣慰。

在研究和写作的过程中，我们尽可能地考虑事业单位建设文化协同所涉及的方方面面，研究内容力求正确丰富，结构追求合理完整，论述追求创新实用，力图让研究成果对公共管理工作者有所裨益，对理论研究做出贡献。然而，由于事业单位建设文化协同问题的复杂性，以及我们在研究思路和研究方法上的不足，本书可能存在着一些研究问题。想到《论语》中圣人有"君子于其所不知，盖阙如也"的教诲，我们在这里只能尽己所能，留待后续弥补遗憾了。

在本书的写作过程中，我们吸收了国内外专家学者的思想，并引用了其观点，在此我们深表谢忱！由于认识水平和研究能力有限，书中难免存在不足之处，欢迎读者批评指正。

李晓蕙　张志刚
2023 年暮春

图书在版编目（CIP）数据

事业单位建设的文化协同/李晓蕙，张志刚著. --
北京：社会科学文献出版社，2023.9
ISBN 978 - 7 - 5228 - 1740 - 8

Ⅰ.①事… Ⅱ.①李… ②张… Ⅲ.①行政事业单位
- 体制改革 - 研究 - 中国 Ⅳ.①D630.1

中国国家版本馆 CIP 数据核字（2023）第 073158 号

事业单位建设的文化协同

著　　者／李晓蕙　张志刚

出 版 人／冀祥德
责任编辑／庄士龙　赵　娜
责任印制／王京美

出　　版／社会科学文献出版社·群学出版分社（010）59367002
　　　　　　地址：北京市北三环中路甲29号院华龙大厦　邮编：100029
　　　　　　网址：www.ssap.com.cn
发　　行／社会科学文献出版社（010）59367028
印　　装／三河市尚艺印装有限公司

规　　格／开　本：787mm × 1092mm　1/16
　　　　　　印　张：19　字　数：296 千字
版　　次／2023 年 9 月第 1 版　2023 年 9 月第 1 次印刷
书　　号／ISBN 978 - 7 - 5228 - 1740 - 8
定　　价／128.00 元

读者服务电话：4008918866